中国共产党百年历程丛书

中国共产党
与中国道路

肖贵清　刘爱武◎著

清华大学出版社
北京

内 容 简 介

本书主要阐述了中国共产党在领导中国人民进行革命、建设和改革的百年奋斗历程中，坚持把马克思主义与中国实际相结合，先后开辟农村包围城市、武装夺取政权的新民主主义革命道路以及中国特色社会主义道路的历史过程。从实现中华民族伟大复兴的视角出发，分析了新民主主义革命道路、社会主义改造道路以及中国特色社会主义道路之间前后相承的内在联系。

图书在版编目（CIP）数据

中国共产党与中国道路／肖贵清，刘爱武著 . -- 北京：清华大学出版社，2025. 7.

（中国共产党百年历程丛书）. -- ISBN 978-7-302-69621-6

Ⅰ . D25

中国国家版本馆 CIP 数据核字第 2025H3D473 号

责任编辑：严曼一　刘志彬
封面设计：李召霞
版式设计：方加青
责任校对：王凤芝
责任印制：杨　艳

出版发行：清华大学出版社
　　　　　网　　　址：https://www.tup.com.cn，https://www.wqxuetang.com
　　　　　地　　　址：北京清华大学学研大厦A座　　　　邮　　编：100084
　　　　　社 总 机：010-83470000　　　　　　　　　　邮　　购：010-62786544
　　　　　投稿与读者服务：010-62776969，c-service@tup.tsinghua.edu.cn
　　　　　质 量 反 馈：010-62772015，zhiliang@tup.tsinghua.edu.cn
印 装 者：三河市东方印刷有限公司
经　　销：全国新华书店
开　　本：148mm×210mm　　　　印　　张：10.875　　　字　　数：262 千字
版　　次：2025 年 8 月第 1 版　　印　　次：2025 年 8 月第 1 次印刷
定　　价：79.00元

产品编号：088910-01

2021年是中国共产党成立一百周年，一百年来，中国共产党带领全国各族人民在革命、建设、改革的奋斗历程中取得了巨大成就，积累了宝贵经验。值此建党百年到来之际，在全党开展党史学习教育，是以习近平同志为核心的党中央立足党的百年历史新起点，统筹中华民族伟大复兴战略全局和世界百年未有之大变局、为动员全党全国满怀信心投身全面建设社会主义现代化国家而作出的重大决策，正当其时，意义重大。

建党百年之际在全党范围内广泛开展党史学习教育，是牢记初心使命、推进中华民族伟大复兴历史伟业的必然要求。自成立之日起，中国共产党人就将为中国人民谋幸福、为中华民族谋复兴作为初心和使命。百年来，中国共产党团结带领中国人民取得了新民主主义革命的伟大胜利，完成社会主义革命，进行社会主义建设，开启改革开放新的伟大革命，推动中国特色社会主义进入新时代，中华民族迎来从站起来、富起来到强起来的伟大飞跃。当前，全面建成小康社会取得伟大历史成果，中华民族伟大复兴向前迈出了新的一大步，在此背景下开展党史学习教育，能够引导广大党员干部站在中华民族伟大复兴百年进程中，深刻认识党的性质宗旨，牢记初心使命，在新时代新阶段将党和人民事业推向新的历史高度。

建党百年之际在全党范围内广泛开展党史学习教育，是坚定信仰信念、在新时代坚持和发展中国特色社会主义的必然要求。

百年来，我们党之所以能够历经艰难困苦不断创造新的辉煌，很重要的一个原因就是始终重视思想建党、理论强党，坚持用科学理论武装广大党员、干部的头脑，使全党始终保持统一的思想、坚定的意志、强大的战斗力。党的十八大以来，以习近平同志为核心的党中央从理论和实践结合上系统回答了新时代坚持和发展什么样的中国特色社会主义、怎样坚持和发展中国特色社会主义，建设什么样的社会主义现代化强国、怎样建设社会主义现代化强国，建设什么样的长期执政的马克思主义政党、怎样建设长期执政的马克思主义政党等重大时代课题，创立了习近平新时代中国特色社会主义思想。开展党史学习教育，有利于引导广大党员干部站在马克思主义中国化百年历史进程中，深刻学习领会新时代党的创新理论，深化对共产党执政规律、社会主义建设规律、人类社会发展规律的认识。

建党百年之际在全党范围内广泛开展党史学习教育，是推进党的自我革命、永葆党的生机活力的必然要求。回顾百年历史，中国共产党总是在推动社会革命的同时，勇于推动自我革命，始终坚持真理、修正错误，敢于正视问题、克服缺点，勇于刮骨疗毒、去腐生肌。也正是因为中国共产党在这一问题上始终如一，才能够在危难之际绝处逢生、失误之后拨乱反正，成为永远打不倒、压不垮的马克思主义政党。在党的百年历史新起点开展党史学习教育，有利于引导广大党员干部回顾党的自我革命历程，在功成名就时做到居安思危、保持创业初期那种励精图治的精神状态，在执掌政权后做到节俭内敛、敬终如始，在承平时期严以治吏、防腐戒奢，在重大变革关头顺乎潮流、顺应民心。

中国共产党的百年历史风起云涌、荡气回肠，书写着无数革命先烈的英雄事迹，记录下共产党人改天换地的人间奇迹。在建党百年之际回顾学习党的历史，就是要汲取其中蕴含的宝贵经验和精神力量，用被实践证明的科学真理武装头脑，为新时代展开新的伟大斗争提供科学指引。

科学把握马克思主义中国化的思想主线。一部百年党史，就是一部不断推进马克思主义中国化的历史，就是一部不断推进理论创新、进行理论创造的历史。新时代学习党的百年历史，必须深刻认识马克思主义中国化这条思想主线，从党的非凡历程中领会马克思主义是如何深刻改变中国、改变世界的，感悟马克思主义的真理力量和实践力量，深化对中国化马克思主义既一脉相承又与时俱进的理论品质的认识，特别是要深刻领悟习近平新时代中国特色社会主义思想的时代价值与理论贡献，坚持不懈用党的创新理论最新成果武装头脑、指导实践、推动工作。

深刻认识中国共产党人的精神谱系。在党的百年历史上，一代又一代中国共产党人顽强拼搏、不懈奋斗，一大批视死如归的革命烈士用自己的宝贵生命换来了革命的伟大胜利、换来了祖国的山河无恙；一大批顽强奋斗的英雄人物用自己的青春和热血换来了社会的安定和谐、国家的繁荣进步；一大批忘我奉献的先进模范扎根祖国和人民最需要的地方，在最艰苦、最平凡的工作岗位上书写下对党和人民的无限忠诚。这些闪耀在革命、建设、改革各个历史时期的伟大精神，构筑起中国共产党人璀璨的精神谱系，为我们立党兴党强党提供了丰厚滋养。新时代学习党的百年历史，必须深刻认识这一延续百年的精神图谱，教育引导全党大力发扬红色传统、传承红色基因，赓续共产党人精神血脉，始终保持革命者的大无畏奋斗精神，鼓起迈进新征程、奋进新时代的精气神。

系统总结党在不同历史时期成功应对风险挑战的丰富经验。

前进道路从来不会是一片坦途，在实现民族复兴的征程上，必然会面临各种重大挑战、重大风险、重大阻力、重大矛盾，必须进行具有许多新的历史特点的伟大斗争。善于总结历史经验是党的优良传统。回顾历史，中国共产党在与各种风险挑战的斗争中不断总结经验、提高本领，不断提高应对风险、迎接挑战、化险为夷的能力水平，积累了丰富的斗争经验。新时代学习党的百年历史，必须从历史规律中获得启迪，从历史经验中提炼出克敌制胜的法宝，通过总结历史经验教训，更好应对前进道路上各种可以预见和难以预见的风险挑战。

"明镜所以照形，古事所以知今。"在全党开展党史学习教育，是党的政治生活中的一件大事。为了更好地总结与回顾百年来中国共产党带领人民探索中国道路的历史与经验，清华大学马克思主义学院组织编写了这套"中国共产党百年历程"丛书。丛书将兼顾学术性与通俗性，在讲好中国共产党百年历史的基础上，为百年纪念献礼。

丛书始终坚持以习近平总书记关于党史的系列重要论述为指导，坚持正确党史观。一段时间以来，一些别有用心的势力妄图通过捏造事实、割裂联系、否定革命领袖和英雄人物等手段篡改和丑化党的历史，传播唯心主义的历史观。丛书关于党的百年历史的多角度论述，坚持实事求是的原则，坚持以我们党关于历史问题的三个决议和党中央有关精神为依据，准确把握党的历史发展的主题主线、主流本质，正确认识和科学评价党史上的重大事件、重要会议、重要人物，旗帜鲜明地反对打着所谓"解构""戏说""揭秘"等旗号的历史虚无主义，积极通过各种手段和途径加强思想引导和理论辨析，以更好正本清源、固本培元，引导广大党员干部树立正确的党史观。

丛书以专题化的形式，从不同侧面展现了中国共产党百年来带领人民不断奋进的光辉历史，涉及政治、经济、文化、社会建设、生态文明建设和党的建设等多个领域。既有从总体上展现中国共产党与马克思主义中国化、中国共产党与中国道路的宏观叙述，又有聚焦于抗日战争、新中国成立、改革开放等不同历史阶段的学术专论，使党的历史得到多维度的立体呈现。丛书的专题化论述与《中国共产党历史》《中国共产党的一百年》《中国共产党简史》等按照时间顺序叙述的权威党史著作相配合，使得读者能够在了解党史展开时间脉络的基础上，从不同角度扩展对党史认知的视野，对进一步学好党史具有重要参考价值。

丛书立足中国特色社会主义新时代的基本国情和工作重点，从理论上研究和探讨了党的历史的重大问题，加深了对党史理解的深度和厚度。历史叙述和理论研究相辅相成、相互补充，同为理解百年征程的必要条件。脱离历史叙述的理论思辨往往如同隔靴搔痒，难以切中历史演进的真实情况；脱离理论探讨的历史叙述往往缺乏深度，难以揭示历史演进的内在动因。丛书在深入分析百年党史内在规律的基础上，针对党史上的重大问题和专门领域展开了较为深入的理论分析，使得读者在了解党史基本历程的基础上，能更加明确地把握其中的理论逻辑。

"中国共产党百年历程"丛书编委会

目　录

绪　论
中国共产党百年道路探索的历史逻辑

　　中国道路是一个具有重大历史意义、理论意义和实践意义的命题。改革开放以来中国特色社会主义建设所取得的伟大成就令世界瞩目，创造了世界大国经济社会长期发展的"中国奇迹"，而之所以能够创造"中国奇迹"，是因为中国在改革开放以后开辟了一条既不同于苏联，也不同于西方的独特的中国道路。由此，中国道路日益成为国内外学者研究的一个焦点问题。近年来，国内外学者对中国道路的研究热点，总的来说主要集中在三个方面：一是立足现代性等哲学视域下的中国道路考察；二是探讨中国道路对世界各国经济社会发展的经验与启示；三是探讨中国道路的话语范式与理论内涵。但是学界对于中国共产党探索中国道路的历史逻辑，特别是对于道路探索历史进程的整体性、系统性研究还比较缺乏，这是本书研究的出发点。我们认为，中国道路可以从广义和狭义两个方面理解：广义上的中国道路包含革命、建设、改革以及新时代等不同阶段的探索，即新民主主义革命道路、社会主义改造道路、中国特色社会主义建设道路、中国式现代化道路；狭义上的中国道路特指改革开放以来开辟的中国特色社会主义道路。本书主要从广义角度出发，认为中国道路是中国共产党领导中国人民进行新民主主义革命、社会主义改造，实现向社会主义转变，建设社会主义现代化强国，实现中华民族伟大复兴的道路。中国道路不仅深刻改变了中国，也深刻影响了世界。

一、中国共产党对中国道路的探索是一以贯之的有机整体

中国共产党自成立以来对民族复兴道路的探索一刻也没有停止过。这一道路的探索从半殖民地半封建的近代社会一直延续到中国特色社会主义新时代，贯穿中国共产党领导中国人民进行革命、建设、改革以及中国特色社会主义新时代等几个历史时期，是一个一以贯之的有机整体。理解中国道路的历史逻辑，既需要把握中国道路的三个不同历史阶段，也需要关注几个历史阶段之间的内在联系。

① 中国革命道路的开创

实现中华民族伟大复兴，必须推翻压在中国人民头上的"三座大山"，实现民族独立、人民解放、国家统一、社会稳定，这是中国共产党成立以后对中国革命道路探索的逻辑起点。新民主主义革命时期中国共产党关于中国道路的探索是从"走俄国人的路"[①]开始的。以列宁为领导的布尔什维克武装力量推翻了资产阶级临时政府，建立了世界上第一个社会主义国家。俄国十月革命的胜利开创了人类历史的新纪元，以城市为中心的革命道路具有很强的示范作用。中国共产党成立伊始，坚持以城市为中心开展革命斗争，但是实践证明，以城市为中心进行革命在中国行不通。

近代中国是一个政治经济发展不平衡的半殖民地半封建的大国。由于异常强大的敌人总是长期地占据着中心城市，广大农村则是反

---

① 毛泽东.毛泽东选集（第四卷）[M].北京：人民出版社，1991：1471.

革命力量统治的薄弱环节。因此，共产党的工作重心必须放在乡村。1927 年 7 月 4 日，在中央政治局常委会上，毛泽东提出"上山"思想，认为"上山可造成军事势力的基础""不保存武力则将来一到事变我们即无办法"。①秋收起义失败后，毛泽东带领部队走进罗霄山脉，在实践中开辟了一条农村包围城市、武装夺取政权的中国革命新道路。延安时期，毛泽东曾就这一问题进行解释："为什么我们上井冈山呢？因为下面住不得，所以才上山去。有什么法子不上井冈山，打游击战，因为要实行半殖民地半封建国家的资产阶级民主革命的任务，便是反帝反封建，我们就举起了反帝反封建的大旗。这旗帜不准我们在城里插，就到山顶上去插，永不放下。"②

农村包围城市、武装夺取政权是中国共产党把马克思主义基本原理同中国革命实际相结合的过程中探索出的一条符合中国国情的革命道路，其主要内容包括土地革命、武装斗争和根据地建设三个方面。这三个方面相互联系、相互支撑，共同构成"工农武装割据"的理论框架。这条革命道路成功地解决了马克思主义经典作家没有解决的关于半殖民地半封建落后国家开展无产阶级革命的问题，引领中国革命取得了胜利。

② 社会主义改造道路的探索

实现中华民族伟大复兴，必须建立符合我国实际的先进社会制度。中国革命的历史进程总体上分为两步，第一步是民主主义的革命，第二步是社会主义革命，这是性质不同的两个革命过程。新民主主义革命胜利标志着第一步民主主义革命任务基本完成

---

① 　中共中央文献研究室．毛泽东年谱（1893—1949）（上卷）[M]．北京：中央文献出版社，2013：203.

② 　中共中央文献研究室，中央档案馆《党的文献》编辑部．毛泽东重要著作和思想形成始末 [M]．北京：人民出版社，1993：120.

和第二步社会主义革命任务的开始。社会主义革命的主要任务，是实现从新民主主义社会向社会主义社会的转变，在中国建立起崭新的社会主义制度。中国共产党将马克思主义基本原理同中国具体实际相结合，开创了一条具有中国特色的社会主义改造道路。

马克思主义认为，"剥夺者被剥夺"是历史发展的必然趋势，"剥夺者"必将被"剥夺"，这是无产阶级革命的根本原则，也是实现向社会主义过渡的重要阶段。对"剥夺者"的"剥夺"有两种方式：一种方式是暴力的方式，即通过强制性的手段进行夺取；另一种方式是和平的方式，即通过和平赎买的手段，逐步剥夺"剥夺者"的私有财产。中国共产党从中国的具体实际出发，没有选择暴力没收的方式，对于个体农业与手工业采取了建立生产合作社的方式，对于资本主义工商业采取了和平赎买的方式。从1953年到1956年，社会主义改造运动轰轰烈烈地开展起来：先合作化，后机械化，采取由低级到高级的形式，广大农民在中国共产党的领导下逐步走社会主义道路；变分散为集中、从低级到高级，中国共产党初步完成了对手工业的社会主义改造；采取和平赎买的方式，通过国家资本主义道路，实现了对资本主义工商业的社会主义改造。

"三大改造"的完成，标志着社会主义基本制度在中国的初步建立。社会主义基本制度确立完成了中华民族有史以来最为广泛而深刻的社会变革，为当代中国一切发展进步奠定了根本政治前提和制度基础。社会主义改造道路凸显了鲜明的中国特色，这是中国共产党坚持把马克思主义基本原理同中国具体实际相结合的结果，实现了对资本主义"卡夫丁峡谷"的历史性跨越。

③ 中国特色社会主义道路的开辟

实现中华民族伟大复兴，必须进行改革开放新的伟大革命，破除阻碍国家和民族发展的一切思想和体制障碍，建立符合中国特点的社会主义道路。中国特色社会主义道路探索和开辟经历了一个长期的历史过程。以毛泽东为主要代表的中国共产党人对适合中国特点的社会主义建设道路进行了初步探索，提出了一系列建设社会主义思想，虽然后来由于缺乏社会主义建设的经验，加之受到苏联模式的影响，导致一些"左"的错误，使道路探索出现了曲折，但是这一时期的探索为中国特色社会主义道路的开创奠定了物质基础，积累了经验，提供了理论准备。

以 1978 年党的十一届三中全会为标志，以邓小平为主要代表的中国共产党人在科学总结我国社会主义建设正反两方面经验的基础上，开创了中国特色社会主义。邓小平坚持从中国实际情况出发，提出"把马克思主义的普遍真理同我国的具体实际结合起来，走自己的道路，建设有中国特色的社会主义"[①]。邓小平围绕"什么是社会主义，怎样建设社会主义"进行了深入探索和系统回答，提出社会主义初级阶段论、社会主义市场经济论、改革开放论、社会主义本质论等，同时系统提出了初级阶段基本路线、发展战略等，把对社会主义的认识提高到一个新的水平。邓小平强调，改革是社会主义制度的自我完善，自我发展，是一种"带革命意义的改革"[②]，但是社会主义建设"不要离开现实和超越阶段采取一些'左'的办法，这样是搞不成社会主义的"[③]。

20 世纪 90 年代以后，中国共产党对中国特色社会主义道路

---

① 邓小平.邓小平文选（第三卷）[M].北京：人民出版社，1993：3.
② 邓小平.邓小平文选（第三卷）[M].北京：人民出版社，1993：78.
③ 邓小平.邓小平文选（第二卷）[M].北京：人民出版社，1994：312.

的认识更加深化。党的十四大明确了我国经济体制改革的目标是建立社会主义市场经济体制，党的十四届三中全会将党的十四大提出的经济体制改革目标和基本原则进一步具体化；党的十五大阐明了建设有中国特色社会主义的经济、政治、文化的基本纲领；党的十六大站在新的历史起点上，对举什么旗、走什么路这一问题作出了回答；党的十七大对中国特色社会主义道路进行了系统概括，指出："中国特色社会主义道路，就是在中国共产党领导下，立足基本国情，以经济建设为中心，坚持四项基本原则，坚持改革开放，解放和发展社会生产力，巩固和完善社会主义制度，建设社会主义市场经济、社会主义民主政治、社会主义先进文化、社会主义和谐社会，建设富强民主文明和谐的社会主义现代化国家。"①

中国特色社会主义进入新时代以来，习近平总书记多次强调："道路问题是关系党的事业兴衰成败第一位的问题，道路就是党的生命。""中国特色社会主义，是科学社会主义理论逻辑和中国社会发展历史逻辑的辩证统一，是根植于中国大地、反映中国人民意愿、适应中国和时代发展进步要求的科学社会主义，是全面建成小康社会、加快推进社会主义现代化、实现中华民族伟大复兴的必由之路。"② 以习近平同志为核心的党中央适应中国特色社会主义进入新时代要求，回应广大人民群众的新愿望、新诉求，提出以中国式现代化全面推进中华民族伟大复兴；积极推进"五位一体"总体布局和"四个全面"战略布局；强调经济新常态与供给侧结构性改革；贯彻创新、协调、绿色、开放、共享的新发展理念；构建新发展格局，实施"一带一路"，坚持总体国

---

① 中共中央文献研究室. 十七大以来重要文献选编（上卷）[M]. 北京：中央文献出版社，2009：9.

② 中共中央文献研究室. 十八大以来重要文献选编（上卷）[M]. 北京：中央文献出版社，2014：117-118.

家安全观，走中国特色国家安全道路，推动构建人类命运共同体等，丰富和拓展了中国特色社会主义道路。

中国共产党百年道路探索是一个相互承接的有机整体。革命道路的开辟引领中国人民取得新民主主义革命的伟大胜利，为实现中华民族伟大复兴扫清了障碍；社会主义改造道路的开辟，引领中国由新民主主义向社会主义转变，为实现中华民族伟大复兴提供了政治前提，奠定了制度基础；中国特色社会主义道路的开辟，引领中国实现了伟大的历史变革，取得举世瞩目的成就，中国从来没有像今天这样接近中华民族伟大复兴。回顾百年历史，中国共产党在探索开辟中国道路的过程中，将马克思主义同中国革命、建设和改革实际结合起来，实现了马克思主义中国化的理论创新，引领着中国人民迎来从站起来、富起来到强起来的伟大飞跃。新民主主义革命道路、社会主义改造道路和中国特色社会主义建设道路都是在实现中华民族伟大复兴中国梦中探索的符合中国实际的道路，它们之间具有紧密的内在联系，呈现出连贯性与整体性特征，而不是相互矛盾、互相对立，更不能由于实践和时代变化以及历史任务的阶段性转变而用前者否定后者，或者用后者否定前者。

二、中国道路成功背后的"密码"

中国共产党百年道路的探索取得举世瞩目的成就，不仅推进了马克思主义在中国的成功实践，完成了中国近代以来民主革命反帝反封建的历史任务，实现了从新民主主义社会向社会主义社会的过渡，而且引领中国经济社会的快速稳定发展、人民生活水平的显著提升，实现了当代中国的历史性跨越。中国道路是中国共产党领导中国人民历经百年探索开辟的具有鲜明中国特色的道路。中国道路之所以能够成功，主要有以下几个方面的原因。

第一，坚持中国共产党的领导。

"党政军民学，东西南北中，党是领导一切的。"① 在中国道路的探索与开创过程中，中国共产党始终是领导力量。中国道路之所以能够成功，最根本的原因是中国共产党的坚强领导。"中国特色社会主义最本质的特征是中国共产党领导，中国特色社会主义制度的最大优势是中国共产党领导。"②

中国共产党为中国道路的探索指明了方向。中国共产党成立以来，始终坚持将马克思主义基本原理与中国革命、建设和改革实际相结合，为道路的选择与探索指明了方向。主要体现在两个方面：一是始终坚持社会主义正确方向。虽然由于中国特殊国情，新民主主义革命的任务是推翻帝国主义、封建主义和官僚资本主义，建立新民主主义社会，但是中国共产党作为最低纲领和最高纲领的统一论者，始终未放弃或否认社会主义方向。毛泽东在新中国成立后谈到这一问题时指出："当人民推翻了帝国主义、封建主义和官僚资本主义的统治之后，中国要向哪里去？向资本主义，还是向社会主义？有许多人在这个问题上的思想是不清楚的。事实已经回答了这个问题：只有社会主义能够救中国。"③ 党的十八大以来，习近平总书记针对国内外对中国特色社会主义的错误认识，多次强调指出，道路问题是关系党的事业兴衰成败第一位的问题，道路就是党的生

① 习近平. 习近平谈治国理政（第二卷）[M]. 北京：外文出版社，2017：21.
② 本书编写组. 中国共产党第十九次全国代表大会文件汇编 [M]. 北京：人民出版社，2017：16.
③ 中共中央文献研究室. 毛泽东文集（第七卷）[M]. 北京：人民出版社，1999：214.

命。中国特色社会主义是社会主义而不是其他什么主义，科学社会主义基本原则不能丢，丢了就不是社会主义。二是必须把马克思主义与中国具体实际相结合，探索适合中国国情的道路。中国共产党自成立之日起就坚持马克思主义指导地位，确立共产主义远大理想，这是毋庸置疑的，也是符合中国国情的。但是如何坚持马克思主义和社会主义是中国共产党在道路探索中面临的重大课题。新民主主义革命时期，以毛泽东为主要代表的中国共产党人同党内存在的右倾和"左"倾错误进行艰苦斗争，提出马克思主义必须与中国具体实际相结合的科学命题，指导中国革命取得了胜利。建设时期，毛泽东在深刻剖析苏联模式弊端的基础之上，强调把马克思主义与中国具体实际第二次结合，探索适合中国特点的社会主义建设道路，并取得了丰硕成果。改革开放以后，邓小平明确提出："马克思主义必须是同中国实际相结合的马克思主义，社会主义必须是切合中国实际的有中国特色的社会主义。"[1] 可以说，这是建党以来长期实践经验的总结，也是中国道路探索的基本方向。

社会主义制度显示出巨大的政治优势。中国共产党一经成立，就把实现共产主义作为党的最高理想。1940 年毛泽东在《新民主主义论》中指出："共产主义是无产阶级的整个思想体系，同时又是一种新的社会制度。这种思想体系和社会制度，是区别于任何别的思想体系和任何别的社会制度的，是自有人类历史以来，最完全最进步最革命最合理的。"[2] 在新民主主义革命即将胜利的时候，中国共产党人即开始擘画未来社会主义制度的蓝图。在党的七届二中全会上，毛泽东提出："在革命胜利以后，迅速地恢复和发展生产，对付国外的帝国主义，使中国稳步地由农业国

①　邓小平．邓小平文选（第三卷）[M]．北京：人民出版社，1993：63.
②　毛泽东．毛泽东选集（第二卷）[M]．北京：人民出版社，1991：686.

转变为工业国，把中国建设成一个伟大的社会主义国家。"① 中华人民共和国成立后，人民民主专政的国体、人民代表大会的根本政治制度、中国共产党领导的多党合作和政治协商制度、民族区域自治制度、基层群众自治制度确立，社会主义基本制度体系逐步建立，并在中国经济社会发展中展现出巨大优势。毛泽东自信地说："要超过世界最强大的美国，尽多一百多年，也就可以了，因为我们的社会主义制度优胜于资本主义制度，我们的无产阶级政党——共产党的领导优胜于资产阶级政党的领导。"② 改革开放后，中国共产党人又在此基础上，深刻总结国内外正反两方面经验，不断探索实践，进一步拓展完善了中国特色社会主义制度体系，并在实践中显示出了巨大的政治优势。党的十九届四中全会从十三个方面对中国特色社会主义制度显著优势进行了系统总结，强调"中国特色社会主义制度是以马克思主义为指导、植根中国大地、具有深厚中华文化根基、深得人民拥护的制度和治理体系，是具有强大生命力和巨大优越性的制度和治理体系，是能够持续推动拥有近十四亿人口大国进步和发展、确保拥有五千多年文明史的中华民族实现'两个一百年'奋斗目标进而实现伟大复兴的制度和治理体系。"③

第二，坚持马克思主义的指导。

"十月革命一声炮响，给我们送来了马克思列宁主义。"④ 马

---

① 中共中央文献研究室，中央档案馆.建党以来重要文献选编（1921—1949）（第二十六册）[M].北京：中央文献出版社，2011：169.

② 中共中央文献研究室.建国以来毛泽东文稿（第十册）[M].北京：中央文献出版社，1996：63.

③ 中国共产党第十九届中央委员会第四次全体会议文件汇编[M].北京：人民出版社，2019：84.

④ 毛泽东.毛泽东选集（第三卷）[M].北京：人民出版社，1991：1471.

克思主义及其在中国的发展，形成了既一脉相承又与时俱进的科学理论，为中国道路的探索提供了理论指导，奠定了坚实的思想基础。中国共产党百年道路探索的历史也是马克思主义与中国实际和时代特征相结合并不断指导中国革命、建设和改革实践的历史。

马克思主义是适合殖民地半殖民地国家的科学理论。在马克思主义传入中国之前，中国的先进分子围绕救亡图存这一主题进行了道路探索。但是，无论是农民阶级还是地主阶级，无论是资产阶级改良派还是革命派，其道路探索都没能成功。十月革命的胜利，标志着马克思主义在殖民地半殖民地国家的成功实践，也使中国先进知识分子看到了殖民地半殖民地国家实现救亡图存的新路径。五四运动后，马克思主义在中国的广泛传播，为中国共产党的成立奠定了思想上的基础，也使中国共产党人的道路探索有了理论指导。习近平总书记指出："中国共产党之所以能够完成近代以来各种政治力量不可能完成的艰巨任务，就在于始终把马克思主义这一科学理论作为自己的行动指南，并坚持在实践中不断丰富和发展马克思主义。"①

马克思主义是科学的理论，但是马克思主义没有结束真理，而是开辟了通往真理的道路。"马克思的整个世界观不是教义，而是方法。它提供的不是现成的教条，而是进一步研究的出发点和供这种研究使用的方法。"② 要使马克思主义在实践中真正发挥作用，就要将马克思主义与中国革命、建设和改革实践相结合。毛泽东指出："没有抽象的马克思主义，只有具体的马克思主义。所谓具体的马克思主义，就是通过民族形式的马克思主义，就是把马克思主

① 中共中央党史和文献研究院．十八大以来重要文献选编（下卷）[M]．北京：中央文献出版社，2018：345-346.
② 中共中央马克思恩格斯列宁斯大林著作编译局．马克思恩格斯选集（第四卷）[M]．北京：人民出版社，2012：664.

义应用到中国具体环境的具体斗争中去，而不是抽象地应用它。"①
以毛泽东为主要代表的中国共产党人在马克思列宁主义基本原理和
中国革命具体实际相结合的过程中，创立了毛泽东思想这一马克思
主义中国化的理论成果。在毛泽东思想的指导下，中国人民实现了
新民主主义革命的伟大胜利，完成了由新民主主义向社会主义的
过渡。

党的十一届三中全会后，以邓小平为主要代表的中国共产党
人在继承和发展毛泽东思想的基础上，开创了中国特色社会主义，
创立了邓小平理论这一马克思主义中国化的理论成果，这也是与
苏联模式不同的社会主义建设道路的理论总结。邓小平指出："我
们的现代化建设，必须从中国的实际出发。无论是革命还是建设，
都要注意学习和借鉴外国经验。但是，照抄照搬别国经验、别国
模式，从来不能得到成功。这方面我们有过不少教训。"②党的
十三届四中全会以后，以江泽民、胡锦涛为主要代表的中国共产
党人，在科技革命迅猛发展、全球化浪潮不可逆转、国内改革发
展任务繁重的时代条件下，站在历史和时代的高度，准确把握世
界发展趋势，进一步把马克思主义与中国具体实际相结合，形成
了"三个代表"重要思想和"科学发展观"，开拓了马克思主义
中国化新境界。这些理论成果指导着改革开放的实践，也被实践
证明了其科学性，"既坚持了科学社会主义基本原则，又根据时
代条件赋予其鲜明的中国特色"③。

党的十八大以来，以习近平同志为核心的党中央创立了习近平
新时代中国特色社会主义思想。这是马克思主义中国化的最新理

---

① 中共中央文献研究室，中央档案馆.建党以来重要文献选编（1921—1949）
（第十五册）[M].北京：中央文献出版社，2011：651.
② 邓小平.邓小平文选（第三卷）[M].北京：人民出版社，1993：2-3.
③ 习近平.关于坚持和发展中国特色社会主义的几个问题 [J].求是，2019（7）.

论成果，也是对中国特色社会主义新时代中国道路探索的经验总结。习近平总书记深刻指出："中国共产党之所以能够完成近代以来各种政治力量不可能完成的艰巨任务，就在于始终把马克思主义这一科学理论作为自己的行动指南，并坚持在实践中不断丰富和发展马克思主义。"①马克思主义中国化实现了理论科学性与实践性的统一，使得中国共产党能够摆脱以往一切政治力量追求自身特殊利益的局限，为中国革命、建设和改革事业提供理论支撑和方向指引。

第三，坚持人民主体地位。

人民是历史的创造者，是推动社会发展的根本力量。中国共产党之所以能够开创实现民族复兴的中国道路，原因就在于始终依靠广大人民群众，坚持人民的主体地位。

中国共产党始终站在最广大人民的根本立场上，这是中国共产党之所以能够得到广大人民群众拥护的根本原因。在古田会议上，毛泽东就指出，红军"是为了宣传群众、组织群众、武装群众，并帮助群众建设革命政权才去打仗的"②。坚持这一原则，红军时刻把人民群众的利益看得高于一切，始终和人民群众保持着密切联系。站在最广大人民的立场上，说明中国共产党没有自己的特殊利益。1941年，毛泽东在陕甘宁边区参议会的演说中指出："共产党是为民族、为人民谋利益的政党，它本身决无私利可图。"③党的七大进一步明确指出："中国共产党代表中国民族与中国人民的利益。""中国共产党人必须具有全心全意为中国人民服务

① 习近平 . 在庆祝中国共产党成立 95 周年大会上的讲话 [M]. 北京：人民出版社，2016：8.
② 中共中央文献研究室，中央档案馆 . 建党以来重要文献选编（1921—1949）（第六册）[M]. 北京：中央文献出版社，2011：727.
③ 毛泽东 . 毛泽东选集（第三卷）[M]. 北京：人民出版社，1991：809.

的精神，必须同工人群众、农民群众及其他革命人民建立广泛的联系，并经常注意巩固与扩大这种联系。"① 在党的八大上，邓小平在关于修改党章的报告中系统阐述了群众路线的理论："群众路线是我们党的组织工作中的根本问题，是党章中的根本问题，是需要在党内反复进行教育的。"② 他认为，党的工作中的群众路线具有两方面的意义，"在一方面，它认为人民群众必须自己解放自己；党的全部任务就是全心全意地为人民群众服务；党对于人民群众的领导作用，就是正确地给人民群众指出斗争的方向，帮助人民群众自己动手，争取和创造自己的幸福生活。""在另一方面，它认为党的领导工作能否保持正确，决定于它能否采取'从群众中来，到群众中去'的方法。"③ 全心全意为人民服务作为根本宗旨写在了党的旗帜之上。"中国共产党人的初心和使命，就是为人民谋幸福，为中华民族谋复兴。这个初心和使命是激励中国共产党人不断前进的根本动力。"④

中国共产党始终高度重视发挥人民的主体作用。党的二大通过的关于共产党的组织章程决议案指出："我们既然是为无产群众奋斗的政党，我们便要'到群众中去'，要组成一个大的'群众党'。""党的一切运动都必须深入到广大的群众里面去。"⑤毛泽东深刻认识到真正的革命力量就在人民群众当中，他说："真正的铜墙铁壁是什么？是群众，是千百万真心实意地拥护革命的

① 中共中央文献研究室，中央档案馆.建党以来重要文献选编（1921—1949）（第二十二册）[M].北京：中央文献出版社，2011：533，535.
② 邓小平.邓小平文选（第一卷）[M].北京：人民出版社，1994：216.
③ 邓小平.邓小平文选（第一卷）[M].北京：人民出版社，1994：217.
④ 本书编写组.中国共产党第十九次全国代表大会文件汇编[M].北京：人民出版社，2017：1.
⑤ 中共中央文献研究室，中央档案馆.建党以来重要文献选编（1921—1949）（第一册）[M].北京：中央文献出版社，2011：162.

群众。""在革命政府的周围团结起千百万群众来，发展我们的革命战争，我们就能消灭一切反革命，我们就能夺取全中国。"① 邓小平高度重视人民群众的创造性成果，并把这些成果上升为道路的重要组成部分。比如，家庭联产承包责任制、股份合作制等，我们只是"把它拿来加工提高作为全国的指导"。② 这也成为中国道路创新的重要推动力。党的十八大以来习近平总书记高度重视人民主体地位，发挥人民首创精神，充分调动人民群众的积极性、主动性、创造性。他在十八届中共中央政治局第一次集体学习时谈道："密切党群、干群关系，保持同人民群众的血肉联系，始终是我们党立于不败之地的根基。一个政党，一个政权，其前途和命运最终取决于人心向背。"③ 习近平总书记还对中国社会各个阶层提出具体要求和期望，指出："全国广大工人、农民、知识分子，要发挥聪明才智，勤奋工作，积极在经济社会发展中发挥主力军和生力军作用。一切国家机关工作人员，要克己奉公，廉政勤政，关心人民疾苦，为人民办实事……一切非公有制经济人士和其他新的社会阶层人士，要发扬劳动创造精神和创业精神，回馈社会，造福人民，做合格的中国特色社会主义事业的建设者。"④ 解读中国道路的"密码"，必须看到革命、建设和改革进程中党与群众的血肉联系。

① 毛泽东.毛泽东选集（第一卷）[M].北京：人民出版社，1991：139.
② 邓小平.邓小平文选（第三卷）[M].北京：人民出版社，1993：382.
③ 习近平.习近平谈治国理政（第一卷）[M].北京：外文出版社，2018：15.
④ 习近平.习近平谈治国理政（第一卷）[M].北京：外文出版社，2018：41-42.

三、中国道路的历史地位及其影响

习近平总书记指出："实现中国梦必须走中国道路。"[①] 无论革命、建设还是改革，道路至关重要。选择了一条什么样的道路，也就选择了一个什么样的未来。经过中国共产党 100 年的艰辛探索，21 世纪的中国正在这条道路的引领下实现中华民族伟大复兴的宏伟目标。中国道路的开创具有深刻的历史意义、理论意义与实践意义。

第一，中国道路的开辟推进了中国革命和现代化的历史进程。实现现代化是近代以来无数仁人志士的梦想。中国共产党的百年道路探索开启了中国现代化的新的历史进程，创造了发展中国家尤其是落后国家实现现代化的新的方案。从革命、建设到改革，中国共产党把实现国家现代化的目标融入道路探索的每一个历史阶段中。

新民主主义革命时期的道路探索是在近代中国半殖民地半封建的特殊社会历史条件下进行的。在实践中，中国共产党深刻认识到中国社会的特殊性质，以毛泽东为主要代表的中国共产党人通过对中国革命正反两方面经验的总结，特别是对"两次胜利""两次失败"的经验教训的总结，逐步认清了中国革命的性质和特点，掌握了中国革命的基本规律，形成了符合中国实际的系统的新民主主义革命的理论。这一理论的中心问题就是怎样夺取民主革命的胜利，并进而实现向社会主义的转变。解决这两个问题，就构成了中国革命这篇大文章的"上篇"和"下篇"。毛泽东指出，"只有上篇做好，下篇才能做好。坚决地领导民主革命，是争取社会主义胜利的条

---

① 习近平．在第十二届全国人民代表大会第一次会议上的讲话 [N]．人民日报，2013-3-18（1）．

件"。① 新民主主义革命的胜利标志着近代中国半殖民地半封建社会历史的结束，开启了中国迈向现代化新的历史进程。

中国共产党在社会主义改造时期的道路探索实现了由新民主主义向社会主义的过渡。党在革命时期就认识到，社会主义社会不可能建立在半殖民地半封建社会的废墟之上，必须经过新民主主义的政治、经济和文化建设，才能创造向社会主义过渡的基础。新中国成立后，以毛泽东为主要代表的中国共产党人开创出了一条独具中国特色的针对个体农业、手工业和资本主义工商业的社会主义改造道路。社会主义改造也伴随着新中国各项政治制度的逐步建立与完善，建构了新中国社会主义制度的基本框架，为社会主义现代化建设提供了制度保障。

中国特色社会主义道路的探索发端于新中国成立之初，发展于改革开放之后。党的十一届三中全会以来，党的几届领导集体以巨大的勇气和智慧，开创和发展了社会主义现代化建设的新局面，我国经济实力、科技实力、国防实力、综合实力进入了世界前列，在实践中形成了中国特色社会主义道路、理论、制度、文化。党的十八大以来，中国特色社会主义进入新时代，以习近平同志为核心的党中央以巨大的政治勇气和强烈的政治担当，团结带领中国人民进行伟大斗争、建设伟大工程、推进伟大事业、实现伟大梦想，取得了全方位、开创性的成就，实现了深层次、根本性的变革。"实践充分证明，党的十一届三中全会以来我们党团结带领全国各族人民开辟的中国特色社会主义道路、理论、制度、文化是完全正确的，形成的党的基本理论、基本路线、基本方略是完全正确的。"②

第二，中国道路的开辟丰富和发展了马克思主义。百年道路探

---

① 毛泽东. 毛泽东选集（第一卷）[M]. 北京：人民出版社，1991：276.
② 中共中央党史和文献研究院. 十九大以来重要文献选编（上）[M]. 北京：中央文献出版社，2019：729.

索的历史进程与马克思主义中国化的历史进程是高度吻合的。中国道路的开创源于马克思主义的广泛传播和在中国的具体运用，马克思主义为中国道路提供了源源不断的理论滋养与思想支撑。

中国共产党关于中国革命道路的探索丰富和发展了马克思主义革命理论。马克思主义认为，暴力革命是一种普遍规律。但无论是马克思、恩格斯两位马克思主义的创始人，还是列宁等各国共产主义运动领袖，都没有能够对半殖民地半封建国家无产阶级暴力革命的方式与策略作出具体性的规定。在总结正反两方面的经验基础上，中国共产党人探索出了一条"农村包围城市，武装夺取政权"的革命道路，成功解决了半殖民地半封建社会革命问题，极大地推进了马克思主义创新。在革命时期的探索中，中国共产党人还形成发展了马克思主义关于无产阶级革命的理论、无产阶级政党建设理论等。

中国共产党关于社会主义改造道路的探索丰富和发展了马克思主义关于向社会主义过渡的理论。中国社会主义改造道路的探索是马克思"剥夺剥夺者"理论在中国的实践。但是，和苏联、东欧等社会主义国家不同，新中国在由新民主主义向社会主义过渡的过程中，采取了和平的、非暴力的手段，通过从低级到高级的方式，逐步实现农业、手工业和资本主义工商业的社会主义改造，实现了生产资料所有制的改变，避免了因过渡而产生的流血与冲突，丰富了马克思主义过渡理论。

中国共产党关于中国特色社会主义道路的探索丰富和发展了马克思主义关于社会主义建设的理论。马克思指出："任务本身，只有在解决它的物质条件已经存在或者至少是在生成过程中的时候，才会产生。"[①] 由于身处不同的时代，马克思主义经典作家

---

① 中共中央马克思恩格斯列宁斯大林著作编译局.马克思恩格斯文集（第二卷）[M].北京：人民出版社，2009：592.

没有提出完整的社会主义建设理论。新中国成立初期，中国共产党人开始初步探索一条不同于苏联模式的社会主义建设道路。改革开放以后，这一道路不仅成功解决了"什么是社会主义、怎样建设社会主义"的问题，还成功阐释了社会主义新时期"建设一个什么样的党、怎样建设党""实现什么样的发展、怎样发展"等重大理论命题。党的十八大以来，以习近平同志为核心的党中央从理论和实践结合上系统回答"新时代坚持和发展什么样的中国特色社会主义、怎样坚持和发展中国特色社会主义"的问题，创立了习近平新时代中国特色社会主义思想这一当代中国马克思主义、21 世纪马克思主义。中国共产党百年道路探索实现了马克思主义与中国具体实际的成功结合，在为中国革命、建设和改革提供强大理论支撑的同时，极大地丰富和发展了马克思主义，开辟了马克思主义的新境界。

第三，中国道路的开辟为广大发展中国家提供了革命和现代化建设的经验。"一个国家实行什么样的主义，关键要看这个主义能否解决这个国家面临的历史性课题。"[①] 寻求国家和民族的现代化，是世界上广大发展中国家共同的愿望。实现现代化具有多种道路可选择，但是只有适合自己的才是最好的。无论是高度集中的苏联模式，还是以倡导自由民主著称的西方民主政治模式，都没能够很好解决广大发展中国家走向现代化的问题。中国道路是一个具有中国特色、符合中国国情的发展模式，它为广大发展中国家提供了一条独立自主实现现代化的新路径。

中国道路的生成土壤是同为发展中国家的中国。中国是世界上最大的发展中国家。和广大发展中国家一样，中国也曾有过半殖民地的惨痛历史。尽管如此，在马克思主义的指导和中国共产

---

① 　习近平.关于坚持和发展中国特色社会主义的几个问题 [J]. 求是，2019（7）.

党的领导下，中国人民不仅实现了新民主主义革命的胜利，完成了新民主主义向社会主义的转变，而且探索了一条符合中国实际的中国特色社会主义道路，使中国在短短几十年的时间里走完了西方二三百年的路程，取得了世界公认的伟大成就，全面建成小康社会并开始踏上实现"第二个百年"奋斗目标历程。中国特色社会主义道路既发挥市场在资源配置中的决定性作用，同时更好地发挥政府作用，实现了市场经济与计划经济的优势互补；既充分发扬了人民民主，又实行必要的集中，实现了民主与集中的高度统一；既坚持中国共产党的集中统一领导，又充分发挥各民主党派、社会各界参政议政的重要作用；既发挥各民族自治地方充分自主权，又保证了国家统一，维护了各民族的团结，呈现出显著的优势和特色。

中国道路是社会主义建设模式的全新探索，也是世界上发展中国家实现现代化的全新模式。相比同为社会主义建设道路的苏联模式，中国道路在实践中展现出了巨大的优势。苏联模式的基本特征是高度集中的政治经济体制，过分集中的计划经济遏制了苏联经济社会发展的活力，过分集中的政治体制无法发挥民主的优势；西方资产阶级民主政治模式虽然在政治形式上实现了所谓的民主，但是却没能从根本上解决社会公平问题，同时，西方民主模式中的"三权分立"、联邦制等政治形式也导致了政府不同部门之间、中央与地方之间互相扯皮、效率低下。

中国道路成功开辟了一条既不同于西方模式，也不同于苏联模式的现代化道路，在世界范围内打破了现代化模式"必称西方"的垄断，为广大发展中国家提供了实现现代化的新的参考模式，具有十分重要的世界意义。

第一章

"农村包围城市，武装夺取政权"
的中国革命道路

　　一部中国近代史，既是中国沦为半殖民地半封建社会的历史，也是中国人民进行反帝反封建斗争、寻求国家出路的历史。在民族危亡面前，许多有识之士曾采取不同的方案救亡图存、寻求出路：他们或是大兴洋务，或是变法改良，或是民主共和，但所有这些尝试，都没有改变近代中国的悲惨命运。"十月革命一声炮响，给中国送来了马克思列宁主义。"在领导中国人民的革命实践中，中国共产党人把马克思主义基本原理与中国革命实际相结合，逐渐探索出了一条"农村包围城市，武装夺取政权"的革命道路。这条道路，是符合中国国情的、指引中国革命走向胜利的正确道路。

一、走出一条不同于俄国革命的新道路

　　十月革命的胜利开创了人类历史的新纪元，建立了世界上第一个社会主义国家。十月革命是通过武装斗争夺取大城市，是"城市中心"革命道路的典范，在世界上具有很强的示范作用。很长时间以来，这种以城市为中心的革命道路成为各国无产阶级开展革命的学习典范，中国共产党也不例外。在党的幼年时期，中国共产党坚持以城市为中心开展革命斗争，这对扩大党的影响、壮大党的队伍是非常必要的。然而，中国的特殊国情和敌我力量的悬殊对比及反

动力量在城市的集中，决定了以城市为中心的革命道路在中国走不通。以毛泽东为主要代表的中国共产党人，在将马克思列宁主义与中国国情相结合、领导中国革命实践、总结中国革命经验的过程中，逐渐探索出了一条不同于俄国的革命新道路。

① 以城市为中心的革命道路在俄国的成功实践

各国的革命实践都具有其特殊性。在马克思主义经典作家看来，社会主义革命不可能首先在某个资本主义国家单独发生并获得胜利。马克思、恩格斯所处的时代是资本主义的上升阶段，"多国同时胜利"理论是基于当时资本主义发展情况提出的。但是，在俄国革命前夕，世界资本主义发生了深刻变化，列宁根据变化了的形势，经过深入的思考和分析，提出了"社会主义可能首先在少数甚至在单独一个资本主义国家内获得胜利"[①]。列宁的这一理论，是对马克思主义的一个重大突破，为俄国革命提供了理论指导。在俄国革命的过程中，主阵地始终都是在大城市，形成了以大城市为中心的革命道路，这种革命道路的成功实践是由俄国特殊的历史传统和社会背景所决定的。

首先，从革命对象上来看，革命前的俄国是世界资本主义链条中最薄弱的一环，强大的封建势力使得城市资产阶级十分弱小。

十月革命之前，世界主要资本主义国家纷纷向帝国主义国家转变，无产阶级革命所面对的国际背景发生了极大变化。伴随着国际形势的变化，较晚进入资本主义阶段的俄国，也和很多西方资本主义国家一样，进入了垄断资本主义阶段，即帝国主义阶段。但是，俄国的资产阶级革命并没有完成：到了 20 世纪初期，俄国

---

① 中共中央马克思恩格斯列宁斯大林著作编译局. 列宁选集（第二卷）[M]. 北京：人民出版社，2012：554.

社会内部依然存在着很多农奴制的封建残余，地主土地所有制的经济状况没有改变，封建的沙皇制度依然存在。因此，虽然俄国具有较为发达的工业资本和财政资本，但是俄国还不是一个典型的资本帝国主义国家。正如列宁所言："这个国家的现代资本帝国主义可以说是被前资本主义关系的密网紧紧缠绕着。"① 封建制度的残余严重束缚着俄国社会生产力的发展，到了第一次世界大战前，俄国依然是一个农业占优势的国家。由于经济上的落后，俄国逐渐成为英国、法国等外来资本输入的场所。外资的大量涌入，控制了国家的产业命脉，导致俄国不得不依赖于其他西方帝国主义国家，处于资本主义最弱的一环。列宁在《关于帝国主义的笔记》中指出，俄国属于"一等国，但是不是完全独立的"②，是帝国主义国家中的次要国家。俄国的社会交织着尖锐、复杂的矛盾——军事封建的压迫和资本主义、民族压迫交织在一起。俄国成为帝国主义链条当中最薄弱的一环，是世界上第一个有能力冲破帝国阵线、消灭资本主义制度的国家。尽管与发达资本主义国家相比，俄国城市资本主义发展比较落后，但从俄国自身来看，农村比城市还落后，加上农村地区地域广阔，人口稀少，使得城市完全有能力领导农村。1902年，列宁在《怎么办？》中具体分析了俄国无产阶级的历史使命："历史现在向我们提出的当前任务，是比其他任何一个国家的无产阶级的一切当前任务都更革命的任务。实现这个任务，即摧毁这个不仅是欧洲的同时也是（我们现在可以这么说）亚洲的反动势力的最强大的堡垒，就会使俄

---

① 中共中央马克思恩格斯列宁斯大林著作编译局. 列宁选集（第二卷）[M]. 北京：人民出版社，2012：644.
② 中共中央马克思恩格斯列宁斯大林著作编译局. 列宁全集（第五十四卷）[M]. 北京：人民出版社，2017：202.

国无产阶级成为国际革命无产阶级的先锋队。"①俄国资本主义发展的这种特点，决定了俄国城市资产阶级的力量是十分弱小的，不可能领导俄国革命取得最终胜利。

其次，革命前的俄国社会矛盾尖锐，良好的城市斗争经验与传统，在"第一阶段革命"即资产阶级民主革命中，城市成为革命中心。

20世纪初的俄国社会交织着复杂的社会矛盾。1900—1903年的世界性经济危机给俄国以沉重的打击。因为经济的衰退，城市中的工人罢工、示威游行此起彼伏，社会矛盾复杂尖锐，城市成为俄国革命运动发展的中心地带，成为无产阶级政党扩大基础的主要阵地。俄历1905年1月9日，彼得堡工人举行了和平请愿，但却遭到了沙皇军警的残杀，史称"流血星期日"。这一事件标志着俄国资产阶级民主革命的开始。虽然这一次武装起义没有获得成功，但极大锻炼了俄国无产阶级革命力量。"没有1905年的'总演习'，就不可能有1917年十月革命的胜利。"②

第一次世界大战给俄国国民经济带来的破坏是极其严重的。因为战争，沙皇政府加强了对国民经济的控制，社会矛盾空前激化。面对这样的社会形势，布尔什维克在群众中做了大量的工作。在布尔什维克的领导下，城市中的罢工数量急剧增加。1917年年初，伴随着革命大风暴的到来，工人、农民、士兵以及被压迫的人民反对沙皇制度、反对帝国主义战争的浪潮遍及全国，俄国首都彼得格勒很快成为革命的中心。面对群众的示威游行，沙皇政府进行血腥的镇压，导致了俄国人民更加激烈的反抗。1917年2月26日，示威游行的群众开始冲破沙皇军警的严密封锁。同时，

① 中共中央马克思恩格斯列宁斯大林著作编译局．列宁选集（第一卷）[M]．北京：人民出版社，2012：315.
② 中共中央马克思恩格斯列宁斯大林著作编译局．列宁选集（第四卷）[M]．北京：人民出版社，2012：138.

沙皇政府彼得格勒卫戍部队中部分士兵愤然起义，将枪口对准了沙皇政府。同一天，布尔什维克党中央局发表宣言，号召进行武装斗争、建立临时革命政府。2月27日，布尔什维克党中央发出《告全体俄国公民书》，号召俄国人民推翻沙皇制度，建立民主共和国。二月资产阶级民主革命取得了胜利，罗曼诺夫王朝灭亡，沙皇制度被推翻，资产阶级政府在俄国建立。

最后，在"第二阶段革命"，即社会主义革命中，布尔什维克党依靠的主要力量是工人和士兵，革命高潮在城市发生。

资产阶级民主革命成功后，俄国出现了两个政权并存的局面：在革命中建立的工兵代表苏维埃，代表俄国无产阶级利益，力量十分弱小；资产阶级临时政府则是苏维埃与社会革命党人妥协退让的结果，参加这个政府的，大多是资产阶级和资产阶级化地主的代表人物，力量相对强大。临时政府成立后，很快就完全继承了沙皇政府的反动政策，无视俄国无产阶级的诉求，继续压迫俄国人民。列宁以《真理报》为阵地，在人民面前戳穿临时政府的反动本质，指出俄国无产阶级的"当前任务"是"为革命第二阶段的胜利作好准备"。[1]1917年4月，列宁作了题为《论无产阶级在这次革命中的任务》的报告，即《四月提纲》，指出："俄国当前形势的特点是从革命的第一阶段向革命的第二阶段过渡，第一阶段由于无产阶级的觉悟和组织程度不够，政权落到了资产阶级手中，第二阶段则应当使政权转到无产阶级和贫苦农民手中。"[2]很快，布尔什维克党就开始把争取群众作为自己的中心工作，在布尔什维克党领导下的社会主义革命开始在俄国兴起。

---

[1] 中共中央马克思恩格斯列宁斯大林著作编译局.列宁选集（第三卷）[M].北京：人民出版社，2012：11.

[2] 中共中央马克思恩格斯列宁斯大林著作编译局.列宁选集（第三卷）[M].北京：人民出版社，2012：14.

通过布尔什维克党的宣传与教育，很多工人、农民、士兵逐渐觉醒。

1917 年 6 月 18 日，资产阶级临时政府在西南战线发动的军事冒险进攻遭到了惨败，点燃了国内工人与士兵的愤怒，新的革命高潮到来了。7 月，俄国工人、士兵走上街头，喊出了"全部政权归苏维埃"的口号。但是，这场和平示威遭到了资产阶级临时政府的血腥镇压，酿成"七月流血事件"。"七月流血事件"标志着两个政权并存的局面已经结束——"反革命组织起来了，巩固起来了，并且实际上已经掌握了国家政权。""苏维埃以及社会革命党和孟什维克党的领袖们"已经彻底出卖了革命事业，①政权已经完全转到反革命的临时政府手中，转到地主和资产阶级的反动军阀手中，布尔什维克党不得不转入地下。"俄国革命和平发展的一切希望都彻底破灭了。"②一次又一次和平尝试的失败，让俄国无产阶级认识到，和平革命的可能性已经不存在，要夺取政权，就必须通过暴力革命的方式。

1917 年 8 月，俄国爆发全国性经济危机。列宁指出："战争造成了如此重大的危机，使人民的物质力量和精神力量达到如此紧张的地步，使整个现代社会组织受到如此严重的打击，因此人类必须作出抉择：要么是灭亡，要么是把自己的命运托付给最革命的阶级，以便最迅速最激进地过渡到更高的生产方式。"③俄国无产阶级的革命运动再一次轰轰烈烈地开展起来。

1917 年秋，革命形势的快速发展，使列宁预见到武装起义即

---

① 中共中央马克思恩格斯列宁斯大林著作编译局.列宁全集（第三十二卷）[M].北京：人民出版社，2017：1-2.

② 中共中央马克思恩格斯列宁斯大林著作编译局.列宁全集（第三十二卷）[M].北京：人民出版社，2017：2.

③ 中共中央马克思恩格斯列宁斯大林著作编译局.列宁选集（第三卷）[M].北京：人民出版社，2012：271.

将到来，开始对起义发生的条件进行认真分析和思考。9 月中旬，列宁在给布尔什维克党中央委员会的信中写道："起义要获得胜利，就不应当依靠密谋，也不是靠一个党，而是靠先进的阶级。此其一。起义应当依靠人民的革命高潮。此其二。起义应当依靠革命发展进程中的转折点，即人民先进队伍中的积极性表现得最高，敌人队伍中以及软弱的、三心二意的、不坚定的革命朋友队伍中的动摇表现得最厉害的时机。此其三。"① 要取得武装起义的胜利，不仅要有关键的时机，更要有关键的地点。在当时的俄国，彼得格勒和莫斯科这两个大城市无疑是最好的选择。因为在这两个城市中集中了大批俄国的产业工人，同时就革命力量而言，革命的力量比反革命的力量更具有优势，这两个城市的胜利将会极大影响其他城市的革命进程。因此"只要立刻在莫斯科和彼得格勒两地夺得政权（从哪里开始都可以，这无关紧要，也许，莫斯科甚至可以先开始），我们毫无疑问一定能取得胜利"。② 为此，列宁为彼得格勒的起义制订了周密的计划，强调："必须在决定性的地点，在决定性的关头，集中强大的优势力量，否则，更有训练、更有组织的敌人就会把起义者消灭。"如果将马克思关于武装起义的思想运用在 1917 年 10 月的俄国，就是"一定要既从外面，又从内部，既从工人区，又从芬兰、雷瓦尔、喀琅施塔得等各方面，同时地、尽可能出其不意地、迅速地对彼得格勒进攻，要使用全部舰队来进攻，要使集中的力量大大超过那拥有 15000～20000（也许更多些）人的我国'资产阶

---

① 中共中央马克思恩格斯列宁斯大林著作编译局. 列宁选集（第三卷）[M]. 北京：人民出版社，2012：274-275.

② 中共中央马克思恩格斯列宁斯大林著作编译局. 列宁全集（第三十二卷）[M]. 北京：人民出版社，2017：234.

级近卫军'（士官生）以及我国'旺代军队'（一部分哥萨克）等等"。[①]
在这之后，布尔什维克党做好了武装起义的各项准备工作。起义前
夕，工人赤卫队这一起义的主要武装力量在全俄国已经有二十余万
人。为了起义战斗，赤卫队轮流进行军事训练。此外，准备参加彼
得格勒武装起义的，还有波罗的海舰队以及彼得格勒卫戍部队的革
命士兵。

俄历 1917 年 10 月 24 日（公元 1917 年 11 月 6 日），彼得
格勒武装起义的枪声打响了。伴随着武装起义的胜利推进，起义
的革命武装力量越来越强大。资产阶级临时政府在彼得格勒所控
制的武装力量，不过是一些军校的士官生、一些哥萨克部队等不
成建制的队伍，战斗力较弱。因此，到了 25 日早上，彼得格勒几
乎都被起义者夺取。这一天下午，靠近冬宫的军区司令部已经被
革命队伍夺取。晚上，"阿芙乐尔号"巡洋舰打响了冲击冬宫的
炮声，彼得格勒的革命队伍夺取了冬宫。

25 日上午，彼得格勒工兵代表苏维埃革命军事委员会发布了
列宁所拟定的《告俄国公民书》："临时政府已被推翻。国家政
权业已转到彼得格勒工兵代表苏维埃的机关，即领导彼得格勒无
产阶级和卫戍部队的军事革命委员会手中。""立即提出民主的
和约，废除地主土地所有制，实行工人监督生产，成立苏维埃政
府，人民为之奋斗的这一切事业都有了保证。"[②] 当夜，在革命
队伍攻打冬宫的过程中，全俄苏维埃第二次代表大会在斯莫尔尼
宫开幕。大会首先通过了列宁起草的《告工人、士兵和农民书》，
宣告临时政府已被推翻，全部政权一律转归苏维埃。之后又通过

---

① 中共中央马克思恩格斯列宁斯大林著作编译局 . 列宁选集（第三卷）[M]. 北
京：人民出版社，2012：329.
② 中共中央马克思恩格斯列宁斯大林著作编译局 . 列宁全集（第三十三卷）[M].
北京：人民出版社，2017：1.

了列宁起草的《和平法令》和《土地法令》。在这次大会上，第一届苏维埃政府宣告成立，列宁当选为人民委员会主席。

俄国无产阶级暴力革命的成功，结束了资产阶级临时政府的统治，布尔什维克获得了政权，世界上第一个社会主义国家诞生。以城市为中心的革命道路之所以能够在俄国获得成功，是因为这一条革命道路适合俄国国情。由于从巴黎公社开始，各国无产阶级革命都在城市发生，导致各国共产党人都普遍认为，无产阶级革命必须遵循先从大城市开始再向广大农村和其他地区拓展的方法，这种认识也深刻影响着中国无产阶级的革命斗争与中国共产党的道路选择。

② 中国共产党以城市为中心的实践探索

十月革命胜利的消息很快传到了中国，深刻影响了中国革命的历史进程。和俄国一样，中国革命起初也是在城市发生，中国共产党也是在城市当中建立的。早期中国共产党人在城市领导工人运动，使中国共产党很快在城市中站稳了脚跟。

在马克思主义传入中国之前，中国近代史上先进的中国人为完成民族独立和人民解放、实现国家繁荣富强和人民共同富裕两大历史任务，不断向西方国家寻求真理，提出了各种形式的救国方案，并为实现这些方案而进行了多次不屈不挠的斗争。太平天国农民运动是中国农民战争史上的高峰，由于农民阶级的局限性，他们没有科学的世界观和理论武器作为指导，因而不能制定出符合中国实际的革命纲领、正确的路线政策，不能彻底推翻封建制度而建立起全新的社会制度。康有为、梁启超领导的维新运动是资产阶级改良派变法图存、富国求强的社会改良运动，也是一次挽救民族危亡的爱国运动和思想解放运动。但是由于维新派没有触动封建主义的根基，也不敢去触动帝国主义，又脱离广大人民群众，企图通过改良的方法发展资本主义，实践证明根本行不通。辛亥革命是中国近代史上一次比较完全意义上的资产阶级民主革命，推翻了清王朝的统治，结束了在中国历史上延续了两千多年的封建专制制度，建立了中华民国。但由于中国民族资产阶级固有的软弱性和妥协性，提不出彻底反帝反封建的政治纲领，对帝国主义、封建主义表现出妥协和寄予幻想，没有形成坚强有力的领导核心，未能依靠广大人民群众，没有建立一支坚强有力的革命武装，因而在帝国主义和封建主义的联合进攻下失败了，辛亥革命未能成为一次真正意义上的社会变革。

旧民主主义革命的失败，给中国先进分子以深刻启发，使人们逐渐认识到，在半殖民地半封建的历史条件下资本主义道路在中国走不通，要实现国家的独立富强和人民的自由幸福必须探索新的道路。十月革命的胜利，让黑暗中摸索的中国人开始接受马克思主义这个改造世界的思想武器。

早在1899年，上海广学会出版的121号《万国公报》上有这样一句话："其以百工领袖著名者，英人马克思也。"这是马克思的名字第一次在中国出现。在《万国公报》后，很多先进知识分子也对马克思、恩格斯的学说进行了介绍。但那个时候，马克思的学说还只是作为一种新进思潮、学术观点被介绍，中国人还没能认识到马克思主义对中国革命进程的指导意义。十月革命后，中国的先进知识分子开始注意到马克思主义的价值。1918年11月和12月，时任北京大学图书馆主任的李大钊发表了题为《庶民的胜利》和《布尔什维主义的胜利》的两次演说，率先举起了马克思主义的大旗。李大钊说："到处所闻的，都是Bolshevism的凯歌的声。人道的警钟响了！自由的曙光现了！试看将来的环球，必是赤旗的世界！"① 在中国先进知识分子的介绍与宣传下，马克思主义很快在中国传播开来。

1919 年的五四运动是中国近现代史上具有划时代意义的重大事件，是一场以先进青年知识分子为先锋、广大人民群众参加的彻底反帝反封建的伟大爱国革命运动。五四运动的主要发生地是在北京、上海等大城市，主要参加者是学生与工人，中国工人阶级开始登上历史舞台，更以彻底反帝反封建的革命性、追求救国强国真理的进步性、各族各界群众积极参与的广泛性，推动了中国社会进步，促进了马克思主义在中国的广泛传播，促进了马克思主义同中国工人运动的结合，为中国共产党成立作了思想上干部上的准备，标志着中国旧民主主义革命转变为新民主主义革命。

中国共产党是马克思主义与中国工人运动相结合而产生的工人阶级政党。1921 年 7 月，中国共产党第一次全国代表大会在上海举行，宣告了中国共产党的成立。中国共产党从诞生之日起，就把马克思列宁主义作为变革中国社会的理论武器，把社会主义作为解决中国社会基本矛盾、对中国社会进行改造的唯一途径。大会通过的决议规定："本党的基本任务是成立产业工会。""党应在工会里灌输阶级斗争的精神。"② 并对开展工人运动的组织与宣传工作，作了具体的规定。中国共产党的成立，是近代中国革命历史上一次划时代的里程碑。中国无产阶级有了自己的政党，中国革命有了坚强的领导力量。

中国共产党成立后，从党的二大到党的四大，中国共产党在对中国社会进行初步探索的基础上，对中国革命的一些基本问题

---

① 中国李大钊研究会. 李大钊全集（第二卷）[M]. 北京：人民出版社，2013：367.

② 中共中央文献研究室，中央档案馆. 建党以来重要文献选编（1921—1949）（第一册）[M]. 北京：中央文献出版社，2011：4.

作出了新的解答。党的二大根据国际形势的变化以及共产国际的指示精神，提出了中国革命分两步走的理论，尤其是提出了"（一）消除内乱，打倒军阀，建设国内和平；（二）推翻国际帝国主义的压迫，达到中华民族完全独立；（三）统一中国本部（东三省在内）为真正民主共和国"①的奋斗目标，制定了党在民主革命阶段反帝反封建的革命纲领。明确了中国革命的性质是民主主义革命；正确指出中国革命的对象是帝国主义和封建军阀；革命的动力是工人、农民和小资产阶级，民族资产阶级也是革命的力量之一；革命的策略是组成各阶级的联合战线；革命的前途是向社会主义革命的转变。从党的一大提出直接进行社会革命，到党的二大提出先进行民主革命再进行社会革命，这是党的战略方针的一次重大转变。党的二大为灾难深重的中华民族获得独立和解放、为中国革命指明了正确的发展方向。同时，党的二大承认"中国共产党为国际共产党之中国支部"②。这也意味着，中国共产党的行动需要听从共产国际的安排与指示。以此为基础，党的三大接受了共产国际关于中国共产党同中国国民党进行合作的指示，确立了与孙中山先生领导的中国国民党建立革命统一战线的策略总方针，允许共产党员以个人身份加入国民党。在此基础上，党的四大提出了无产阶级对于中国革命的领导权问题和农民同盟军问题，毛泽东等党的早期领导人发表了许多文章，围绕中国革命问题提出了自己的真知灼见，形成了新民主主义革命的基本思想。

作为无产阶级政党，中国共产党成立之初把自己的主战场放在大城市，从中央到地方各级党组织都把主要精力放在了从事工

---

① 中央档案馆. 中共中央文件选集（1921—1925）（第一册）[M]. 北京：中共中央党校出版社，1989：115.

② 中共中央文献研究室，中央档案馆. 建党以来重要文献选编（1921—1949）（第一册）[M]. 北京：中央文献出版社，2011：141.

人运动上。为了加强党对工人运动的统一领导，中国共产党中央局于 1921 年 8 月在上海成立了中国劳动组合书记部。这是党领导工人运动的第一个公开机构。随即，各地的分部也相继建立起来，各分部在各地区开设工人夜校、创办工人刊物、领导工人罢工斗争。在党的组织和发动下，中国工人阶级的觉悟得到了很大的提高，工人运动也开始出现了蓬勃兴起的局面，全国的罢工斗争此起彼伏。

1922 年 1 月至 1923 年 2 月，中国共产党领导的工人运动形成了第一次高潮。在这长达 13 个月的高潮中，中国工人罢工斗争达到了 100 多次，参加罢工的工人更是达到了 30 万以上。为了加强对日益高涨的工人运动的领导，中国共产党于 1922 年 5 月上旬以中国劳动组合书记部的名义召开了第一次全国劳动大会，与会代表来自 12 个城市，一共 173 人。大会总结了以往工人运动的经验，接受了中国共产党的主张，把反帝反封建作为中国工人运动的基本目标，公开发表《全国劳动大会第一次会议宣言》，高呼全国工人联合起来。这次大会决定，在全国总工会成立之前，由中国劳动组合书记部作为全国工会的总通讯机关，并负责召集第二次全国劳动大会。中国共产党和中国劳动组合书记部的领导地位得到了全国广大工人阶级的承认。在党的二大后，工人运动继续高涨，工人阶级的觉悟快速提高，并且工人的斗争逐渐由单纯要求增加工资、改善待遇的经济斗争，发展为主要是为争取自由、民主权利，反对帝国主义、封建军阀的政治斗争。安源路矿、开滦五矿、京汉铁路等地的工人纷纷开展了轰轰烈烈的罢工斗争，极大震慑了帝国主义与封建主义。同时，中国共产党成立后，还积极领导开展青年运动、妇女运动，为党的事业培养了一批卓越的青年骨干和后备力量，使得广大妇女争取自身解放的觉悟明显提高。

　　在共产国际和中国共产党的帮助下，孙中山改组了国民党，并提出了"联俄、联共、扶助农工"的三大政策。国共合作的统一战线正式建立后，一些中国共产党党员和青年团员都以个人身份加入了国民党。很快，国民革命就从南方扩展开来，极大促进了工人、农民、学生、妇女等革命群众运动的开展，形成了反帝反封建的革命新局面。这场工人运动的高潮，是爆发于1925年的五卅运动。五卅运动爆发前，中国共产党在上海产业工人中间建立起了自己的组织，并且极大提升了工人阶级的觉悟。1925年5月，日本资本家拒绝工人的合理要求，拒绝承认工人组织的工会，要求租界当局和中国官方取缔工会的活动，并打死了中国工人顾正红，上海内外棉各厂工人愤而罢工。在中国共产党直接领导与指挥下，一场浩荡的工人运动就此开始。很快，运动迅速席卷了全国，各阶级广大群众都积极参与到反帝爱国的运动当中。但由于民族资产阶级的软弱性，轰轰烈烈的五卅运动最终不得不宣告结束。五卅运动虽然失败了，但其对中国共产党的发展起到了极大的推动作用。在1925年初，中国共产党党员还只有994人，但是到了1925年10月，中国共产党的党员已经增加到了3000人，到1925年底达到了1万人，比五卅运动前增加10倍。通过五卅运动，党组织还派出了许多党员到内地和边远地区，不少原来没有党组织的地方，如云南、广西、安徽、福建等地都建立起了党的组织。①

　　在运动期间，中国共产党还在全国各地组织开展工农运动，给前线的革命战争以极大的支援。但是随着孙中山先生的逝世，国民党内部发生了分化，又由于当时中国共产党的主要领导人对

---

① 中共中央组织部等.中国共产党组织史资料（第一卷）[M].北京：中共党史出版社，2000：8；中共中央党史研究室.中国共产党历史（第一卷）（上册）[M].北京：中共党史出版社，2002：80.

中国革命的领导权没有清醒的认识，导致国民党右派分子开始对共产党员疯狂进攻。1927年蒋介石发动"四一二"反革命政变，不久，汪精卫又在武汉发动了"七一五"反革命政变，成千上万共产党员和共青团员遭到屠杀，轰轰烈烈的大革命失败了，中国革命再次陷入到低潮当中。

　　成立之初的中国共产党，虽然已经认识到民主革命与社会主义革命的区别，却不懂得在新的历史条件下如何争取和掌握无产阶级对于中国革命的领导权，对于统一战线、武装斗争和党的建设等中国革命的基本问题还缺乏深入的研究和了解，还不懂得怎样把马克思主义关于社会革命的原理运用于中国革命的实践中，用马克思主义的基本原理分析和解决中国革命的实际问题，进而揭示中国革命的发展规律。但是，这一时期，中国共产党在城市当中领导工人运动，开展反对封建主义反对帝国主义的斗争，使得中国革命翻开了崭新的一页。通过广泛的斗争实践，中国共产党也逐渐获得了发展，在组织上、斗争方法上都更加成熟，党员的规模迅速扩大，在实践当中锻炼了一批卓越的党员骨干、青年骨干，在城市当中站稳了脚跟，扩大了党的影响力。建党初期中国共产党选择的以城市为中心的革命道路，是符合当时中国共产党的现实需要的，促进了中国共产党的发展，在大城市中打下了坚实的组织基础。

③ 以城市为中心的革命遭受的挫折

　　1922年党的二大决定加入共产国际后，中国共产党就正式成为共产国际的远东支部，共产国际的策略与方针影响着中国的革命。在俄国革命中，无产阶级的暴力革命是通过直接武装工人阶级，在彼得格勒等中心城市举行起义而获得全国胜利的。因此，列宁提出："城市不可能和农村平等。在这个时代的历史条件下，农村也不可能和城市平等。城市必然要带领农村。农村必然要跟城市走。问题仅仅在于，'城市'阶级中的哪个阶级能够带领农村，能够担当这个任务，以及城市对农村的领导采取什么形式。"[①]俄国革命胜利后，这种以城市为中心的革命思想也影响了国际共产主义运动中各国无产阶级的策略选择。1925年，共产国际在莫斯科举行执行委员会第五次扩大会议，提出了"布尔什维克化"的口号。全会讨论通过的《共产国际所属各国党的布尔什维克化》提纲中公开提出："共产国际各支部的布尔什维克化，就意味着这些支部从事分析和运用俄共（布）在三次俄国革命中取得的经验，当然也包括其他经历过严重斗争的各党的经验。"[②]虽然在这份提纲当中，共产国际强调"这一口号绝不应理解为把俄国布尔什维克党的全部经验机械地应用到所有各政党中去"[③]。但是，从实质上看，所谓"布尔什维克化"，就是要把俄国的经验神圣化。这种"布尔什维克化"的思想也影响着中国共产党的革命策略。

1927年国民革命失败后，中国共产党很快确立了武装反抗国民党反动派的总方针，并在南昌打响了武装反抗国民党反动派的第一枪，举起了武装斗争的旗帜。但是对于革命的进程问题、革命的策略问题，中国共产党人的认识还不清晰，对于大革命失败后中国革命形势所发生的变化没有清醒的认识，依然还在坚持大革命失败前那种以城市为中心的革命道路。但是，就中国的革命形势而言，国民革命失败后，国民党建立的南京国民政府依然是

---

① 中共中央马克思恩格斯列宁斯大林著作编译局. 列宁全集（第三十八卷）[M].
北京：人民出版社，2017：6.

② 贝拉·库恩. 共产国际文件汇编 1919—1932（第二册）[M]. 中国人民大学
编译室，译. 北京：生活·读书·新知三联书店，1965：120.

③ 贝拉·库恩. 共产国际文件汇编 1919—1932（第二册）[M]. 中国人民大学
编译室，译. 北京：生活·读书·新知三联书店，1965：29.

大地主大资产阶级专政的政权，中国半殖民地半封建的社会性质并没有改变。在中心城市中，帝国主义和封建主义的势力仍然十分强大，这种以城市为中心的革命道路也逐渐不再适用于中国的革命实际，结果导致革命遭受了严重的挫折。

　　1927 年大革命失败后，中共中央在汉口召开紧急会议，会上，中共中央深刻反省、总结了大革命失败的教训，决定领导开展武装斗争。1927 年 8 月 1 日，南昌起义爆发，中国共产党武装反抗国民党反动派的斗争开始了。由于中国共产党缺乏武装斗争的经验，在武装斗争时还是照搬十月革命以城市为中心的经验，在八七会议之后的几次武装斗争中，中共中央都试图通过以城市为暴动起点的方式推动革命。除了南昌外，中国共产党还在长沙、广州等全国多个大城市组织发动暴动起义。

　　南昌起义以来，中国共产党在全国各大城市发动的武装暴动，显示了中国共产党人不畏强暴的精神品质，打击了国民党反动派的嚣张气焰。但是，由于此时的中国共产党缺乏斗争的经验，照抄照搬共产国际指示，忽略敌人在大城市的势力还很强大这一现实，犯了"左"倾盲动主义错误，付出了巨大代价。

　　秋收起义失败后，毛泽东带领秋收起义部队，走进了罗霄山脉。对于毛泽东"上山"的选择，共产国际代表罗米纳兹坚决反对。9月 19 日，也就是毛泽东在文家市召开前委会议的这一天，罗米纳兹主持的中央政治局会议上，对毛泽东提出的"上山"主张予以批评。11 月 9 日至 10 日，中共中央临时政治局扩大会议通过的《政治纪律决议案》中更是作出了"湖南省委所作的错误，毛同志应负严重的责任,应予开除中央临时政治局候补委员"①的决定。可见，

---

① 　中共中央文献研究室，中央档案馆 . 建党以来重要文献选编（1921—1949）（第四册）[M]. 北京：中央文献出版社，2011：646.

此时的中共中央并没有因为暴动的失败而去思考失败的真正原因。1928 年 6 月至 7 月间举行的党的六大通过的《政治决议案》虽然在主要方面是正确的，总结了八七会议后几次暴动失败的原因，提出"最主要的危险是盲动主义和命令主义"[①]，对克服党内"左"倾情绪起到了积极的作用。但是，《政治决议案》仍然坚持以城市为中心的革命道路，强调"城市领导作用的重要，和无产阶级群众的高潮，都将要表现他的决定胜负的力量"[②]。因此"党的主要任务是争取工人阶级的大多数"[③]，在恢复破坏的支部以及各级党部时，要"特别注意大生产大工厂中党的支部的建设和发展"[④]。这样的状况，很大程度上是受到了共产国际的影响。1928 年 2 月 25 日，共产国际执委会第九次扩大会议通过的关于中国问题的决议案在指出"必须坚决的反对工人阶级某种成分之中的盲动主义"的同时还提出，农民暴动要想成为全国暴动胜利出发点，"只有在他们与无产阶级中心之新的革命高潮相联结的条件之下。"因此，党的主要任务就是"在准备城市与乡村相配合相适应的发动"，"必须反对对于游击战争的溺爱"。[⑤] 这就不难理解，为何在莫斯科召开的六大继续坚持以城市为中心，以及为何罗米纳兹批评毛泽东等人的"上山"行为了。

从 1929 年开始，国际和国内形势都发生了重大变化。从国

① 中共中央文献研究室，中央档案馆 . 建党以来重要文献选编（1921—1949）（第五册）[M]. 北京：中央文献出版社，2011：391.

② 中共中央文献研究室，中央档案馆 . 建党以来重要文献选编（1921—1949）（第五册）[M]. 北京：中央文献出版社，2011：389.

③ 中共中央文献研究室，中央档案馆 . 建党以来重要文献选编（1921—1949）（第五册）[M]. 北京：中央文献出版社，2011：395.

④ 中共中央文献研究室，中央档案馆 . 建党以来重要文献选编（1921—1949）（第五册）[M]. 北京：中央文献出版社，2011：394.

⑤ 中央档案馆 . 中共中央文件选集（1928）（第四册）[M]. 北京：中共中央党校出版社，1989：760-761.

际上看，世界性的经济危机爆发，一些发达资本主义国家内部的工人运动和群众斗争有了较大的发展。在国内，国民党统治集团内部的矛盾进一步激化，蒋桂战争、蒋冯战争、蒋张战争、中原大战先后爆发，国民党新军阀的混战客观上为革命力量的发展提供了有利条件。在这样的形势之下，共产国际以及当时的中共党内领导人又产生了"左"的情绪，忽略了国内国际资产阶级力量依然强大的现实，片面放大了形势当中对革命有利的一面，逐渐形成了"左"倾冒险主义错误。

早在 1928 年党的六大时，中国共产党就在共产国际的指导下，提出了准备武装暴动以夺取城市为中心，实现一省数省首先胜利的方案。1929 年，共产国际又给中共发来了许多带有"左"倾错误主张的指示信和决议案。特别是在 1929 年 10 月 26 日的指示信中，共产国际提出目前"最正确的、最重要的、日益生长的高潮的象征，还是工人运动的复兴"①，"共产党应当特别的注意工人的罢工斗争。配合经济斗争和政治斗争的时候，必须用全部力量去发展政治罢工，立定准备总同盟的政治罢工的方针"②。此时，暴动失败后的共产党在中国的广大农村当中建立了一些红色根据地。但是，共产国际却十分担心中国共产党会因为过分在农村发展而成为"农民党"。在信中，共产国际还提出要肃清党内"右倾的机会主义情绪和倾向"③。共产国际的指示，对于当时以李立三为代表的党内领导人犯下"左"倾冒险主义错误起了直接的推动作用。

---

① 中共中央文献研究室，中央档案馆. 建党以来重要文献选编（1921—1949）
（第七册）[M]. 北京：中央文献出版社，2011：29.
② 中共中央文献研究室，中央档案馆. 建党以来重要文献选编（1921—1949）
（第七册）[M]. 北京：中央文献出版社，2011：31.
③ 中共中央文献研究室，中央档案馆. 建党以来重要文献选编（1921—1949）
（第七册）[M]. 北京：中央文献出版社，2011：32-33.

1930 年 1 月 11 日，中共中央政治局通过了《中共中央接受共产国际一九二九年十月二十六日指示信的决议》，表示完全同意国际来信的指示。2 月 26 日，中共中央向全党发出第七十号通告，指出："目前党的总任务毫无疑义的是更加重了党之争取群众动员群众组织群众以准备武装暴动。""目前总的政治路线"应该是汇合各种斗争，"走向'变军阀战争为国内的阶级战争'，以推翻国民党统治，以建立苏维埃政权"。"在这一总路线下，党应集中力量积极进攻，确定组织工人政治罢工，组织地方暴动，组织兵变，扩大红军，为目前动员群众组织群众准备暴动的中心策略。"[①] 随后，党的领导人又在党的机关刊物上发表了多篇文章，提出了一系列"左"的观点，将共产国际关于"新的革命高潮"观点运用于中国的革命斗争中。

1930 年 6 月，在中共中央政治局会议上通过、由李立三起草的题为《新的革命高潮与一省或几省的首先胜利》的政治决议又对革命形势作了错误的估计，认为"中国经济政治的根本危机，在全国任何一处都是同样继续尖锐化，没有丝毫根本的差别，因此在中心城市爆发了伟大的工人斗争，必然形成全国革命高潮，并且这一伟大斗争的本身就是全国革命高潮到来的标志。"对于毛泽东等人提出的"乡村包围城市"主张，此时的中央领导人认为，这种"割据一省或几省来推动全国革命高潮的观念无疑义是极端错误的"。[②] "争取一省与几省首先胜利，无产阶级的伟大斗争是决定胜负的力量，没有工人阶级的罢工高潮，没有中心城市的武装暴动，绝不能有一省与几省的胜利。不特别注意城市工作，

---

① 中共中央文献研究室，中央档案馆 . 建党以来重要文献选编（1921—1949）（第七册）[M]. 北京：中央文献出版社，2011：49.

② 中共中央文献研究室，中央档案馆 . 建党以来重要文献选编（1921—1949）（第七册）[M]. 北京：中央文献出版社，2011：262.

想'以乡村包围城市','单凭红军来夺取城市',是一种极错误的观念。""在主要城市,尤其是在重要产业工人中,树立强固的基础,唤起广大群众拼死斗争的决心,是目前最严重的工作,是战略上首先要解决的问题。" ① 在这样的思想指导下,中共中央制订了以武汉为中心的全国中心城市起义和集中全国红军攻打中心城市的冒险计划,李立三更是提出了"会师武汉,饮马长江",以至夺取全国胜利的号召。其结果是使各地党组织受到了严重的破坏,大量党员同志被敌人逮捕杀害。

李立三的"左"倾冒险主义错误在1930年9月召开的六届三中全会上受到了批评,但认为李立三等只是"犯了些冒险主义的与'左'倾关门主义的错误(仅仅是策略上的错误)"②。这表明这次会议没有完全摆脱"左"的观点,"左"的错误并没有在党内得到彻底清算,会议依然认为红军应该要"依照军事政治的环境,进而占领一个或者几个工业政治中心"③。不久,共产国际就对李立三等所犯的错误性质估计发生了变化,于是又派代表来中国指示召开六届四中全会,以王明为代表的"左"倾冒险主义错误又开始了。

在《为中共更加布尔什维克化而奋斗》这本小册子中,王明强调全国性的革命高潮已经到来,认为"从地域上讲,新的革命高潮首先成熟的地方,大部分还是一九二五——二七年革命种下根基的那些区域,随后才渐渐地推广到其他的区域里去"④。因

---

① 中共中央文献研究室,中央档案馆.建党以来重要文献选编(1921—1949)(第七册)[M].北京:中央文献出版社,2011:263-264.

② 中共中央文献研究室,中央档案馆.建党以来重要文献选编(1921—1949)(第七册)[M].北京:中央文献出版社,2011:481.

③ 中共中央文献研究室,中央档案馆.建党以来重要文献选编(1921—1949)(第七册)[M].北京:中央文献出版社,2011:468.

④ 中共中央文献研究室,中央档案馆.建党以来重要文献选编(1921—1949)(第八册)[M].北京:中央文献出版社,2011:129.

此，党在苏维埃区的第一等重要任务是："在最有保障的区域里来建立起苏维埃中央政府和完全服从共产党的领导而能够做这一政府的支柱的红军，建立和巩固苏维埃根据地，以便将来依照军事政治的环境，进而能够占领一个或者几个工业的行政的中心城市"①。因此，就不难理解，为什么六届四中全会认为，"立三主义是用'左倾'词句掩盖着实际上的右倾机会主义"②。

这一时期，国民党对于中共苏区的军事"围剿"更加猛烈，但在毛泽东、朱德等的正确领导下，红军取得了三次反"围剿"战争的胜利。在第四次反"围剿"战斗中，"左"倾错误已经开始影响战争的进程，但是在周恩来、朱德等运用和发展以往反"围剿"经验的基础上，还是取得了胜利。到了第五次反"围剿"战争开始之前，"左"倾冒险主义错误开始在中共根据地内蔓延，一批坚持正确意见的干部被打倒，毛泽东也被迫离开了红军的领导岗位。在中共临时负责人博古和共产国际军事顾问李德的错误指挥下，第五次反"围剿"战争采用了军事冒险主义的方针，遭受了极大的损失，并最终导致失败，红军被迫开始战略转移。中国共产党人迫切需要一次彻底的总结，寻找一条符合中国国情的革命道路。

二、毛泽东与中国革命新道路的开辟

以城市为中心的革命道路，是欧洲无产阶级革命运动与俄国十月革命经验的总结，但却不适合中国 1927 年后的革命现实。

---

① 中共中央文献研究室，中央档案馆.建党以来重要文献选编（1921—1949）（第八册）[M].北京：中央文献出版社，2011：131.

② 中共中央文献研究室，中央档案馆.建党以来重要文献选编（1921—1949）（第八册）[M].北京：中央文献出版社，2011：18.

大革命失败后，以蒋介石为首的国民党新军阀在城市中建立起了比旧军阀强得多的反革命统治。中心城市是反革命力量最集中、最强大，也是对革命的防范最严密的地方。特别是在大革命失败后，党在中心城市的组织受到了极大的破坏，很多党的秘密机构、工会组织、学生组织都遭到了严重的摧残，党在中心城市中的革命基础已经十分薄弱。虽然因为经济危机和军阀战争的影响，部分中心城市当中反革命势力有所减弱，但是相对于无产阶级的革命力量而言，反革命势力还是非常强大。甚至通过军阀战争，军阀之间实现了联合，导致反革命势力更加强大。

但是，在广大的中国农村就是另外一幅图景了：由于中国是一个政治经济发展很不平衡的半殖民地半封建的大国，反革命的主要力量不可能在全国广阔的农村普遍建立自己巩固的统治。军阀之间的分裂和混战也使得部分农村地区成为了反革命力量的"真空地带"。在这里，中国共产党完全可以建立红色政权，开辟出一条符合中国国情的革命道路。以毛泽东为主要代表的中国共产党人，在实践当中开辟了一条符合中国国情的革命道路，即"农村包围城市，武装夺取政权"的革命道路。具体来看，毛泽东关于中国革命道路的观点，主要体现在武装斗争、根据地建设和土地革命三个维度。

① 中国革命必须坚持武装斗争，建立一支党领导下的人民军队

毛泽东是中国近代最早一批转向马克思主义的知识分子。1921年1月，新民学会召开会议讨论社会改造问题。会上，毛泽东在比较当时中国几种流行的主义后提出："激烈方法的共产主义，即所谓劳农主义，用阶级专政的方法，是可以预计效果的，故最宜采用。"[①] 这标志着毛泽东转变成为一名马克思主义者。大革

---

① 中共中央文献研究室.毛泽东文集(第一卷)[M].北京：人民出版社，1993：2.

命失败前，毛泽东就已经开始了对中国社会各阶级的分析。在广泛开展农村调查的基础上，毛泽东深刻指出中国农民运动当中所蕴含着的革命能量。在《湖南农民运动考察报告》中，毛泽东指出："革命不是请客吃饭，不是做文章，不是绘画绣花，不能那样雅致，那样从容不迫，文质彬彬，那样温良恭俭让。革命是暴动，是一个阶级推翻一个阶级的暴烈的行动。"① 国民革命之所以失败，是因为当时中国共产党党内领导人放弃了革命的领导权，"自愿地放弃对于农民群众、城市小资产阶级和中等资产阶级的领导权，尤其是放弃对于武装力量的领导权"②。大革命失败后，毛泽东注意到了武装斗争和保持自身独立性的重要性，在八七会议上提出了"须知政权是由枪杆子中取得的"的论断。在这次中央紧急会议上，毛泽东批评了大革命期间党内存在的"不做军事运动专做民众运动"的偏向，深刻指出"以后要非常注意军事"③。这是毛泽东基于大革命失败原因的深刻思考，也影响了中国共产党此后的策略选择。会后，毛泽东被派往湖南领导秋收起义，亲身参与到武装斗争的实践当中。在土地革命战争时期、抗日战争时期、解放战争时期，毛泽东始终坚持关于将武装力量掌握在党的手中的观点。

1938 年，毛泽东在谈到中国革命的战略问题时曾深刻指出："革命的中心任务和最高形式是武装夺取政权，是战争解决问题。这个马克思列宁主义的革命原则是普遍地对的，不论在中国在外国，一概都是对的。"但是，和其他国家不同的是，中国有着自己的特点："不是一个独立的民主的国家，而是一个半殖民地的

① 毛泽东.毛泽东选集（第一卷）[M]. 北京：人民出版社，1991：17.
② 毛泽东.毛泽东选集（第四卷）[M]. 北京：人民出版社，1991：1257-1258.
③ 中共中央文献研究室.毛泽东文集（第一卷）[M]. 北京：人民出版社，1993：47.

半封建的国家；在内部没有民主制度，而受封建制度压迫；在外部没有民族独立，而受帝国主义压迫。因此，无议会可以利用，无组织工人举行罢工的合法权利。在这里，共产党的任务，基本地不是经过长期合法斗争以进入起义和战争，也不是先占城市后取乡村，而是走相反的道路。"①"中国无产阶级政党的主要的和差不多开始就面对着的任务，是联合尽可能多的同盟军，组织武装斗争，依照情况，反对内部的或外部的武装的反革命，为争取民族的和社会的解放而斗争。在中国，离开了武装斗争，就没有无产阶级和共产党的地位，就不能完成任何的革命任务。"②"每个共产党员都应懂得这个真理：'枪杆子里面出政权'。"③中国的军阀、地主、土豪劣绅，都有长期的反革命经验，他们不仅有庞大的军队，而且同帝国主义勾结起来，凭借着强大的反革命武装力量，对革命人民实行独裁恐怖统治，武装镇压中国革命。因此，中国革命要想成功，必须以武装的革命反对武装的反革命，走武装夺取政权的道路，才能建立一个新民主主义的共和国。

正如毛泽东所强调的，中国革命的特殊性决定了中国革命的主要斗争形式是武装斗争，中国共产党革命时期的发展与壮大都是在革命战争中进行的。而武装斗争主要的组织形式就是军队。"没有一个人民的军队，便没有人民的一切。"④国民革命失败后，中国共产党总结了革命失败的经验教训，先后发动了包括南昌起义、秋收起义、广州起义在内的一系列武装起义，进入了创建红军的新时期，建立了一支党领导下的完全新式的人民军队。以毛泽东为主要代表的中国共产党人在领导革命战争，创建革命军

---

① 毛泽东 . 毛泽东选集（第二卷）[M]. 北京：人民出版社，1991：541-542.
② 毛泽东 . 毛泽东选集（第二卷）[M]. 北京：人民出版社，1991：544.
③ 毛泽东 . 毛泽东选集（第二卷）[M]. 北京：人民出版社，1991：547.
④ 毛泽东 . 毛泽东选集（第三卷）[M]. 北京：人民出版社，1991：1074.

队的过程中，不断探索建设人民军队的经验。

一方面，坚持党对军队领导的根本原则。军队必须绝对服从党的领导，为实现党的纲领、路线和政策而奋斗。坚持党对军队的绝对领导，是保证人民军队成为党领导下的具有无产阶级性质的武装集团的重要条件。军队是阶级斗争的工具，只有置于党的领导之下，人民军队才能有坚定的政治方向，才能全心全意为实现党的路线和政策，为无产阶级夺取政权和巩固政权服务。

坚持农村根据地的斗争，必须有一支始终牢牢掌握在党手里的人民军队。大革命失败后，中国共产党人还没有一支自己独立的军事武装，虽然整合和影响了一些国民党军队，在军队中有一些党的组织，但是党组织都是设在团一级，党的政治工作无法深入普通士兵。1927年9月，毛泽东率领湘赣边界秋收起义部队到达江西永新县三湾村，在这里，毛泽东对秋收起义的部队进行了一次影响深远的"改编"，史称"三湾改编"。"三湾改编"主要改的是党组织在军队当中的设置问题，建立起党的各级组织和党代表制度，把支部建在连上，班、排有小组，连以上设党代表，营、团建立党委；在连以上建立各级士兵委员会，实行民主管理制度，在政治上官兵平等。"三湾改编"从组织上确立了党对军队的领导，是把工农革命军建设成为无产阶级领导的新型人民军队的重要开端。

井冈山时期，毛泽东在实际领导工农武装割据的实践中，更是高度强调党对军队的绝对领导，明确指出"无产阶级思想领导的问题，是一个非常重要的问题"①。在《井冈山的斗争》一文中，毛泽东在谈到部分地区农民自卫军被豪绅阶级缴枪的事件时指出，这是因为"开头，各县完全没有了党的组织，地方武装只

---

① 毛泽东.毛泽东选集（第一卷）[M].北京：人民出版社，1991：77.

袁文才、王佐各六十支坏枪在井冈山附近"的缘故。① 他还特别强调，"党代表制度，经验证明不能废除。特别是在连一级因党的支部建设在连上，党代表更为重要。他要督促士兵委员会进行政治训练，指导民运工作，同时要担任党的支部书记。事实证明，哪一个连的党代表较好，哪一个连就较健全，而连长在政治上却不易有这样大的作用。"那种认为"似乎既称红军，就可以不要党代表了"的观点是很荒谬的。"红军所以艰难奋战而不溃散，'支部建在连上'是一个重要原因。"②

1929 年 12 月召开的古田会议，针对土地革命战争时期军队当中存在的无产阶级思想问题作出了决议。这份由毛泽东起草的决议深刻指出了红军的性质，认为"中国的红军是一个执行革命的政治任务的武装集团。特别是现在，红军决不是单纯打仗的"③。军队的各项工作还必须服务于人民群众的斗争和根据地的建设。在此基础上，决议案再次厘清了党和军队的关系，指出军队必须服从党的领导。"党对于军事工作要有积极的注意和讨论。一切工作，在党的讨论和决议之后，再经过群众去执行。"④ 通过古田会议，"党指挥枪"的原则就确立下来了。在往后很长的革命斗争实践中，正是有了"党指挥枪"的这一原则，无论遇到什么样的困难、无论在如何艰苦的环境下，人民军队始终对党忠诚，党的手中始终有一支坚强的武装力量。

另一方面，坚持全心全意为人民服务的唯一宗旨。毛泽东特

---

① 毛泽东 . 毛泽东选集（第一卷）[M]. 北京：人民出版社，1991：58.

② 毛泽东 . 毛泽东选集（第一卷）[M]. 北京：人民出版社，1991：64-66.

③ 中共中央文献研究室，中央档案馆 . 建党以来重要文献选编（1921—1949）（第六册）[M]. 北京：中央文献出版社，2011：727.

④ 中共中央文献研究室，中央档案馆 . 建党以来重要文献选编（1921—1949）（第六册）[M]. 北京：中央文献出版社，2011：729.

别强调军队和群众直接的密切联系。在古田会议上，毛泽东指出，红军"是为了宣传群众、组织群众、武装群众，并帮助群众建设革命政权才去打仗的"①。秉持着这一原则，红军把人民群众的利益看得最高，和人民群众之间保持着密切联系。1934年，在江西瑞金召开的第二次全国工农兵代表大会上，毛泽东提到过两个"模范乡"，一个是江西的长冈乡，一个是福建的才溪乡，因为红军和群众的联系密切，群众倾尽所有支持红军的战斗。"长冈乡青年壮年男子百个人中有八十个当红军去了，才溪乡百个人中有八十八个当红军去了。公债也销得很多，长冈乡全乡一千五百个人，销了五千四百块钱公债。其他工作也得到了很大的成绩。"为此，毛泽东特别强调，对于广大群众的切身利益问题、生活问题，一点儿也不能疏忽、一点儿也不能看轻。单单动员人民进行战争，一点儿别的工作也不做，是不可能达到战胜敌人的目的的。因此，"一切群众的实际生活问题，都是我们应当注意的问题。""要使广大群众认识我们是代表他们的利益的，是和他们呼吸相通的。" ②

　　土地革命战争时期，毛泽东还为军队订立了严格的纪律和规矩，要求军队不能损害人民群众的利益。1927年秋收起义后，因为军队中有人偷吃群众的红薯，所以毛泽东订立了不拿老百姓一块红薯的纪律。茶陵筹款时，毛泽东又要求部队打土豪要归公。1927年10月，毛泽东在荆竹山向部队作动员讲话，指出上井冈山要建立根据地，要求大家一定要和山上的群众及王佐部队搞好关系，并宣布行动听指挥、不拿群众一个红薯、打土豪要归公的三项纪律。1928年1月，毛泽东在宁冈砻市又向工农革命军队提

① 中共中央文献研究室，中央档案馆.建党以来重要文献选编（1921—1949）（第六册）[M].北京：中央文献出版社，2011：727.
② 毛泽东.毛泽东选集（第一卷）[M].北京：人民出版社，1991：137-138.

出要求，执行好"打仗消灭敌人、打土豪筹款子和做群众工作"三项任务。①1928 年 4 月，针对部队受"左"倾盲动主义影响发生违反纪律的问题，毛泽东在沙田集合部队进行纪律教育，宣布和解释工农革命军的"三大纪律，六项注意"。其中，"三大纪律"是：行动听指挥，不拿工人农民一点东西，打土豪要归公。"六项注意"是：上门板，捆铺草，说话和气，买卖公平，借东西要还，损坏东西要赔。后来又增加了两项"注意"，形成了"三大纪律，八项注意"。1947 年 10 月 10 日，毛泽东起草《中国人民解放军总部关于重行颁布三大纪律八项注意的训令》，将土地革命战争时期所形成的"三大纪律，八项注意"重新颁布，即一切行动听指挥、不拿群众一针一线、一切缴获要归公的"三大纪律"，以及说话和气、买卖公平、借东西要还、损坏东西要赔、不打人骂人、不损坏庄稼、不调戏妇女、不虐待俘虏的"八项注意"。②

在延安时期，毛泽东曾总结道："这个军队之所以有力量，是因为所有参加这个军队的人，都具有自觉的纪律；他们不是为着少数人的或狭隘集团的私利，而是为着广大人民群众的利益，为着全民族的利益，而结合，而战斗的。紧紧地和中国人民站在一起，全心全意地为中国人民服务，就是这个军队的唯一的宗旨。"③这一宗旨是建设一支无产阶级性质的新型人民军队的首要前提，是人民军队区别于其他一切旧军队的根本标志，也是人民军队能够得到人民群众拥护和支持而立于不败之地的根本。人民军队所以能够由小到大，由弱变强，成为一支不可战胜的力量，

---

① 中共中央文献研究室.毛泽东年谱（1893—1949）（上册）[M]. 北京：中央文献出版社，2013：228.

② 中共中央文献研究室，中央档案馆.建党以来重要文献选编（1921—1949）（第二十四册）[M]. 北京：中央文献出版社，2011：426.

③ 毛泽东.毛泽东选集（第三卷）[M]. 北京：人民出版社，1991：1039.

就在于始终把全心全意为人民服务作为自己的宗旨。同时，在人民军队内部实行官兵一致、军民一致和瓦解敌军的政治工作的三大原则，实行政治民主、经济民主和军事民主的三大民主制度。

同时，毛泽东还在实践中丰富和发展了马克思主义军事思想，强调实行人民战争的战略战术原则。在长期的革命战争中，以毛泽东为主要代表的中国共产党人，运用马克思主义的军事理论，从我国的具体情况出发，结合中国革命战争的特点和规律，形成了人民军队以少胜多、以弱胜强的战略战术思想和原则。1930 年冬至 1932 年春，蒋介石对各革命根据地的"围剿"规模一次比一次大。但是，红军和根据地人民在共产党的领导下，始终不畏强敌，取得了一次又一次反"围剿"的胜利。通过反"围剿"斗争，毛泽东军事思想在实践中得到丰富和发展，逐渐形成了完整的军事思想体系，包括：实行积极防御的战略方针；实行战略上的持久战和战役战斗的速决战；中国革命战争的作战形式主要是游击战、运动战和阵地战；要集中优势兵力，各个歼灭敌人等。这些军事思想是以毛泽东为主要代表的中国共产党人在革命实践当中总结出来的，充满灵活性、人民性，是中国共产党武装斗争的宝贵经验，推动了人民革命战争的胜利。

对于人民在战争中发挥的作用，毛泽东在土地革命战争时期就有着十分深刻的认识："真正的铜墙铁壁是什么？是群众，是千百万真心实意地拥护革命的群众。""在革命政府的周围团结起千百万群众来，发展我们的革命战争，我们就能消灭一切反革命，我们就能夺取全中国。"①在谈到中国革命战争的战略问题时，毛泽东深刻地指出："人民的游击战争，从整个革命战争的观点看来，和主力红军是互为左右手，只有主力红军而无人民的游击

---

① 毛泽东.毛泽东选集（第一卷）[M]. 北京：人民出版社，1991：139.

战争，就像一个独臂将军。根据地的人民条件，具体地说来，特别是对于作战说来，就是有武装起来了的人民。敌人视为畏途，主要地也在这一点。"①

解放战争时期，毛泽东在《目前形势和我们的任务》一文中总结了这种人民战争的战略战术原则的巨大优势："美国军事人员曾向蒋介石建议这样那样的消灭人民解放军的战略战术；并替蒋介石训练军队，接济军事装备。但是所有这些努力，都不能挽救蒋介石匪帮的失败。这是因为我们的战略战术是建立在人民战争这个基础上的，任何反人民的军队都不能利用我们的战略战术。在人民战争的基础上，在军队和人民团结一致、指挥员和战斗员团结一致以及瓦解敌军等项原则的基础上，人民解放军建立了自己的强有力的革命的政治工作，这是我们战胜敌人的重大因素。"②

② **中国革命必须以乡村为中心，建立稳固的农村革命根据地**

中国是一个政治经济发展不平衡的半殖民地半封建大国，这是中国的基本国情，也是中国红色政权能够存在和发展的根本原因。一方面，在中国社会经济中，基本的经济形态不是统一的资本主义经济，而是地方性的自给自足的农业经济。中国广大的人力、物力资源不在城市而在农村。城市不能完全控制农村，农村却可以离开城市而独立存在。这就是在农村建立并发展红军和革命根据地的经济基础。另一方面，中国是帝国主义间接统治的半殖民地国家，帝国主义在中国实行划分势力范围的分裂剥削政策，造成中国各派军阀的长期分裂和不统一，相互间进行不断的战争。这不仅削弱了他们的力量，也形成了他们进攻革命的不一致，而

---

① 毛泽东．毛泽东选集（第一卷）[M]．北京：人民出版社，1991：227.
② 毛泽东．毛泽东选集（第四卷）[M]．北京：人民出版社，1991：1248.

且给红色政权的存在和发展造成了有利的条件。中国是一个地域广阔的大国，革命力量大有回旋余地。小块红色政权的区域就能够在白色政权的包围中发生、坚持和发展起来。

毛泽东是最早认识到这一点的共产党人。在他看来，由于异常强大的敌人总是长期地占据着中心城市，广大农村则是反革命力量统治的薄弱环节。因此，共产党的工作重心必须放在乡村，首先在敌人统治比较薄弱的农村开展武装斗争，在农村长期积聚力量，锻炼自己的队伍，把落后的农村改造成为先进的根据地，成为夺取全国革命胜利的出发点和立足点，造成军事上、政治上、经济上、文化上的伟大革命阵地，以农村革命根据地为基地，走以农村包围城市、逐步地夺取城市，最后夺取全国革命胜利的道路。1927 年 7月 4 日，在中央政治局常委会上，毛泽东提出"上山"思想，认为"上山可造成军事势力的基础"。"不保存武力则将来一到事变我们即无办法。"① 但这一提议却遭到了当时党内领导人的否定。

八七会议后，南昌起义、秋收起义和广州起义等一系列党领导下的武装斗争先后失败。被派往湘赣边界领导秋收起义的毛泽东，也面临着同样的困难。1927 年 9 月，攻打长沙失败后，毛泽东就在湖南浏阳东乡上坪召开了紧急会议，决定改变攻打长沙的计划，命令军队迅速到浏阳文家市集中。而后，湖南省委作出了停止执行长沙武装起义计划的决定。毛泽东提出，应该放弃攻打长沙，把起义军向南转移到敌人统治力量薄弱的农村山区，寻找落脚点。在率领起义军南下的途中，毛泽东经过调查研究，决定选定位于湘赣边界的罗霄山脉中段即井冈山地区作为部队的立足点。1928 年 1 月，朱德和陈毅率领南昌起义保留下来的部队，从粤

---

① 中共中央文献研究室. 毛泽东年谱（1893—1949）（上册）[M]. 北京：中央文献出版社，2013：203.

北转移到湘南，发动了湘南起义。但最终也因为种种原因没能成功，向井冈山转移，和毛泽东所率领的秋收起义部队会合。中国革命的第一个根据地——井冈山革命根据地诞生了。初上井冈山，毛泽东等共产党人制定的政策是："坚决地和敌人作斗争，创造罗霄山脉中段政权，反对逃跑主义；深入割据地区的土地革命；军队党帮助地方党的发展，正规军队帮助地方武装的发展；集中红军相机应付当前之敌，反对分兵，避免被敌人各个击破；割据地区的扩大采取波浪式的推进政策，反对冒进政策。"① 这一正确的方针指引党领导的军队在井冈山很快扎下根来，建设了稳固的根据地，开展了轰轰烈烈的革命斗争。

对于当时很多共产党人来说，"上山"的选择难以理解，因为欧洲的无产阶级革命和俄国的十月革命都是以大城市为中心开始的，按照传统无产阶级革命的理论逻辑，中国的无产阶级革命也应该是以中心城市为起点，向广大农村地区拓展。正因为此，共产国际和中共中央严厉批评了毛泽东的这种行为，毛泽东更是被党内不少人说成是"上山主义"。对于这种境况，1936年毛泽东在同斯诺谈话时回忆道："由于秋收起义的纲领没有得到中央委员会批准，又由于第一军遭受严重损失，而且从城市观点来看，这个运动好像是注定要失败的，因此中央委员会这时明确地批评我。我被免去政治局和党的前委的职务。湖南省委也攻击我们，说我们是'枪杆子运动'。尽管这样，我们仍然在井冈山把军队团结起来了，深信我们执行的是正确的路线。后来的事实充分地证明了这一点。"② 延安时期，毛泽东也多次提到当初"上山"的选择。1938年5月，毛泽东在抗日军政大学三期二大队讲话时指出："我们被逼上梁山，

---

① 毛泽东.毛泽东选集（第一卷）[M].北京：人民出版社，1991：51.

② 埃德加·斯诺.西行漫记[M].董东山，译.北京：东方出版社，2005：158.

所谓官逼民反，井冈山、鄂豫皖的山、陕北的山、四川通南巴的山，并且来了游击战。"在抗日军政大学一大队成立大会上，毛泽东又解释道："为什么我们上井冈山呢？因为下面住不得，所以才上山去。有什么法子不上井冈山，打游击战，因为要实行半殖民地半封建国家的资产阶级民主革命的任务，便是反帝反封建，我们就举起了反帝反封建的大旗。这旗帜不准我们在城里插，就到山顶上去插，永不放下。"1938年8月2日，毛泽东在对抗日军政大学四期一、二队及随校毕业同学讲话中指出："被逼上井冈山，为什么能够在山上？就是有这枪杆子。它打出游击队，从小到大，打出红军，打出政权。"① 显然，毛泽东"上山"思想的实践，是毛泽东关于"工农武装割据"和"农村包围城市，武装夺取政权"思想的起点。

走上井冈山，意味着毛泽东等共产党人必须开始探索一条过去从来没有人探索过的革命道路。在井冈山的复杂环境中，很多人产生了悲观的情绪，对于红色政权能否长期存在、红旗能够打多久等问题产生了疑惑，对此，毛泽东给出了答案，并在井冈山的革命实践当中探索出了一条不同于俄国革命的全新道路。在后来的革命实践中，正是有了坚固的根据地，中国共产党的革命斗争才有了稳固的大后方，无论是在土地革命战争、抗日战争，还是在解放战争当中，根据地的建设都是中国共产党的制胜法宝。实践证明，这条道路是正确的，符合半殖民地半封建中国的国情。

③ **党必须深入农村，发动、组织和武装农民，解决农民的土地问题**

中国革命的中心问题是农民问题，这是由半殖民地半封建社

---

① 中共中央文献研究室，中央档案馆《党的文献》编辑部. 毛泽东重要著作和思想形成始末 [M]. 北京：人民出版社，1993：120.

会的国情所决定的。中国是一个落后的农业大国，农民占全国人口的 80%，是中国革命的主力军，反帝反封建的资产阶级民主革命实质上是农民革命，武装斗争是党领导下的以农民为主体的战争。因此，无产阶级先锋队必须深入农村，发动、组织和武装农民，组织成浩浩荡荡的革命队伍，才能取得民主革命的胜利。

农民出身的毛泽东对农民阶级有着深厚的感情，在大革命失败之前，毛泽东就提出中国革命需要重视农民阶级作用的问题。1925 年，毛泽东回乡组织韶山农民运动。在家乡的农民运动实践中，毛泽东对农民阶级的认识更深了。在当时的中共党内，存在着"左"和右两种倾向：一种是只注重与国民党合作，而忘记了农民的右倾机会主义；一种是只注意工人运动，忘记了农民的"左"倾机会主义。毛泽东提出，农民阶级是中国无产阶级最广大和最忠实的同盟军。在《中国社会各阶级的分析》一文中，毛泽东将农民阶级归于"半无产阶级"之中，并深刻指出："一切半无产阶级、小资产阶级，是我们最接近的朋友。"[1] 1926 年 9 月，毛泽东在《国民革命与农民运动》一文中提出："农民问题乃国民革命的中心问题，农民不起来参加并拥护国民革命，国民革命不会成功"。[2] 因此，毛泽东指出"要有大批的同志，立刻下了决心，去做那组织农民的浩大的工作。要立刻下了决心，把农民问题开始研究起来。"[3] 在毛泽东看来，农民阶级内部蕴含着无限的能量，只有动员并利用好农民阶级的力量，才能使中国革命走向成功。1927 年 3 月，他在《湖南农民运动考察报告》一文中阐述农民阶

① 毛泽东 . 毛泽东选集（第一卷）[M]. 北京：人民出版社，1991：9.
② 中共中央文献研究室 . 毛泽东文集（第一卷）[M]. 北京：人民出版社，1993：37.
③ 中共中央文献研究室 . 毛泽东文集（第一卷）[M]. 北京：人民出版社，1993：39.

级的伟大力量："很短的时间内，将有几万万农民从中国中部、南部和北部各省起来，其势如暴风骤雨，迅猛异常，无论什么大的力量都将压抑不住。""一切革命的党派、革命的同志，都将在他们面前受他们的检验而决定弃取。"①

大革命失败后，毛泽东带领秋收起义的部队走上了井冈山，开辟了中国革命的第一个农村根据地。在根据地的建设实践中，毛泽东深刻认识到，要解决中国农民问题，必须首先从解决农民的土地问题入手。解决农民的土地问题是中国资产阶级民主革命的一项基本任务，也是农村革命根据地建设的中心内容。井冈山革命根据地的土地革命从 1928 年春开始小范围试点，6 月后全面展开。同年 12 月，毛泽东在总结井冈山土地革命经验的基础上，主持制定了井冈山《土地法》，确定了分配土地的标准，对土地革命斗争经验进行了总结。虽然这篇《土地法》中还存在类似土地所有权归政府这样的原则性的错误，但是它以法律形式肯定了农民分配土地的权利。伴随着赣南、闽西革命进程的推进，土地革命也在这些地区深入开展起来。1929 年 4 月，毛泽东在深入总结赣南土地革命经验的基础上，主持制定了《兴国土地法》。在《兴国土地法》中，毛泽东提出："没收一切公共土地及地主阶级的土地"②，并进一步细化规范了土地分配的标准和土地税的征收问题。随着土地革命在各根据地的深入开展，毛泽东等中国共产党人在实践中逐步探索形成了党的土地革命路线和土地的政策，即：依靠贫雇农，联合中农，限制富农，保护中小工商业者，消灭地主阶级，变封建半封建的土地所有制为农民的土地所有制。

---

① 毛泽东 . 毛泽东选集（第一卷）[M]. 北京：人民出版社，1991：13.

② 中共中央文献研究室，中央档案馆 . 建党以来重要文献选编（1921—1949）（第六册）[M]. 北京：中央文献出版社，2011：184.

中国共产党的农村工作经验也得到了不断积累、不断深化。

伴随着土地革命的深入开展，中国共产党在广大的中国农村建立了坚实的群众基础。农民阶级源源不断地加入革命队伍，充实了革命力量。虽然革命队伍不断扩大，但是毛泽东在根据地创建的过程中始终将中国共产党所领导的农民战争同旧式的农民战争严格区分，高度重视队伍的思想状况。他指出：井冈山革命根据地"边界各县的党，几乎完全是农民成分的党，若不给以无产阶级的思想领导，其趋向是会要错误的"①。在这样的思想认识基础上，毛泽东加强了革命队伍的思想教育，防止农民阶级的非无产阶级思想进入党内，从而锻造了一支作风过硬、能打胜仗的革命队伍。

抗日战争时期，由于民族矛盾上升为主要矛盾，为了建立抗日民族统一战线，中国共产党及时根据形势变化调整了自己的土地政策。1937年2月，中共中央在《致国民党三中全会电》中指出：中共愿意"停止没收地主土地之政策，坚决执行抗日民族统一战线之共同纲领"②。同年8月，中共中央在洛川会议上通过的《中国共产党抗日救国十大纲领》中提出了"减租减息"的方案。③抗日战争期间，减租减息的群众运动在华北各根据地广泛开展起来。1942年1月，中共中央政治局通过了《关于抗日根据地土地政策的决定》，确定了抗战时期土地政策的三项基本原则，即：承认农民是抗日与生产的基本力量；承认地主的大多数是有抗日要求的，一部分开明绅士也是赞成民主改革的；承认资本主

① 毛泽东.毛泽东选集（第一卷）[M].北京：人民出版社，1991：77.
② 中共中央文献研究室，中央档案馆.建党以来重要文献选编（1921—1949）（第十四册）[M].北京：中央文献出版社，2011：39.
③ 中共中央文献研究室，中央档案馆.建党以来重要文献选编（1921—1949）（第十四册）[M].北京：中央文献出版社，2011：475.

义生产方式是中国现时比较进步的生产方式。① 可以说，抗日战争时期中国共产党把没收地主的土地分配给农民的政策改为减租减息，这是团结各阶级抗战，巩固和发展抗日根据地的重要政策。这一政策施行后，获得了根据地群众的广泛拥护，团结了各阶层的人民，有力支持了敌后抗战。

延安时期，大后方相对稳定的社会环境也使得毛泽东能够更加全面地思考中国农民与中国革命的问题，对中国共产党的斗争经验进行了系统总结。在《中国革命和中国共产党》一文中，毛泽东深刻分析了中国革命的对象、任务、动力、性质、前途与任务问题，详细区分了农民阶级内部的分化，强调贫农"是中国革命的最广大的动力，是无产阶级的天然的和最可靠的同盟者，是中国革命队伍的主力军。""无产阶级也只有和贫农、中农结成坚固的联盟，才能领导革命达到胜利，否则是不可能的。"②1940年年初，在《新民主主义论》中，毛泽东指出："中国的革命实质上是农民革命，现在的抗日，实质上是农民的抗日。新民主主义的政治，实质上就是授权给农民。新三民主义，真三民主义，实质上就是农民革命主义。大众文化，实质上就是提高农民文化。抗日战争，实质上就是农民战争。"③

抗日战争胜利后，国民党挑起了针对解放区的进攻。毛泽东指出："只有减租和生产两件大事办好了，才能克服困难，援助战争，取得胜利。"他要求"务使整个解放区，特别是广大的新解放区，在最近几个月内（冬春两季）发动一次大的减租运动，

① 中共中央文献研究室，中央档案馆.建党以来重要文献选编（1921—1949）（第十九卷）[M]．北京：中央文献出版社，2011：20-21.
② 毛泽东.毛泽东选集（第二卷）[M]．北京：人民出版社，1991：643-644.
③ 毛泽东.毛泽东选集（第二卷）[M]．北京：人民出版社，1991：692.

普遍地实行减租，借以发动大多数农民群众的革命热情。"① 解
放战争打响后，中国共产党面对着强大的敌人威胁，为了能够更
好地动员广大人民群众参与到解放战争的进程当中，中国共产党
制定了一系列土地政策，在解放区农村开展了轰轰烈烈的土地改
革运动。1946 年 5 月 4 日，中共中央发布了《关于清算减租及土
地问题的指示》（即《五四指示》），提出："解决解放区的土
地问题是我党目前最基本的历史任务，是目前一切工作的最基本
的环节。"② 揭开了解放区土地立法的序幕。解放区的土地改革
让广大解放区农民群众分到了土地，极大调动了他们参与革命的
积极性，为解放战争提供了有力的支持。1947 年 7 月，全国土地
会议在西柏坡召开，并于 9 月通过了《中国土地法大纲》。《中
国土地法大纲》肯定和发展了《五四指示》中关于将地主土地分
配给农民的原则，提出："废除封建性及半封建性剥削的土地制度，
实行耕者有其田的土地制度。"③ 这是一个正确的土地纲领，极
大调动了农民参与革命与生产的积极性。伴随着解放战争的推进，
胜利就在眼前。1947 年，毛泽东在总结土地革命历史经验的基础
上指出："全党必须明白，土地制度的彻底改革，是现阶段中国
革命的一项基本任务。如果我们能够普遍地彻底地解决土地问题，
我们就获得了足以战胜一切敌人的最基本的条件。"④ 土地制度
的改革，针对的是中国封建的土地制度，消灭了封建土地剥削制
度，广大农民获得了解放，巩固了工农联盟和人民民主专政，使

① 毛泽东 . 毛泽东选集（第四卷）[M]. 北京：人民出版社，1991：1172.
② 中共中央文献研究室，中央档案馆 . 建党以来重要文献选编（1921—1949）
（第二十三卷）[M]. 北京：中央文献出版社，2011：246.
③ 中共中央文献研究室，中央档案馆 . 建党以来重要文献选编（1921—1949）
（第二十四卷）[M]. 北京：中央文献出版社，2011：417.
④ 毛泽东 . 毛泽东选集（第四卷）[M]. 北京：人民出版社，1991：1252.

广大农民积极地投身于中国社会的变革运动中去，为推翻帝国主义、封建主义和官僚资本主义的统治奠定了广泛的群众基础。

从苏区的土地革命，到抗战时期的减租减息政策，再到解放战争时期的新区土地改革，毛泽东等中国共产党人在实践中带领广大农民翻身做主，更在实践中发现、发挥着农民阶级的磅礴力量。正是有农民阶级这个中国革命最广大和最忠实的同盟军，新民主主义革命才能够获得胜利。

三、中国革命道路的伟大意义

习近平总书记指出："在一个半殖民地半封建的东方大国进行革命，面对的特殊国情是农民占人口的绝大多数，落后分散的小农经济、小生产及其社会影响根深蒂固，又遭受着西方列强侵略和压迫，经济文化十分落后，选择一条什么样的道路才能把中国革命引向胜利成为首要问题，也是马克思主义发展史上前所未有过的难题。"[①] 在 20 世纪 30 年代，共产国际对于各国革命道路的选择也曾有过清醒的认识。1935 年 8 月，共产国际召开第七次代表大会，大会通过的决议提出："要在决定任何问题时，根据各个国家的具体情况和特殊条件出发，而且一般来说，要避免直接干涉各党的内部组织的事务。""帮助各国共产党运用本身经验和世界共产主义运动的经验，但要避免机械地把一个国家的经验套用到另一个国家，避免用一成不变的方法和笼统公式去代替

---

① 中共中央文献研究室．十八大以来重要文献选编（上）[M]．北京：中央文献出版社，2014：688-689.

具体的马克思主义分析。"① 只有适合自己的革命道路才是最好的，
照搬照抄别人经验，亦步亦趋走别人的老路，不能带领一个半殖
民地半封建国家的人民实现革命的胜利。中国革命之所以能够胜
利，就在于中国共产党领导中国人民探索出了一条符合中国国情
的道路。这条革命道路，不仅是指引中国革命成功的必经之路，
而且丰富了马克思主义理论宝库，为其他殖民地半殖民地国家的
革命提供了重要借鉴。

① 指引中国革命胜利的必经道路

实践证明，"农村包围城市，武装夺取政权"是中国革命胜
利的正确道路、必经之路。这条道路所以在中国走得通、走得成，
是由中国的特殊国情决定的，是因为当时的中国具备走这条道路
的条件。

首先，近代中国特殊的国情决定中国革命不能照搬俄国十月
革命的道路。1840 年鸦片战争后，中国逐渐从一个独立的封建国
家沦为了半殖民地半封建国家。在近代中国社会，没有民主制度，
也没有民族独立，同时存在着帝国主义和封建主义的双重压迫。
中国社会也形成了帝国主义与中华民族、封建主义与人民大众之
间的双重矛盾，这也决定了近代中国的社会任务是双重的，既要
清除封建主义的残余，也要驱逐帝国主义出中国。中国革命的对
象，就是帝国主义国家的资产阶级以及本国的地主阶级。这二者
阻碍着近代中国社会的发展，相互勾结而形成了更大的压迫。从
1840 年开始，一些先进的中国人也开始探索救国救民的道路，地
主阶级、农民阶级、资产阶级的革命派与改良派先后登场，但是
他们都没有全面地认识近代中国社会的性质，因此也就没能全面

---

① 珍妮·德哥拉斯选编. 共产国际文件 [M]. 北京：东方出版社，1986：446.

认识近代中国社会的历史任务。这些"尝试"打开了近代中国前进的"阀门"，但是却没能挽救处于帝国主义、封建主义双重压迫下的近代中国。资产阶级民主革命的历史任务没有完成。因此，在 1919 年后的新民主主义革命的进程中，封建主义和帝国主义在中国的势力依然很强大，他们把持着国家的经济命脉，掌控着国家的政治权力，通过各种手段和方式压榨中国人民。因此，中国的革命中，没有可以利用的议会、没有组织工人举行罢工的合法权利，合法斗争没有存在的社会基础，只能走暴力革命、武装斗争的道路，"主要的斗争形式是战争，而主要的组织形式是军队"[①]。从道路策略上看，中国的中心城市、经济重镇大部分都被封建主义和帝国主义所掌握着。因此，不能像其他资本主义国家的革命那样，从城市到农村，而应该是先从封建主义、帝国主义力量薄弱的农村地区入手，在那些地方形成稳固的武装割据，积累力量，而后再向城市进攻。这些，都是中国和资本主义国家的不同，这注定了中国共产党必须要走一条不同于俄国等资本主义国家的革命道路。

中国之所以选择"农村包围城市，武装夺取政权"的道路，还因为中国有着特殊的社会阶级结构。中国是一个传统的农业大国，农民阶级在近代中国社会各阶级中占有较大的比例，"全国总人口中大约占百分之八十，是现时中国国民经济的主要力量"。而在农民阶级的内部，贫农连同雇农在内，占到了近代中国农村人口的百分之七十。他们没有土地或者土地不足，需要出卖自己的劳动力，在农村中受地主阶级的剥削，因此"是中国革命的最广大的动力，是无产阶级的天然的和最可靠的同盟者，是中国革

---

① 毛泽东．毛泽东选集（第二卷）[M]．北京：人民出版社，1991：543．

命队伍的主力军。"①但是，由于近代中国社会特殊的特点，中国近代无产阶级并没有像西方资本主义国家的无产阶级那样产生于本国资本主义中，而是伴随着半殖民地半封建化的加深，产生在外国资本主义的侵略之中。这也决定了，近代中国无产阶级不可避免地具有一些弱点：和农民阶级相比，在人数上不足；和资本主义国家无产阶级相比，发展时间比较短；和本国资产阶级比，文化水准比较低；在近代地域发展上也存在着严重的不均衡性。虽然有这些弱点，但是中国近代历史证明了：中国革命如果没有无产阶级的领导就不能取得胜利。这是因为，无产阶级具有革命的彻底性，也具有较高的阶级觉悟。因此，中国的革命必须坚持无产阶级这个最有觉悟、最有组织性的阶级的领导。但是，也由于近代中国无产阶级具有上述的这些弱点，决定了中国无产阶级不可能仅凭自己一个阶级的力量，完成近代中国反帝反封建的革命任务。要想获得革命的胜利，"就必须在各种不同的情形下团结一切可能的革命的阶级和阶层，组织革命的统一战线。"②在需要团结的阶级中，农民是最可靠、最坚实、最忠诚的同盟军。因此，中国共产党领导新民主主义革命的伟大斗争，必须紧紧依靠农民阶级这个同盟军，这就要求中国共产党必须把工作重心转向农村，组织、发动农民，在农村建立巩固的根据地，积蓄革命力量，为将来实现向城市的战略转移、夺取全国政权奠定基础。

其次，近代中国具备走"农村包围城市，武装夺取政权"道路的条件。在井冈山时期，毛泽东就对"中国红色政权为什么能够存在？"的问题进行了深入的思考，提出了红色政权能够存在和发展的五个条件：第一，红色政权具有能够存在的地理空间。

---

① 毛泽东.毛泽东选集（第二卷）[M].北京：人民出版社，1991：642-643.
② 毛泽东.毛泽东选集（第二卷）[M].北京：人民出版社，1991：645.

伴随着世界主要资本主义国家进入帝国主义阶段，在这些帝国主义间接统治的半殖民地半封建的近代中国社会中，帝国主义和国内买办豪绅阶级支持着的各派新旧军阀之间进行着继续不断的战争。因为这种分裂和战争，在白色政权中间产生了红色政权能够存在和发展的空间。这种空间是在近代中国社会将长期存在的，"中国白色政权的分裂和战争是继续不断的，则红色政权的发生、存在并且日益发展，便是无疑的了。"第二，红色政权的发生、存在地区具有民主革命的基础。毛泽东指出："中国红色政权首先发生和能够长期地存在的地方，不是那种并未经过民主革命影响的地方"，而是那些在资产阶级民主革命中工农兵士群众曾经"大大地起来过的地方"。① 在这些地区，有良好的组织基础、群众基础，以及具备必要的斗争经验。第三，全国革命形势对红色政权的存在和发展有利。井冈山时期，毛泽东准确预测了全国革命高潮的到来。他认为，伴随着帝国主义互相之间、帝国主义与殖民地之间、帝国主义与它们本国的无产阶级之间的矛盾的发展，帝国主义争夺中国的需要更迫切了，由此，"帝国主义和整个中国的矛盾，帝国主义者相互之间的矛盾，就同时在中国境内发展起来"②，中国反动统治者的矛盾也会更加激烈，中国国内的阶级矛盾也会被激化。中国的革命高潮"在中国的环境里不仅是具备了发展的可能性，简直是具备了发展的必然性"，③ 所以"不但小块红色区域的长期存在没有疑义，而且这些红色区域将继续发展，日渐接近于全国政权的取得。"④ 并借此回应了党内存在的悲观情绪。第四，根据地具有一定的武装基础。"工农武装割

---

① 毛泽东 . 毛泽东选集（第一卷）[M]. 北京：人民出版社，1991：49.
② 毛泽东 . 毛泽东选集（第一卷）[M]. 北京：人民出版社，1991：101.
③ 毛泽东 . 毛泽东选集（第一卷）[M]. 北京：人民出版社，1991：99.
④ 毛泽东 . 毛泽东选集（第一卷）[M]. 北京：人民出版社，1991：50.

据"中，"武装"是关键，在根据地建设中，只有具备了过硬的革命武装，才能够有效保障根据地的各项建设开展。但是，军事斗争必须要以根据地作为基础，"单纯军事斗争"思想是错误的，"离了对群众的宣传、组织、武装和建设革命政权等项目标，就是失去了打仗的意义，也就是失去了红军存在的意义。"①第五，共产党的有力组织与正确领导。革命根据地是在党的领导下建设和发展的，共产党的组织力强不强，共产党的领导正确不正确，都决定着革命根据地建设和发展的前途。

实践证明，"农村包围城市，武装夺取政权"道路，是以毛泽东为主要代表的中国共产党人，在深入分析近代中国国情，深刻总结中国革命历史经验的基础上，坚持把马克思主义基本原理同中国实际相结合，从实践中探索出来的符合中国革命实际的正确道路。在这条道路指引下，中国取得了新民主主义革命的伟大胜利，实现了民族独立和人民解放，为当代中国的发展进步创造了必要的政治前提。

② 丰富了马克思主义理论宝库

在领导中国革命的过程中，以毛泽东为主要代表的中国共产党人，不仅在实践中开辟了"农村包围城市，武装夺取政权"革命新道路，而且对实践中的成功经验加以总结，形成中国化马克思主义，丰富发展了马克思主义理论宝库。

第一，土地革命理论丰富了马克思主义革命学说。虽然马克思、恩格斯和列宁早就指出了土地革命在无产阶级革命中的重要地位和作用，但是由于历史条件所限以及中俄国情不同，无论是巴黎公社时期还是十月革命时期，土地革命在实践中并没有得到

---

① 毛泽东．毛泽东选集（第一卷）[M]．北京：人民出版社，1991：86．

充分开展，马克思主义经典作家在这方面具体、系统的阐述并不多见。在近代中国，农民阶级占社会各阶级的最大多数。农民阶级特别是广大贫雇农是中国革命的最忠实的同盟军。在中国千百年的历史中，解决土地问题、实现"耕者有其田"是农民阶级的美好理想。因此，为了实现"工农武装割据"，赢得农民对革命的拥护和支持，就必须没收地主的土地分给农民，让农民能够拥有自己的土地，从而调动广大农民阶级参与革命、拥护革命的积极性。以毛泽东为主要代表的中国共产党从中国革命实际出发，根据不同革命阶段的不同任务，制定了符合实际的土地分配方法，形成了依靠贫农，团结中农，有步骤地分别消灭封建剥削制度，发展农业生产的土地改革总路线，使广大少地无地的农民分得了梦寐以求的土地，极大调动了农民革命、生产的积极性，解放了农村生产力，增加了农业产量，为农村革命根据地的建立，为中国革命获得源源不断的人力、物力资源，奠定了坚实基础。

第二，根据地建设思想充实了马克思主义理论宝库。建立巩固的农村革命根据地，是保存和发展革命力量，开展武装斗争和土地革命，以农村包围城市，最后夺取全国政权的基本条件。由于巴黎公社和十月革命走的都是以城市为中心的革命道路，革命胜利前没有建立农村革命根据地，对于如何建立和建设农村革命根据地，马克思主义经典作家没有具体、明确的论述。以毛泽东为主要代表的中国共产党人，在领导农村革命斗争的实践中，不断总结经验，形成了农村革命根据地建设思想。毛泽东革命根据地建设思想主要包括以下几个方面：一是把政权建设放在首位。"革命的中心任务和最高形式是武装夺取政权，是战争解决问题。"[①] 其主要特点是，不断加强人民民主，最大限度地调动广

———————————

① 毛泽东. 毛泽东选集（第二卷）[M]. 北京：人民出版社，1991：541.

大群众的积极性，推动根据地各项事业快速发展。二是加强根据地经济建设。一方面，要重视经济建设工作，只有通过经济建设，才能保障革命战争供给，改善人民生活，巩固工农联盟，保证无产阶级对于农民的领导，并造成将来发展到社会主义的前提；另一方面，经济建设必须服务于革命战争，"革命战争是当前的中心任务，经济建设事业是为着它的，是环绕着它的，是服从于它的"①。三是要组织民众，加强地方武装训练。组织民众是革命根据地实行人民战争的需要，"战争的伟力之最深厚的根源，存在于民众之中"②。加强地方武装训练是巩固和发展革命根据地的重要条件之一，通过练兵运动，不仅大大提高了地方武装和民兵的素质及战斗力，而且有力地支援了正规部队的斗争，从而巩固和推进了革命根据地的发展。四是加强革命根据地文化建设。文化建设是无产阶级革命事业的一部分，服从于无产阶级政党在一定时期内的革命任务，文艺必须为工农兵服务。

第三，军事战略策略理论发展了马克思主义武装斗争理论。在无产阶级革命斗争中，为了战胜强大的敌人，正确的军事战略必不可少。在领导中国革命斗争的过程中，以毛泽东为主要代表的中国共产党人总结党领导中国革命的成功经验，特别是军事斗争中对辩证法的运用，丰富发展了马克思主义武装斗争理论。毛泽东总结中国革命长期斗争的经验，把游击战争提到了战略的地位，认为中国革命战争在长期内的主要作战形式是游击战和带游击性的运动战。他论述了要随着敌我力量的变化和战争态势的发展，正确实行军事战略的转变。提出了"战略上藐视敌人，战术上重视敌人"的战略方针，为革命军队制定了在敌强我弱形势

① 毛泽东．毛泽东选集（第一卷）[M]．北京：人民出版社，1991：123．
② 毛泽东．毛泽东选集（第二卷）[M]．北京：人民出版社，1991：511．

下实行战略上的持久战和战役、战斗中的速决战，把战略上的劣势转变为战役、战斗中的优势等一系列人民战争的战略战术。毛泽东同其他同志一道，总结游击战的战略战术，形成了"敌进我退，敌驻我扰，敌疲我打，敌退我追"的十六字诀。在反"围剿"斗争中，毛泽东总结了积极防御的战略思想，不坚持内线的阵地战，而以机动灵活的外线运动战战胜围剿之敌。他提出的集中兵力打敌一部，反对两个拳头打人；集中优势兵力打歼灭战，不打击溃战等思想，均彰显了在全局劣势的条件下造成局部优势，以战胜强敌的军事辩证法思想。抗日战争时期，为驳斥国内"亡国论"和"速胜战"的错误，毛泽东在《论持久战》中分析了在敌强我弱的条件下，中国如何以持久战最终战胜日本帝国主义的可能性和必然性。在军事战略指导上，毛泽东提出抗日战争应是"战略防御中的战役和战斗的进攻战，战略持久中的战役和战斗的速决战，战略内线中的战役和战斗的外线作战"①。他指出，必须以主动灵活战略原则为指导，才能变中国一方化劣势为优势，变被动为主动。解放战争时期，毛泽东又总结实践中的经验形成了以集中优势兵力，各个歼灭敌人为主要内容的十大军事原则。毛泽东的军事战略思想始终贯穿着变劣势为优势，变弱为强，变被动为主动，变守为攻，变败为胜的辩证法思想，以丰富的内容进一步完善和发展了马克思主义武装斗争理论。

③ 中国革命道路理论的世界意义

"农村包围城市，武装夺取政权"的革命道路，不仅指引中国革命取得了胜利，而且对其他殖民地半殖民地国家探索符合本国国情的革命、建设道路，都具有重要的借鉴和参考价值。

---

① 毛泽东.毛泽东选集（第二卷）[M].北京：人民出版社，1991：484.

第一，"农村包围城市，武装夺取政权"的革命道路拓宽了殖民地半殖民地国家实现民族独立、人民解放的途径。一般来说，无产阶级要取得本国革命胜利，一般只能通过暴力革命这种方式，而且在革命道路上必须先通过中心城市武装起义夺取政权，然后再把胜利成果推向农村，最终取得全国胜利，这就是大家熟知的"城市中心道路"。在无产阶级革命史上，无论是巴黎公社还是十月革命，走的都是这条道路。尤其是十月革命的胜利，更是把"城市中心道路"推到了不容置疑的地位。共产国际成立后，又把"城市中心道路"推广到加入共产国际的民族殖民地革命中，要求这些国家学习、效仿。不可否认，"城市中心道路"确实在巴黎公社和十月革命中取得了成功，但这些成功是建立在法俄两国当时的城市经济比较发达、农村人口较少、城市能够领导乡村的基础之上，与民族殖民地国家农村人口众多、城市不能领导乡村的国情有很大差别，这就决定了"城市中心道路"在殖民地半殖民地国家未必行得通，这已经被中国革命实践所证明。如果"城市中心道路"行不通，是否还有其他道路可行？以毛泽东为主要代表的中国共产党人坚持把马克思主义基本原理同近代中国国情相结合，在总结中国革命经验的基础上，成功开辟了以"农村包围城市，武装夺取政权"为主要特征的新道路，从而拓宽了东方落后国家革命成功的途径。

第二，中国革命道路探索的基本经验对殖民地半殖民地国家具有重要借鉴意义。首先，要坚持马克思主义基本原理同本国国情相结合。要成功实现这种结合，必须做好两方面的工作：一方面，要准确掌握马克思主义的精髓，端正对待马克思主义的态度，这是实现相结合的前提。马克思主义不是必须背得烂熟的教条，而是行动的指南。学习马克思主义，不仅要了解马克思主义的理论体系，更要掌握贯穿其中的立场、观点和方法。同时，马克思主义是一个开放的、不断发展的理论体系，它没有结束真理，而是在实践中不断开辟认识真理的道路。另一方面，认清本国国情，是实现相结合的重要环节。认清本国国情，途径是调查研究，关键是认清本国不同时期的社会性质、主要矛盾和发展阶段。通过深入的调查研究，中国共产党准确把握了近代以来不同时期的中国国情，实现了马克思主义基本原理与中国国情的结合，找到了符合中国国情的革命和建设道路。

第三，坚持尊重群众首创精神与发挥党的领导相结合。马克思主义唯物史观告诉我们，人民群众是历史的创造者，是社会发展的根本动力。没有人民群众的广泛参与，没有人民群众聪明才智的发挥，不可能有中国道路的成功开辟。在尊重群众首创精神的同时，还要加强党的顶层引领。党的顶层引领作用主要体现在以下方面：一是将群众中个别的、零散的经验加以归纳、概括，从中总结出共性的、系统的经验加以推广；二是做好各地区、各领域和群众各方面利益的统筹协调，将当前利益和长远利益、局部利益和整体利益统一起来；三是在群众实践经验基础上，在马克思主义指导下对未来发展明向定标，作出战略规划。

第四，既强调"走自己的路"，又注重借鉴他国经验。列宁指出："一切民族都将走向社会主义，这是不可避免的，但是一切民族的走法却不会完全一样。"① 它要求每个国家和民族在寻找本国发展道路时一定要从自身实际出发，走自己的路。"走自己的路"包括以下两层含义：一是要依靠本国人民独立自主地去探索。一个国家要找到一条适合自己的道路，不能把希望寄托在

---

① 中共中央马克思恩格斯列宁斯大林著作编译局. 列宁选集（第二卷）[M]. 北京：人民出版社，2012：777.

他人身上，也不能循规蹈矩，亦步亦趋地走前人走过的路。二是一国选择什么样的道路，道路合不合适，本国人民最有发言权。"条条大路通罗马"，在实现民族独立和国家富强的过程中，不可能只有一条道路、一种模式。一国选择哪种道路和模式，应由本国人民决定。同时，本国道路成功不成功，要在本国实践中去检验，由本国人民去评判。强调走自己的路，"不是要搞自我封闭，更不是要搞唯我独尊、'只此一家，别无分店'。"①我们既要有"走自己的路"的自信，也要有学习借鉴别国道路的雅量。要积极学习、借鉴他国成功经验和有益做法。当然，学习借鉴不等于照抄照搬，必须结合本国实际、有选择地学习借鉴。"无论是革命还是建设，都要注意学习和借鉴外国经验。但是，照抄照搬别国经验、别国模式，从来不能得到成功。"②

①　习近平. 在纪念孔子诞辰 2565 周年国际学术研讨会暨国际儒学联合会第五届会员大会开幕会上的讲话 [M]. 北京：人民出版社，2014：9.
②　邓小平. 邓小平文选（第三卷）[M]. 北京：人民出版社，1993：2.

第二章

具有中国特点的社会主义
改造道路

1949 年 10 月，中华人民共和国的成立标志着中国半殖民地半封建历史的结束，中国共产党领导中国人民在完成新民主主义革命遗留任务和恢复国民经济的基础上，开始进行社会主义革命。社会主义革命的主要任务是通过对个体农业、手工业和资本主义工商业的社会主义改造，实现新民主主义向社会主义的转变，在中国确立社会主义基本制度。在社会主义改造过程中，中国共产党把马克思主义基本原理同中国具体实际相结合，成功开创了一条具有鲜明中国特点的社会主义改造道路。1956 年我国基本完成农业、手工业与资本主义工商业的社会主义改造，标志着社会主义制度在中国确立，中国开始进入社会主义初级阶段。

一、马克思、恩格斯关于"剥夺剥夺者"的思想

马克思主义认为，无产阶级在夺取国家政权以后，应运用国家政权剥夺资本家占有的生产资料，即"剥夺剥夺者"，使之成为社会主义国家的人民财产。剥夺剥夺者思想是马克思关于从资本主义向社会主义过渡的重要思想，也是我国进行社会主义改造的重要理论基础。

① **"剥夺"是资本主义的本质,"剥夺剥夺者"是资本主义发展的必然趋势**

马克思、恩格斯通过对资本主义生产方式的研究,对资本主义发展本质进行了深刻的揭露。在《共产党宣言》中,他们描述了资产阶级产生的过程与剥削的本质,"从封建社会的灭亡中产生出来的现代资产阶级社会并没有消灭阶级对立。它只是用新的阶级、新的压迫条件、新的斗争形式代替了旧的。""整个社会日益分裂为两大敌对的阵营,分裂为两大相互直接对立的阶级:资产阶级和无产阶级。"①

在《资本论》中,马克思阐明了现代资本主义生产方式和它所产生的资产阶级社会的特殊运动规律,提出了剩余价值理论,对资本主义剥削工人阶级的本质和秘密进行了深刻分析。通过考察生产的增殖过程,马克思指出,剩余价值率首先取决于劳动力的剥削程度,"在生产过程中,资本发展成为对劳动,即对发挥作用的劳动力或工人本身的指挥权。人格化的资本即资本家,监督工人有规则地并以应有的强度工作"②。同时,在这个过程中,资本逐渐发展成为一种强制关系,迫使工人阶级超出自身生活需要的狭隘范围而从事更多的劳动。马克思指出:"作为他人辛勤劳动的制造者,作为剩余劳动的榨取者和劳动力的剥削者,资本在精力、贪婪和效率方面,远远超过了以往一切以直接强制劳动为基础的生产制度。"③

通过考察资本主义的再生产,马克思指出:"工人的这种不

---

① 中共中央马克思恩格斯列宁斯大林著作编译局.马克思恩格斯选集(第一卷)[M].北京:人民出版社,2012:401.

② 马克思.资本论(第一卷)[M].北京:人民出版社,2018:359.

③ 马克思.资本论(第一卷)[M].北京:人民出版社,2018:359.

断再生产或永久化是资本主义生产的必不可少的条件。"通过再生产，资本家"不仅从他由工人那里取得的东西中，而且从他给工人的东西中获取利益。""因此，工人阶级的个人消费，在绝对必要的限度内，只是把资本用来交换劳动力的生活资料再转化为可供资本重新剥削的劳动力。"① 资本主义通过不断的再生产，使劳动力和劳动条件相分离，这样就再生产出了剥削工人的条件，并且实现了永久化，"不断迫使工人为生活而出卖自己的劳动力，同时不断使资本家能够为了发财致富而购买劳动力"②。工人逐渐隶属于资本。因此，"资本家财富的增长，不是像货币贮藏者那样同自己的个人劳动和个人消费的节约成比例，而是同他榨取别人的劳动力的程度和强使工人放弃一切生活享受的程度成比例的。"③ 资本主义的发展是建立在剥削工人阶级的基础之上，资本主义发展的本质就是"剥削"。"资本来到世间，从头到脚，每个毛孔都滴着血和肮脏的东西。"④

在深刻分析资本主义生产过程与资本积累的基础上，马克思指出了资本主义积累的历史趋势。马克思指出，所谓资本的原始积累，意味着直接生产者的被剥夺，即以自己劳动为基础的私有制的解体。人民群众遭受的可怕的残酷的剥夺，成为了"资本的前史"，"对直接生产者的剥夺，是用最残酷无情的野蛮手段，在最下流、最龌龊、最卑鄙和最可恶的贪欲的驱使下完成的。"⑤但是，一旦旧社会在深度和广度上充分瓦解、劳动者转化为无产者、他们的劳动转化为资本、资本主义生产方式站稳脚跟，

① 马克思.资本论（第一卷）[M].北京：人民出版社，2018：659-660.
② 马克思.资本论（第一卷）[M].北京：人民出版社，2018：666.
③ 马克思.资本论（第一卷）[M].北京：人民出版社，2018：685.
④ 马克思.资本论（第一卷）[M].北京：人民出版社，2018：871.
⑤ 马克思.资本论（第一卷）[M].北京：人民出版社，2018：873.

以及伴随劳动的进一步社会化、土地和其他生产资料的进一步转化为社会地使用的即公共的生产资料，那么，"对私有者的进一步剥夺，就会采取新的形式。现在要剥夺的已经不再是独立经营的劳动者，而是剥削许多工人的资本家了。"①"这种剥夺是通过资本主义生产本身的内在规律的作用，即通过资本的集中进行的。一个资本家打倒许多资本家。随着这种集中或少数资本家对多数资本家的剥夺，规模不断扩大的劳动过程的协作形式日益发展，科学日益被自觉地应用于技术方面，土地日益被有计划地利用，劳动资料日益转化为只能共同使用的劳动资料，一切生产资料因作为结合的、社会的劳动的生产资料使用而日益节省，各国人民日益被卷入世界市场，从而资本主义制度日益具有国际的性质。"②

但是，资本主义剥削与掠夺的加深预示着资本主义必然走向灭亡的趋势。马克思指出："随着那些掠夺和垄断这一转化过程的全部利益的资本巨头不断减少，贫困、压迫、奴役、退化和剥削的程度不断加深，而日益壮大的、由资本主义生产过程本身的机制所训练、联合和组织起来的工人阶级的反抗也不断增长。资本的垄断成了与这种垄断一起并在这种垄断之下繁盛起来的生产方式的桎梏。生产资料的集中和劳动的社会化，达到了同它们的资本主义外壳不能相容的地步。这个外壳就要炸毁了。资本主义私有制的丧钟就要响了。剥夺者就要被剥夺了。"③"剥夺者被剥夺"是资本主义发展的必然趋势。马克思指出，这是"资本主义生产由于自然过程的必然性，造成了对自身的否定。这是否定

---

① 马克思.资本论（第一卷）[M].北京：人民出版社，2018：873.
② 马克思.资本论（第一卷）[M].北京：人民出版社，2018：873-874.
③ 马克思.资本论（第一卷）[M].北京：人民出版社，2018：874.

的否定。"① 从而"在协作和对土地及靠劳动本身生产的生产资料的共同占有的基础上，重新建立个人所有制。"② 资本主义的发展过程是少数掠夺者剥夺人民群众，而"剥夺剥夺者"是人民群众剥夺少数掠夺者。

人民群众对少数掠夺者的剥夺，是资产阶级自身造成的。在《共产党宣言》中，马克思、恩格斯指出："随着资产阶级即资本的发展，无产阶级即现代工人阶级也在同一程度上得到发展；现代的工人只有当他们找到工作的时候才能生存，而且只有当他们的劳动增殖资本的时候才能找到工作。"③ 由于机器的推广和分工的扩大，无产者的劳动已经失去了任何独立的性质，"工人变成了机器的单纯的附属品，要求他做的只是极其简单、极其单调和极容易学会的操作。因此，花在工人身上的费用，几乎只限于维持工人生活和延续工人后代所必需的生活资料。""劳动越使人感到厌恶，工资也就越减少。"④ 同时，伴随着机器工业的发展，分工不断扩大，工人阶级的劳动负担也不断增加。"现代工业已经把家长式的师傅的小作坊变成了工业资本家的大工厂。挤在工厂里的工人群众就像士兵一样被组织起来。""他们不仅仅是资产阶级的、资产阶级国家的奴隶，他们每日每时都受机器、受监工、首先是受各个经营工厂的资产者本人的奴役。"工人阶级的性别、年龄都不再具有社会意义了，他们都只是最普通的劳动工具。马克思、恩格斯指出："无产阶级经历了各个不同的发

① 马克思.资本论（第一卷）[M].北京：人民出版社，2018：874.
② 马克思.资本论（第一卷）[M].北京：人民出版社，2018：874.
③ 中共中央马克思恩格斯列宁斯大林著作编译局.马克思恩格斯选集（第一卷）[M].北京：人民出版社，2012：407.
④ 中共中央马克思恩格斯列宁斯大林著作编译局.马克思恩格斯选集（第一卷）[M].北京：人民出版社，2012：407.

展阶段。它反对资产阶级的斗争是和它的存在同时开始的。""最初是单个的工人,然后是某一工厂的工人,然后是某一地方的某一劳动部门的工人,同直接剥削他们的单个资产者作斗争。他们不仅仅攻击资产阶级的生产关系,而且攻击生产工具本身;他们毁坏那些来竞争的外国商品,捣毁机器,烧毁工厂,力图恢复已经失去的中世纪工人的地位。"① 但这个时候,工人还没有实现自己的联合,还只是单纯意义上的大规模集结,还只是同专制君主制的残余、地主、非工业资产者和小资产者作斗争。因此,"整个历史运动都集中在资产阶级手里"。

伴随着资本主义工业的进一步发展,无产阶级的力量更加壮大,结成了更大的集体,形成了越来越强大的力量,这时这种斗争就发生了变化。"工人开始成立反对资产者的同盟;他们联合起来保卫自己的工资。他们甚至建立了经常性的团体,以便为可能发生的反抗准备食品。有些地方,斗争爆发为起义。"资本主义内部的一切矛盾与冲突都促进了无产阶级的发展与壮大,无产阶级从分散到联合、从一国到多国,形成了强大的阶级力量,而这种阶级是在当前资产阶级对立的一切阶级中"真正革命的阶级"。无产阶级是资产阶级大工业的产物。马克思、恩格斯指出:"随着大工业的发展,资产阶级赖以生产和占有产品的基础本身也就从它的脚下被挖掉了。它首先生产的是它自身的掘墓人。资产阶级的灭亡和无产阶级的胜利是同样不可避免的。"②

《共产党宣言》揭示了资产阶级必然灭亡、无产阶级必将胜利的历史规律,也指出了"剥夺剥夺者"的历史必然趋势。马克思、

① 中共中央马克思恩格斯列宁斯大林著作编译局. 马克思恩格斯选集(第一卷)
[M]. 北京: 人民出版社,2012: 408.
② 中共中央马克思恩格斯列宁斯大林著作编译局. 马克思恩格斯选集(第一卷)
[M]. 北京: 人民出版社,2012: 409,412-413.

恩格斯指出，"共产主义并不剥夺任何人占有社会产品的权力，它只剥夺利用这种占有去奴役他人劳动的权力。"①无产阶级所要消灭的所有制，是那种"以社会上的绝大多数人没有财产为必要条件的所有制"；要消灭的个性，是"资产者、资产阶级私有者"的个性。伴随着资本的消失，雇佣劳动也就不存在了，随着共产主义的发展，家庭、国家、民族的界限也会逐渐消失。"共产主义革命就是同传统的所有制关系实行最彻底的决裂；毫不奇怪，它在自己的发展进程中要同传统的观念实行最彻底的决裂。"②

"剥夺剥夺者"是无产阶级实现自身解放、建立新的社会秩序的重要步骤。这种"剥夺"是无产阶级革命斗争的结果，是资产阶级自身造成的，也是历史发展的必然趋势。在各国无产阶级革命政权建设中，"剥夺剥夺者"的思想都在实践中得到了贯彻。但也正如马克思、恩格斯所指出的："这些措施在不同的国家里当然会是不同的。"③

② "剥夺剥夺者"有两种实现形式

"剥夺者"必将被"剥夺"，这是无产阶级革命的根本原则，也是实现向社会主义社会过渡的重要阶段。但是无产阶级如何"剥夺"资产阶级呢？在马克思主义者看来，对"剥夺者"的"剥夺"有两种方式，一种方式是暴力的方式，即通过无偿没收的手段进行夺取；另一种方式是和平的方式，即通过赎买的手段，逐步剥

---

① 中共中央马克思恩格斯列宁斯大林著作编译局.马克思恩格斯选集（第一卷）[M].北京：人民出版社，2012：416.
② 中共中央马克思恩格斯列宁斯大林著作编译局.马克思恩格斯选集（第一卷）[M].北京：人民出版社，2012：421.
③ 中共中央马克思恩格斯列宁斯大林著作编译局.马克思恩格斯选集（第一卷）[M].北京：人民出版社，2012：421.

夺"剥夺者"的私有财产。

一般而言，当资产阶级还掌握着政权的时候，就不可能和平地"剥夺剥夺者"。在《共产党宣言》中，马克思、恩格斯对暴力"剥夺"的方式进行了深刻阐述。他们认为，"无产阶级将利用自己的政治统治，一步一步地夺取资产阶级的全部资本，把一切生产工具集中在国家即组织成为统治阶级的无产阶级手里，并且尽可能快地增加生产力的总量。"而要做到这一点，"当然首先必须对所有权和资产阶级生产关系实行强制性的干涉"。马克思、恩格斯还设想出"最先进的国家"可以采取的措施，其中包括"剥夺地产，把地租用于国家支出"，"征收高额累进税"，"废除继承权"，"没收一切流亡分子和叛乱分子的财产"等。①

列宁也对暴力"剥夺"的方式进行了深刻阐述。1920 年，他在批判奥托·鲍威尔关于"剥夺剥夺者应当以调节和调整的方式"的观点时指出："用这种'整顿'和'调节'的方式向社会主义过渡（抽象地说，这种过渡无疑对'人民'是最有利的）的前提是，无产阶级的胜利已绝对巩固，资本家的处境已绝对没有希望，资本家已绝对必须并且也绝对愿意老老实实地服从。"②列宁认为，虽然俄国的资产阶级在拼命地反抗之后已经被击溃，但是，从全世界的范围来看，资产阶级还掌握着政权，依然还是统治者。因此，和平的方式是不太可能实现的。③

各国的实际情况不同。和平的方式在俄国不太可能实现，但

---

① 中共中央马克思恩格斯列宁斯大林著作编译局．马克思恩格斯选集（第一卷）[M]．北京：人民出版社，2012：421-422.

② 中共中央马克思恩格斯列宁斯大林著作编译局．列宁全集（第三十八卷）[M]．北京：人民出版社，2017：157.

③ 中共中央马克思恩格斯列宁斯大林著作编译局．列宁全集（第三十八卷）[M]．北京：人民出版社，2017：155-158.

是在其他国家并不是不可能实现，暴力没收的方式也不是"剥夺剥夺者"唯一的途径。1847年，恩格斯在《共产主义原理》中谈到"能不能用和平的办法废除私有制"的问题时指出："但愿如此，共产主义者当然是最不反对这种办法的人。""他们很清楚，革命不能故意地、随心所欲地制造，革命在任何地方和任何时候都是完全不以单个政党和整个阶级的意志和领导为转移的各种情况的必然结果。""一部分用国家工业竞争的办法，一部分直接用纸币赎买的办法，逐步剥夺土地所有者、工厂主、铁路所有者和船主的财产。"① 可见，早在《共产党宣言》发表之前，马克思主义经典作家对"剥夺剥夺者"的两种方式就已经有过思考。

1871年4月至5月间，马克思在总结巴黎公社的经验时指出，尽可能用最合理、最人道的方式进行阶级斗争，"公社并不取消阶级斗争，工人阶级正是通过阶级斗争致力于消灭一切阶级，从而消灭一切阶级统治"。"但是，公社提供合理的环境，使阶级斗争能够以最合理、最人道的方式经历它的几个不同阶段。"② 在《法德农民问题》一文中，恩格斯提出了"赎买"的办法，社会民主党"一旦掌握了国家政权，就应该干脆地剥夺大土地占有者，就像剥夺工厂主一样。这一剥夺是否要用赎买来实行，这大半不取决于我们，而取决于我们取得政权时的情况，尤其是也取决于大土地占有者先生们自己的态度。我们绝不认为，赎买在任何情况下都是不容许的"。恩格斯还提到："马克思曾向我讲过（并且讲过好多次！）他的意见：假如我们能赎买下这整个匪帮，

---

① 中共中央马克思恩格斯列宁斯大林著作编译局 . 马克思恩格斯选集（第一卷）[M]. 北京：人民出版社，2012：304-305.

② 中共中央马克思恩格斯列宁斯大林著作编译局 . 马克思恩格斯选集（第三卷）[M]. 北京：人民出版社，2012：143.

那对于我们最便宜不过了。"①

俄国十月革命后，列宁也曾提出过对"剥削者"进行赎买的问题。他在《论"左派"幼稚病和小资产阶级性》一文中指出，目前俄国的资本家已经基本"屈服"，考虑到俄国"工人即无产者没有在人口中占绝对优势，没有很高的组织程度，胜利的因素是最贫苦的、迅速破产的农民对无产者的支持"，同时"既没有高度的文明，也没有妥协的习惯"，因此应该把"两种办法结合起来"，"一方面对不文明的资本家，对那些既不肯接受任何'国家资本主义'，也不想实行任何妥协，继续以投机和收买贫民等方法来破坏苏维埃措施的资本家，无情地加以惩治；另一方面对文明的资本家，对那些肯接受并能实施'国家资本主义'，能精明干练地组织真正以产品供应千百万人的大企业而对无产阶级有益的资本家谋求妥协或向他们实行赎买。"②

③ 中国共产党发展了马克思主义"剥夺剥夺者"思想

在长期的革命实践中，以毛泽东为主要代表的中国共产党人对在半殖民地半封建中国走向社会主义的步骤、方式、时间等进行了深刻的思考，提出了具体设想。土地革命战争时期，毛泽东提出从新民主主义向社会主义转变的基本思想。第一，中国革命只有经过民主革命才能形成向社会主义过渡的基础。"两篇文章，上篇与下篇，只有上篇做好，下篇才能做好。坚决地领导民主革命，是争取社会主义胜利的条件。我们是为着社会主义而斗争"，"失掉这个大目标，

---

① 中共中央马克思恩格斯列宁斯大林著作编译局 . 马克思恩格斯选集（第四卷）[M]. 北京：人民出版社，2012：375.
② 中共中央马克思恩格斯列宁斯大林著作编译局 . 列宁全集（第三十四卷）[M]. 北京：人民出版社，2017：284.

就不是共产党员了。"①第二，主张经过新民主主义共和国的阶段，实现向社会主义的转变。社会主义社会不可能建立在半殖民地半封建社会的废墟之上，必须经过新民主主义的政治、经济和文化建设，才能创造向社会主义过渡的基础。第三，关于转变的时间，"应以是否具备了转变的条件为标准，时间会要相当地长。不到具备了政治上经济上一切应有的条件之时，不到转变对于全国最大多数人民有利而不是不利之时，不应当轻易谈转变。"②"我们反对尾巴主义，但又反对冒险主义和急性病。"③第四，关于转变的方式，"不流血的转变是我们所希望的，我们应该力争这一着"④。

抗日战争时期，毛泽东系统阐述了从新民主主义向社会主义转变的思想。关于新民主主义革命与社会主义革命的关系，毛泽东指出，新民主主义革命是社会主义革命的必要准备，社会主义革命是新民主主义革命的必然趋势。两个革命阶段必须互相衔接，中间不容横插一个资产阶级专政。关于新民主主义的政治、经济和文化的基本特征，毛泽东在《新民主主义论》等著作中都进行了分析和研究。关于新民主主义社会，毛泽东认为："这是一定历史时期的形式，因而是过渡的形式，但是不可移易的必要的形式。"⑤中国革命"绝不是也不能建立中国资产阶级专政的资本主义的社会，而是要建立以中国无产阶级为首领的中国各个革命阶级联合专政的新民主主义的社会，以完结其第一阶段。然后，再使之发展到第二阶段，以建立中国社会主义的社会。"⑥中共七大把从新民主主义向社会主义

① 毛泽东.毛泽东选集（第一卷）[M].北京：人民出版社，1991：276.
② 毛泽东.毛泽东选集（第一卷）[M].北京：人民出版社，1991：160.
③ 毛泽东.毛泽东选集（第一卷）[M].北京：人民出版社，1991：276.
④ 毛泽东.毛泽东选集（第一卷）[M].北京：人民出版社，1991：276.
⑤ 毛泽东.毛泽东选集（第二卷）[M].北京：人民出版社，1991：675.
⑥ 毛泽东.毛泽东选集（第二卷）[M].北京：人民出版社，1991：672.

转变的思想写进了党章，成为全党和全国各族人民的行动纲领。

随着人民解放战争的胜利发展，新民主主义革命即将胜利，建立新中国的问题提上日程，中国共产党面临着"如何建设新世界"的崭新课题。建立新民主主义社会制度，成功实现由新民主主义革命向社会主义革命的转变，已不仅仅是一个理论问题，而成为一个实践问题。在1948年9月召开的中央政治局会议上，毛泽东曾经设想，实现向社会主义的过渡要经过大致15年左右的时间。1949年3月，中共七届二中全会提出新民主主义经济建设方案，对于那些集中在帝国主义者以及中国官僚资产阶级手里的"最大量的和最主要的资本"，要采取没收的方式，"没收这些资本归无产阶级领导的人民共和国所有"；由于中国经济还处在落后状态，"在革命胜利以后一个相当长的时期内还需要尽可能地利用城乡私人资本主义的积极性，以利于国民经济的向前发展。一切不是于国民经济有害而是于国民经济有利的城乡资本主义成分，都应容许其存在及发展。"[①] 但是它们的存在与发展是有限度的，"不是如同资本主义国家那样不受限制、任其泛滥的，也不是如同东欧各新民主主义国家那样被限制和缩小得非常大，而是中国型的"。"分散的个体的农业经济和手工业经济，是可能和必须谨慎地、逐步地而又积极地引导它们向着现代化和集体化的方向发展的"，"必须组织中央、省、县、区、乡的生产的、消费的和信用的合作社和合作社的领导机关。这种合作社是以私有制为基础的在无产阶级领导的国家政权管理之下的劳动人民群众的集体经济组织。"[②] 这是中国共产党开展社会主义经济建设

---

① 中共中央文献研究室，中央档案馆.建党以来重要文献选编（1921—1949）
（第二十六册）[M]. 北京：中央文献出版社，2011：206-207.

② 中共中央文献研究室，中央档案馆.建党以来重要文献选编（1921—1949）
（第二十六册）[M]. 北京：中央文献出版社，2011：208.

的蓝图。

新中国成立后，马克思主义"剥夺剥夺者"的思想在社会主义改造中得到了贯彻。1953年2月，毛泽东在同中南局的几位负责人谈话时指出："对民族资产阶级，可以采取赎买的办法。"①同年，李维汉在给中央的报告《资本主义工业中的公私关系问题》中指出，"经验似已证明，国家资本主义的各种形式（其中一部分将由低级向高级发展），是我们利用和限制工业资本主义的主要形式，是我们将资本主义工业逐步纳入国家计划轨道的主要形式，是我们改造资本主义工业使它逐步过渡到社会主义的主要形式"②。为了把资本主义所有制转变为社会主义所有制，中国共产党从中国实际出发，没有选择暴力没收的方式，而是选择了和平赎买的方式，对资本家的生产资料进行赎买。对于手工业与农业社会主义改造，则是采取了建立合作社的方式。马克思关于"剥夺剥夺者"思想与中国实际相结合，在社会主义改造中得到了贯彻与发展，形成了富有中国特色的社会主义改造理论，成为马克思主义中国化的重要创新理论成果。

二、我国社会主义改造的成功实践

新中国成立后，以毛泽东为主要代表的中国共产党人把马克思关于"剥夺剥夺者"思想与中国实际相结合，成功开创了一条具有中国特色的社会主义改造道路，完成了对农业、手工业和资

---

① 中共中央文献研究室.毛泽东年谱（1949—1976）（第二卷）[M].北京：中央文献出版社，2013：33.

② 李维汉.李维汉选集[M].北京：人民出版社，1987：266.

本主义工商业的社会主义改造。社会主义改造的基本完成实现了中国历史上最广泛最深刻的社会变革，标志着社会主义基本制度在中国的确立。

① 过渡时期总路线的提出与新中国工业化进程的开启

中共七届二中全会上，毛泽东指出："在革命胜利以后，迅速地恢复和发展生产，对付国外的帝国主义，使中国稳步地由农业国转变为工业国，把中国建设成一个伟大的社会主义国家。"[①]这是过渡时期总路线提出的重要思想基础。1951年2月，毛泽东在中央政治局扩大会议上指出："'三年准备、十年计划经济建设'的思想，要使省市级以上干部都明白。准备时间，现在起，还有二十二个月，必须从各方面加紧进行工作。"[②]在新中国成立之初，毛泽东认为还要用十年以上的时间进行新民主主义社会建设。

在国民经济恢复之前，毛泽东在由新民主主义向社会主义转变问题上的大体思路是：在实现转变的途径和步骤上，采取"先建设后改造"的方针，即先进行工业化建设，打好物质基础，然后再向社会主义过渡。在实现转变的方式上，准备用大约三个五年计划的时间，发展我国的新民主主义经济、文化等各项事业。对私人资本主义采取利用、限制的政策，使有益于国计民生的私人资本主义有一个大的发展，通过各种形式的合作社把个体经济与国营经济联系起来。在各种条件成熟后，实行资本主义工商业的国有化和农业、手工业的集体化，使我国由新民主主义社会转变为社会主义社会。

但是，在国民经济恢复以后，我国社会出现的一些新的情况，

---

① 毛泽东.毛泽东选集（第四卷）[M].北京：人民出版社，1991：1437.
② 中共中央文献研究室.毛泽东文集（第六卷）[M].北京：人民出版社，1999：143.

促使毛泽东对如何实现向社会主义的转变问题进行了新的思考。

首先，从当时的国际形势来看，第二次世界大战后，出现了一批人民民主国家，形成了社会主义和资本主义两大阵营。对于刚刚成立的新中国，西方资本主义国家在经济上实行禁运和封锁，在政治上采取敌视和扼杀政策。同时，社会主义苏联支持和援助中国的革命和建设，这种援助在中国的第一个五年计划中占有十分重要的作用，而且苏联的社会主义制度对中国也具有重大的榜样作用，"如果国际环境是另一个样子，中国选择的条件、时机和形式将会有某些不同，但是叙述历史不是写小说，不能由我们自由想象。"①

其次，从当时的国内形势来看，新中国成立后，在全党和全国人民的共同努力下，新民主主义的政治制度和经济制度逐步建立，新中国的各项事业都取得了巨大成就。民主革命遗留任务顺利完成，特别是随着国家财政经济状况的基本好转，以及恢复国民经济任务的完成，为进一步开展社会主义建设和大规模的社会主义改造创造了条件。

最后，新中国成立后，经过稳定物价和几次大的政治运动，特别是经过"三反""五反"运动，工人阶级对资产阶级的优势进一步加强，而资产阶级唯利是图的本性和虚弱本质进一步暴露，无产阶级与资产阶级的矛盾开始上升为主要矛盾。同时，在土地改革的基础上，农村互助合作运动也有了初步发展，不仅帮助农民克服了困难，有利于农业生产的发展，也改善了农民的生活。经过对资本主义工商业的调整，已经有一半左右的资本主义工商业被纳入不同形式的国家资本主义轨道。

正是这些变化，使毛泽东重新思考新民主主义向社会主义转变问题，从而逐步形成了党在过渡时期的总路线。

---

① 胡乔木 . 胡乔木文集（第二卷）[M]. 北京：人民出版社，2012：270.

1952 年 9 月，毛泽东在中央书记处会议上提出，现在就要开始用十年到十五年的时间基本上完成向社会主义的过渡，"七届二中全会提出限制和反限制的斗争问题，现在这个内容就更丰富了。""五年以后如此，十年以后会怎么样，十五年以后会怎么样，要想一想。到那时私营工商业的性质也变了，是新式的资本主义，公私合营、加工订货、工人监督、资本公开、技术公开、财务公开，他们已经挂在共产党的车头上，离不开共产党了。""农村也要向互助合作发展，前五年不准地主、富农参加，后五年可以让他们参加。"①

1953 年 6 月 15 日，毛泽东在审阅李维汉《关于利用、限制和改组资本主义工商业的若干问题（未定稿）》时，将标题中的"改组"改为了"改造"，并在报告的封面上写了一个讲话提纲，指出："总路线是照耀一切工作的灯塔。""党的任务是在十年至十五年或者更多一些时间内，基本上完成国家工业化和社会主义的改造。""所谓社会主义改造的部分：（一）农业；（二）手工业；（三）资本主义企业。"他还特别着重标出了"逐步"二字，指出："对于将资本主义逐步过渡到社会主义的认识——社会主义成分是可以逐年增长的，资产阶级的基本部分是可教育的。"②毛泽东指出："从中华人民共和国成立，到社会主义改造基本完成，这是一个过渡时期。党在过渡时期的总路线和任务，是要在十年到十五年或者更多一些时间内，基本上完成国家工业化和对农业、手工业、资本主义工商业的社会主义改造。"他指出，总路线和总任务包含两部分的性质，一是工业化，即工业在国民经济中的

---

① 参见中共中央文献研究室. 毛泽东年谱（1949—1976）（第一卷）[M]. 北京：中央文献出版社，2013：603-604；薄一波. 若干重大决策与事件的回顾（上卷）[M]. 北京：中共中央党校出版社，1991：213-214.

② 中共中央文献研究室. 建国以来毛泽东文稿（第四册）[M]. 北京：中央文献出版社，1990：251.

比重超过农业；二是社会主义改造，即对农业、手工业和资本主义工商业进行社会主义改造。对于过渡的速度问题，毛泽东提出："我们提出逐步过渡到社会主义，这比较好。社会主义因素是逐年增长的，不是说到第十六个年头上突然没收资本主义工商业。"[①]

1953 年 8 月，毛泽东在审阅周恩来在全国财经会议上的总结时，第一次对过渡时期总路线作了比较完整的表述，即"从中华人民共和国成立，到社会主义改造基本完成，这是一个过渡时期。党在过渡时期的总路线和总任务，是要在一个相当长的时期内，基本上实现国家工业化和对农业、手工业、资本主义工商业的社会主义改造。"[②]1954 年 2 月，党的七届四中全会通过决议，正式批准中央政治局确认的这一条总路线。同年，全国人大一次会议将党在过渡时期的总路线写进了新中国第一部《中华人民共和国宪法》。

从内容上看，党在过渡时期的总路线，主要有两个方面的含义，一方面是强调国家社会主义工业化的主体地位，另一方面是强调国家对农业、手工业和资本主义工商业的社会主义改造。因此，党在过渡时期的总路线也被称为"一化三改"或者"一体两翼"。1953 年 12 月，中共中央批准并转发的《为动员一切力量把我国建设成为一个伟大的社会主义国家而斗争——关于党在过渡时期总路线的学习和宣传提纲》中对总路线作出了较为详细的解释："实现党在过渡时期的总路线，就是要充分地发展社会主义工业，并且把现有的非社会主义工业变为社会主义工业，使我国由工业不发达的落后的农业国变为工业发达的先进的工业国，

---

① 中共中央文献研究室. 毛泽东年谱（1949—1976）（第二卷）[M]. 北京：中央文献出版社，2013：116.

② 中共中央文献研究室. 建国以来毛泽东文稿（第四册）[M]. 北京：中央文献出版社，1990：301.

使社会主义工业成为我国整个国民经济发展的起决定作用的领导力量。""就是要扩大社会主义的全民所有制和合作社社员的集体所有制，把农民和手工业者以自己劳动为基础的私人所有制改造为合作社社员的集体所有制。""发展社会主义工业和实行社会主义改造的任务是互相关联而不可分离的。"①可见，实现社会主义工业化和社会主义改造，是党在社会主义过渡时期的两个重要任务。

党在过渡时期总路线的提出，表明毛泽东在如何实现向社会主义转变的认识上发生了重大变化。在理论上，这一转变主要体现在两个方面：一是在向社会主义转变的途径上，由原来的"先建设后改造"转变为工业化建设和社会主义改造同时并举，使生产力的发展与生产关系的变革相辅相成、相互促进。二是在向社会主义转变的方式上，由原来的"一举过渡"转变为逐步过渡，也就是采取由低级到高级的方式，分阶段逐步过渡。

随着党在过渡时期总路线的正式确立，"一化三改"也开始付诸实践。早在1951年春，政务院就已经开始了第一个五年计划的试编工作，先后编写了五次。党的过渡时期总路线确定后，中共中央成立了编制五年计划纲要8人小组，陈云担任组长，开始全面编制工作。1955年3月，党的全国代表会议审议通过中共中央提出的第一个五年计划报告。同年6月，又对第一个五年计划草案进行了适当修改。1955年7月，李富春在一届全国人大二次会议上作了《关于发展国民经济的第一个五年计划的报告》。概括来看，第一个五年计划有两个方面的基本任务：一个是集中力量进行工业化建设，即"集中主要力量进行以苏联帮助我国设

---

① 中共中央文献研究室. 建国以来重要文献选编（第四册）[M]. 北京：中央文献出版社，1993：701.

计的一百五十六个建设单位为中心的、由限额以上的六百九十四个建设单位组成的工业建设，建立我国的社会主义工业化的初步基础"①；另一个是加快推进社会主义改造，即"发展部分集体所有制的农业生产合作社，并发展手工业生产合作社，建立对于农业和手工业的社会主义改造的初步基础；基本上把资本主义工商业分别地纳入各种形式的国家资本主义的轨道，建立对于私营工商业的社会主义改造的基础。"这是根据国家在过渡时期的总任务提出的，因此，第一个五年计划也是"实现国家过渡时期总任务的一个重大的步骤。"②

在第一个五年计划的编制过程中，中共中央在立足我国国情的基础之上，正确处理了我国经济建设中的几个重大关系问题，其中包括优先发展重工业的同时，兼顾农业、轻工业以及对国民经济各个部门的统筹兼顾、全面安排；在经济发展的布局上，兼顾工业基础较为薄弱的内地；在经济建设的规模、效益与速度上，与国力相适应，确立工业、农业生产平均每年增长的指标，既积极又稳妥；把发展生产同改善人民生活恰当地结合起来；既要争取外援，肯定苏联的援助作用，同时国家建设也强调自力更生，以国内力量为主。1956 年，中共中央又进一步提出了建立独立完整的工业体系的方针。这些关系的处理，体现了中国共产党在探索社会主义建设道路上的清醒认识。

工业建设是第一个五年计划的中心，而重工业是工业建设的重中之重。在第一个五年计划的规划中，相较其他产业而言，重工业的投资比重最大。这主要是因为，我国原有的重工业的基础

---

① 中共中央文献研究室. 建国以来重要文献选编（第六册）[M]. 北京：中央文献出版社，1993：288.

② 中共中央文献研究室. 建国以来重要文献选编（第六册）[M]. 北京：中央文献出版社，1993：288.

特别薄弱，需要我们积极地长期地去扩大重工业的基础以促进国民经济的全面发展。早在 1952 年 12 月，中共中央在《关于编制一九五三年计划及五年建设计划纲要的指示》中指出："工业化的速度首先决定于重工业的发展，因此我们必须以发展重工业为大规模建设的重点"；"首先保证重工业和国防工业的基本建设，特别是确保那些对国家起决定作用的，能迅速增强国家工业基础与国防力量的主要工程的完成"。① "一五"计划期间，我国重工业的基础得以快速建立。

"一五"计划掀起了全国人民投身社会主义建设的热潮，我国社会主义工业化建设如火如荼地开展起来。增产节约劳动竞赛在全国各地火热开展；各地农民积极增加生产，供应农产品，支援和拥护社会主义工业建设；广大知识分子和工人同甘共苦，奋战在生产第一线，大批高等学校的青年学生投身祖国建设的第一线。"一五"计划末工业建设取得了丰硕成果。1953 年 12 月，在"一五"计划尚未正式实施的时候，鞍山钢铁公司的三大工程就已经开工生产；武汉、包头的大型工业企业也先后开始施工。1956 年党的八大上，刘少奇在总结"一五"计划实施情况时指出："第一个五年计划规定限额以上的工业建设项目，施工六百九十四个，完工四百五十五个。实际上，施工的项目将达到八百个左右，而可以完工的项目则将接近五百个。在计划规定的五年基本建设投资总额四百二十七亿元中，前三年所完成的和今年计划完成的已经达到三百五十五亿元，占计划数百分之

---

① 中央档案馆，中共中央文献研究室. 中共中央文件选集（1949 年 10 月—1966 年 5 月）（第十册）[M]. 北京：人民出版社，2013：429.

八十三。"① 到 1957 年，"一五"计划所制订的各项目标任务均已超额完成，我国社会主义工业化基础初步建立。

"一五"计划的顺利实施、社会主义工业化建设的胜利进行离不开中国共产党科学的规划与正确的决策。虽然"一五"计划实施期间，也出现了一些盲目追求高速度的问题，但是"一五"计划的实施建立了社会主义工业化的初步基础，为我国的经济建设开辟了广阔前途，同时积累了社会主义有计划建设的宝贵经验，对社会主义建设具有十分重要的意义。

② 农业、手工业和资本主义工商业社会主义改造的顺利进行

新中国成立后，在完成新民主主义革命遗留任务的基础上，恢复和发展国民经济、向社会主义过渡成为中国共产党面临的历史任务。随着恢复国民经济的任务完成，中国共产党在领导社会主义改造过程中，开创了一条具有中国特点的社会主义改造道路，顺利实现了对农业、手工业和资本主义工商业的社会主义改造。

（1）先集体化，后机械化，采取由低级到高级的形式，引导农民逐步走社会主义道路

将农民组织起来，走共同富裕的社会主义道路，是中国共产党的一贯主张。在党的七届二中全会上，毛泽东提出要针对农业和手工业建立生产的、消费的和信用的合作社和合作社的领导机关。新中国成立后，虽然中国共产党通过土地革命将地主土地所有制变为农民土地所有制，但土地终究还是归私人所有，公有制的所有制基础在农村中还没有建立起来，我国农村的生产关系仍然建立在小农经济的基础上，广大农民虽然有互助合作、走社会

---

① 中央档案馆，中共中央文献研究室. 中共中央文件选集（1949 年 10 月—1966 年 5 月）（第二十四册）[M]. 北京：人民出版社，2013：73.

主义道路的积极性，但是，由于农民小私有者的落后性、散漫性和狭隘性等局限，对农业社会主义改造又存在一些疑虑和抵触情绪。同时，土地改革之后，农村阶级结构也开始出现了一些变化，"中农化""富农化"问题开始出现。为了防止农村出现"两极分化"，使农民走上共同富裕道路，巩固工农联盟，加快实现农业现代化，就必须引导农民走上社会主义道路，在农村建立集体土地所有制。

从改造的形式上看，农业社会主义改造经历了互助组、初级社、高级社的转变。在这个过程中，集体所有制开始在农村建立，中国农村逐渐建立起了社会主义的经济基础。

新中国成立初期就已经把农民的劳动互助和生产合作提上了议事日程。作为临时宪法的《共同纲领》规定："在一切已彻底实现土地改革的地区，人民政府应组织农民及一切可以从事农业的劳动力以发展农业生产及其副业为中心任务，并应引导农民逐步地按照自愿和互利的原则，组织各种形式的劳动互助和生产合作。"[①]1951 年 9 月，中共中央制定了《关于农业生产互助合作的决议（草案）》并向全国印发。《决议（草案）》指出："农民在土地改革基础上所发扬起来的生产积极性，表现在两个方面：一方面是个体经济的积极性，另一方面是劳动互助的积极性。农民的这些生产积极性，乃是迅速恢复和发展国民经济和促进国家工业化的基本因素之一。"但是要克服很多农民在分散经营中所发生的困难，使广大贫苦农民迅速地增加生产、丰衣足食，更好地支援国家的建设，"就必须提倡'组织起来'，按照自愿和互利的原则，发展农民劳动互助的积极性。"对于这种"组织起来"

---

① 中共中央文献研究室．建国以来重要文献选编（第一册）[M]．北京：中央文献出版社，1992：9．

方式的性质，中共中央指出："这种劳动互助是建立在个体经济基础上（农民私有财产的基础上）的集体劳动，其发展前途就是农业集体化或社会主义化。"在《决议（草案）》中，中共中央提出了"简单的劳动互助""常年的互助组"以及"以土地入股为特点的农业生产合作社"（又称"土地合作社"）三种互助合作形式。① 第三种形式，"以土地入股为特点的农业生产合作社"就是所谓的"初级社"。这个决议草案下发后，全国各地的农村互助合作有了较大的发展。1952 年 11 月，中共中央决定成立中央农村工作部，由邓子恢担任部长，负责指导互助合作运动的发展。到 1953 年春，全国初级农业合作社已经获得了较大发展。

面对在互助合作运动当中出现的一些急躁问题，中国共产党提出了"积极领导、稳步前进"的方针。所谓积极领导，就是各级领导机关要主动加强对互助合作运动的领导。所谓稳步前进，就是采取逐步过渡的方法，稳步地推动互助合作运动的发展。在这一方针的指导下，中国共产党创造了从具有社会主义萌芽性质的临时互助组和常年互助组，发展到具有半社会主义性质的初级社，再发展到完全社会主义性质的高级社等一系列由低级到高级的过渡形式。互助组是以几户和十几户农民为单位，从临时到常年组织起来，在生产资料私有、个体经营的基础上的集体劳动和对某些生产工具的共同使用，这是具有社会主义萌芽性质的最初过渡形式。初级社以土地入股和统一经营为主要特点。主要生产资料仍归农民所有，由集体统一使用，农民从事集体劳动。合作社允许社员耕种少量自留地，经营家庭副业。这种合作社既有社会主义因素，又保留着私有经济因素，是由农民的个体经济向社

---

① 中央档案馆，中共中央文献研究室. 中共中央文件选集（1949 年 10 月—1966 年 5 月）（第七册）[M]. 北京：人民出版社，2013：411-414.

会主义集体经济的过渡形式。高级社是农民的土地等主要生产资料归集体所有，统一经营，社员参加集体劳动，实行按劳分配。允许社员保留少量自留地和经营家庭副业。高级社是建立在公有制基础上的社会主义集体经济组织。实践证明，采取这样由低级到高级的逐步过渡的形式，不仅能使互助合作运动顺利进行，而且能使广大农民和小手工业者逐步提高社会主义觉悟，保证了农业生产的发展。

1953 年 12 月，中共中央通过《关于发展农业生产合作社的决议》（以下简称《决议》），充分肯定了农业生产互助合作运动的正确性，指出根据党在过渡时期的总路线，农业经济要有一定程度上相适应的高涨。"但孤立的、分散的、守旧的、落后的个体经济限制着农业生产力的发展，它与社会主义的工业化之间日益暴露出很大的矛盾。""为着进一步地提高农业生产力，党在农村中工作的最根本的任务，就是要善于用明白易懂而为农民所能够接受的道理和办法去教育和促进农民群众逐步联合组织起来，逐步实行农业的社会主义改造，使农业能够由落后的小规模生产的个体经济变为先进的大规模生产的合作经济。"①《决议》指出，几年来，我国农业生产互助合作运动已经有日益扩大的规模，以土地入股为特征的初级生产合作社已经显示出其优越性，"现有形式的农业生产合作社可以成为引导农民过渡到更高级的完全社会主义的农业生产合作社（集体农庄）的适当形式。"②这一决议的贯彻很快和党在过渡时期总路线的贯彻宣传同时展开，农村中掀起了大办合作社的热潮。1955 年春至 1956 年春，

① 中央档案馆，中共中央文献研究室．中共中央文件选集（1949 年 10 月—1966 年 5 月）（第十四册）[M]．北京：人民出版社，2013：443-444.
② 中央档案馆，中共中央文献研究室．中共中央文件选集（1949 年 10 月—1966 年 5 月）（第十四册）[M]．北京：人民出版社，2013：447.

全国农业合作社由原来的 65 万个发展到 100 万个。①

　　1955 年 7 月，毛泽东作了《关于农业合作化问题》的报告。这个报告对农业合作化的历史作了正确总结和系统阐述，提出"为了使全国农村逐步地完成合作化，必须认真地整顿已有的合作社。""必须强调注重合作社的质量，反对不顾质量、专门追求合作社和农户的数目字的那一种偏向。"②同时提出了"全面规划，加强领导"③的方针。1955 年 10 月，中国共产党召开扩大的七届六中全会，通过了《关于农业合作化问题的决议》，这一决议使农业合作化的发展在全国进一步形成了高潮。

　　党在农业和手工业社会主义改造过程中，在充分考虑国情的基础上，提出了"自愿互利、典型示范、国家帮助"的原则。所谓"自愿"，就是在农业和手工业的互助合作运动中，采取耐心说服教育、典型示范和国家帮助的方法，引导农民和个体手工业者自愿地走上社会主义道路。农民和手工业者是否入社，何时加入，都取决于个人的意愿，不能也不允许采取剥夺的手段和强迫命令的方法让其入社。所谓"互利"，就是要合理对待生产资料入社的折价和收益补偿问题，正确处理各方面的经济关系以及生产和分配方面的问题。所谓"典型示范"，就是在农业和手工业的社会主义改造过程中，重视典型示范的作用。先办好一批合作社，起到典型的作用，然后，再引导农民和手工业者入社，从而带动整个合作化运动的发展。所谓"国家帮助"，就是国家各有关部门，

---

① 中共中央党史研究室 . 中国共产党的九十年（社会主义革命和建设时期）[M].
北京：中共党史出版社，2016：454.

② 中共中央文献研究室 . 建国以来毛泽东文稿（第五册）[M]. 北京：中央文献
出版社，1991：240.

③ 中共中央文献研究室 . 建国以来毛泽东文稿（第五册）[M]. 北京：中央文献
出版社，1991：260.

应该采取各种措施帮助合作社。比如，低利贷款、提供技术和工具，解决合作社生产和销售中的问题等。在农业和手工业社会主义改造过程中，由于坚持了自愿互利、典型示范和国家帮助的原则，使合作社由小到大，由少到多，由点到面，由低级到高级，顺利完成了对农业和手工业的社会主义改造。

在农业社会主义改造中，中国共产党实行了"依靠贫下中农，团结中农"的阶级路线，解决了党在农村依靠农民大多数的问题。对于富农经济，中国共产党并没有采取苏联曾经使用的没收和驱逐富农分子的做法，而是采取由限制到消灭的政策。在合作化初期不允许富农入社，只是在合作化运动取得胜利之后才分不同情况，吸收那些已经放弃剥削、参加农业劳动的富农分子入社，通过劳动使之改造成为自食其力的劳动者，最大限度地减少了富农和其他分子对合作化的反抗，使得农业合作化有了坚实的阶级基础和群众基础，保证了农业社会主义改造的顺利进行。

（2）变分散为集中、从低级到高级，初步完成手工业的社会主义改造

新中国成立之初，手工业在我国国民经济中占有十分重要的地位。根据 1952 年的统计，1952 年手工业（包括个体手工业和工场手工业）产值在工农业生产总值中约占 13%，达一百多万亿元（如将农民手工业副业的产值计算在内，手工业产值约占工农业生产总值 20% 以上），全国城乡手工业工人和手工业独立劳动者为 1000 余万人。[①]而且，手工业的行业和品种很多，几乎包括了人民生活的方方面面。在工业化基础较为薄弱的新中国，发展手工业直接关系到人民的生产生活。但是，新中国成立初期，手

---

① 中央档案馆，中共中央文献研究室 . 中共中央文件选集（1949 年 10 月—1966 年 5 月）（第十四册）[M]. 北京：人民出版社，2013：518.

工业大部分是以个体经济为主，大多数的手工业规模狭小、经营分散、技术落后。作为小商品经济的手工业，抗御经济风险的能力很弱。

农业和个体手工业有相同之处。因此，"国家对个体农业的社会主义改造就是经过合作化的道路，把劳动农民的个人所有制改变为集体所有制，因而对个体手工业的社会主义改造，也是要经过合作化的道路，把手工业劳动者的个人所有制改变为集体所有制。把手工业者逐渐组织到各种形式的手工业合作社中去"①。同时，还需要通过说服、示范和国家援助的办法，提高手工业者的社会主义觉悟，将他们自觉自愿地组织到手工业合作社中。

在手工业社会主义改造中，中国共产党创造了手工业生产小组、手工业生产供销社、手工业生产合作社一系列从低级到高级逐步改变手工业生产关系的过渡形式。在过渡时期总路线提出以后，中国共产党首先号召个体手工业者在生产资料私有制的基础上互帮互助，组织起具备一定社会主义特征的手工业生产小组，随后逐步引导手工业者在原材料供应和产品销售两个环节上统一起来，组织具有半社会主义性质的手工业供销合作社。最后，引导个体手工业者实行生产资料公有化，组建起社会主义性质的手工业生产合作社。

毛泽东对手工业社会主义改造有深刻的思考。首先，对于社会主义改造的规模，1956年3月，毛泽东指出："手工业合作社的规模，一般的一百人左右为宜，有的也可以几百人，有的也可以几十人。"其次，对手工业发展的方向，毛泽东在对国营工业、合作社手工业、个体手工业的劳动生产率状况进行对比分析的基

---

① 中央档案馆，中共中央文献研究室.中共中央文件选集（1949年10月—1966年5月）（第十四册）[M].北京：人民出版社，2013：518-519.

础上指出，"手工业要向半机械化、机械化方向发展，劳动生产率必须提高。"他还指出："机械化的速度越快，你们手工业合作社的寿命就越短。你们的'国家'越缩小，我们的事业就越好办了。"再次，毛泽东还十分关注保持部分手工业民族特色的问题，他指出："手工业的各行各业都是做好事的。吃的、穿的、用的都有。""提醒你们，手工业中许多好东西，不要搞掉了。王麻子、张小泉的刀剪一万年也不要搞掉。我们民族好的东西，搞掉了的，一定都要来一个恢复，而且要搞得更好一些。""提高工艺美术品的水平和保护民间老艺人的办法很好，赶快搞，要搞快一些。"再次，对于手工业生产合作社的性质问题，毛泽东指出："合作社和国家企业不一样，社会主义集体所有制和社会主义全民所有制有区别。合作社开始时期经济基础不大，需要国家帮助。"①最后，毛泽东根据我国的产业结构和布局、城乡经济社会发展水平等现状，提出了"为农业生产服务，为群众生活服务，为出口贸易服务"的手工业的生产经营方针，强调手工业的"服务"特性。毛泽东关于手工业社会主义改造思想是中国特色社会主义改造理论的重要部分，对手工业社会主义改造起到了重要指导作用。

到 1954 年底，全国手工业合作组织达到了 4.17 万多个。1956年年底，手工业的社会主义改造基本完成，不仅改变了原有手工业个体经济分散经营、生产规模小、技术落后、劳动生产率低下的局面，也为当时国家的农业生产和工业生产提供了有力的支援。

（3）采取和平赎买的方式，通过国家资本主义道路，实现对资本主义工商业的社会主义改造

资本主义工商业是城市社会主义改造的重点。马克思、恩格

---

① 中共中央文献研究室. 毛泽东文集（第七卷）[M]. 北京：人民出版社，1999：11-13.

斯曾提出过无产阶级掌握政权以后，用赎买的方法把资本家的财产完全国有化的方案。俄国十月革命以后，列宁曾经两次提出要对资本家实行赎买。第一次是在 1918 年上半年，主张对肯接受国家资本主义的"文明的资本家"实行赎买，而对不肯接受国家资本主义的"不文明的资本家"加以无情的惩治。俄国的资产阶级不肯接受国家资本主义，他们怠工、反抗，直至发动反革命内战。第二次是在 1921 年，列宁重提国家资本主义问题。当时，工业企业已经基本上掌握在国家手中，所以强调"租让制""租借制"的形式。但是，由于种种原因，没有取得预期效果。

我国的民族资产阶级在民主革命时期具有革命性和软弱性，在社会主义改造时期，仍然具有两面性，也就是既有剥削工人取得利润的一面，又有拥护宪法，愿意接受社会主义改造的一面。而且在民主革命时期，民族资产阶级与中国共产党是统一战线的关系，对革命的胜利作出了重要贡献。因此，党在对资本主义工商业进行社会主义改造的过程中，明确主张把和平赎买作为一项政策确定下来。对资本家占有的生产资料不是采取没收的办法，而是通过和平赎买的方式。

从和平赎买的策略本身来看，赎买和购买不同。赎买的代价并不取决于生产资料的价值，而是决定于社会主义改造的发展过程和实际需要。对资本家占有的生产资料实行赎买，并没有支付单独的补偿基金，而是让资本家从他所经营的企业中获得一部分利润。在全行业公私合营以前，资本家所得可占全部盈余的25%（"四马分肥"即国家所得税 30% 左右、企业公积金一般占 10% ～ 30%、职工福利奖金一般占 5% ～ 15%、股息红利约占25%），全行业公私合营以后，把原来的"四马分肥"改变为按照固定资产价值付给资本家定额利息（定息）。实行和平赎买政策，在一定程度上减轻了资本家对社会主义改造的抗拒和破坏，有利于社会生产力的发展。

在资本主义工商业改造的形式上，中国共产党也采取一系列从低级到高级的国家资本主义的形式。《共同纲领》规定："国家资本与私人资本合作的经济为国家资本主义性质的经济。在必要和可能的条件下，应鼓励私人资本向国家资本主义方向发展。"[①] 国家资本主义，是对资本主义工商业实行社会主义改造的一种过渡性的经济形式，是在人民政府管理之下，用各种方式与社会主义经济联系和合作的资本主义经济。毛泽东指出："国家资本主义是改造资本主义工商业和逐步完成社会主义过渡的必经之路。"[②] 按照与国营经济的联系和受国家管理、工人积极监督的程度，国家资本主义分为初级形式和高级形式两种。初级形式的国家资本主义在工业中，有加工订货、统购包销，在商业中有经销代销等形式。这些初级形式的国家资本主义，生产资料仍属资本家所有，企业基本上还是按资本主义方式经营，只是在企业外部即流通领域同社会主义国营经济发生联系。其生产和经营纳入了国家计划的轨道，限制了资本主义活动的范围。高级形式的国家资本主义是公私合营，又分为个别行业的公私合营和全行业的公私合营。个别行业的公私合营，企业由公私共有，企业的领导权基本上属于国家，社会主义经济成分已进入企业内部，资本主义剥削受到进一步限制。实行全行业公私合营后，企业的生产资料变为公有，完全由国家支配，企业的经营管理直接纳入国家计划，基本上转变为社会主义企业。由于在生产资料私有制的社会主义改造过程中，有步骤地实行了各

① 中共中央文献研究室.建国以来重要文献选编（第一册）[M].北京：中央文献出版社，1992：8.
② 中共中央文献研究室.毛泽东文集（第六卷）[M].北京：人民出版社，1999：291.

种形式的国家资本主义，促进了私人资本主义经济的社会主义改
造，使我国顺利地实现了资本主义私有制的社会主义变革。

在工业方面，1953 年以前，以加工订货、统购包销为主的初
级国家资本主义形式在我国已经有了较大的发展。1954 年 1 月，
中财委提出了《关于有步骤地将有十个工人以上的资本主义工业基
本上改造为公私合营企业的意见》（以下简称《意见》）中指出："对
有利于国计民生的资本主义工商业的社会主义改造，大体分两个步
骤进行：第一步，基本上纳入国家资本主义轨道；第二步，将国家
资本主义改变为社会主义。""经过四年来的利用、限制和改造，
从产值说，资本主义工业大部分已经纳入各种形式的国家资本主义
轨道。但国家资本主义高级形式的比重还小，低级形式的比重在下
降着，目前占主要地位的是中级形式。""经过国家资本主义的各
种中级形式，社会主义成分在不同程度上控制了资本主义工业的原
料供应和产品销售，限制了资本主义的剥削。""因为生产工具及
一部分其他生产资料仍为资本家所有，企业基本上仍是按照资本主
义方式管理"，限制了对于资本主义工业的社会主义改造，因此国
家资本主义的中级形式可能也需要发展为高级形式，① 对资本主义
工商业的社会主义改造便开始转入公私合营的阶段。同时，《意见》
还对发展公私合营的方针进行了规定，指出"发展公私合营的方针，
是要以国家投入的少量资金和少量干部，去充分利用原有企业的资
金、干部和技术来改造资本主义工业。这样，在政治上和在经济上
都是有利的。这既能使国家集中力量发展重工业和国防建设，又利
于我们去改造企业的原有人员。""循此方针，采取'驴打滚''翻
几番'的方法，发展一批，作为阵地，加以巩固，再发展一批，

---

① 中共中央文献研究室，中央档案馆.中共中央文件选集（1949 年 10 月—
1966 年 5 月）（第十五册）[M].北京：人民出版社，2013：323-324.

经过几滚几翻,将有十个工人以上的资本主义工业基本上纳入公私合营轨道。"①1954 年,全国公私合营企业由上年的 1036 户增加到 1746 户,按照可比产值计算,公私合营的企业产值增长更为迅速。

在商业方面,首先是针对私营大批发商的改造。1953 年统购统销政策实行后,原来经营粮、棉、油等人民生活必需品的私营批发商,全部由国营商业所取代,我国的市场环境发生了极大的变化。对于改造过程中出现的公私关系紧张问题,1954 年 7 月,中共中央下达了《关于加强市场管理和改造私营商业的指示》,指示正确分析了私营工商业社会主义改造以来市场关系发生的变化,即"我国旧的自由市场的活动范围已经大大缩小,国营商业对整个市场的统一管理和对私营商业的领导和监督,已经日益加强和巩固。这种市场关系的变化和改组,为国家对私营商业实行社会主义改造建立了极为重要的前提,使整个商业工作更进一步地适应国家建设的需要,这是非常有利的。但这种市场关系的变化和改组也必不可免地使商业中的公私关系日趋紧张,使私商的经营发生困难。"并提出了关于私营工商业社会主义改造的下一步方针,即"充分利用市场关系变化和改组的有利条件,对私营商业积极地稳步地进行社会主义的改造,采取一面前进、一面安排和前进一行、安排一行的办法,把现存的私营小批发商和私营零售商逐步改造成为各种形式的国家资本主义的商业"②。到1955 年秋,私营商业以及城乡小商贩的改造工作已经有了很大的推进。在推进私营工商业的社会主义改造过程中,中国共产党紧

① 中共中央文献研究室,中央档案馆. 中共中央文件选集(1949 年 10 月—1966 年 5 月)(第十五册)[M]. 北京:人民出版社,2013:325-326.

② 中共中央文献研究室,中央档案馆. 中共中央文件选集(1949 年 10 月—1966 年 5 月)(第十六册)[M]. 北京:人民出版社,2013:370-371.

紧把握生产形势以及市场变化，在把私营工商业逐步纳入各种形式的国家资本主义的同时，确保生产发展不受影响，保持市场稳定运行，保证了在社会主义改造的同时国民经济不出现大的波动。

1955年11月，中共中央政治局召开了关于资本主义工商业社会主义改造问题的会议。在这次会议上，陈云指出："现在可以讲，我们已经用各种国家资本主义的方法，把资本主义工业纳入了国家计划的轨道，消除了生产无政府状态。""新的情况，要求现存的资本主义工业的生产关系向着社会主义更进一步的转变。"①周恩来在会上强调了在资本主义工商业改造中如何对待民族资产阶级的问题，他指出："要充分认识民族资产阶级的两面性。对于他们在经济上政治上的积极性，应该充分加以利用，同时也要限制它消极的方面。积极方面利用得越多，消极方面限制得越大，就越利于对它的改造。"②这次会议提出计划用两年时间分期分批完成全行业的公私合营。随后，全国各地的资本主义工商业社会主义改造迅速开展。

1956年1月1日，北京的私营工商业者首先提出了全行业公私合营的申请，经过政府的批准，予以承认。仅仅10天之后，北京市就率先宣布私营工商业全部实现公私合营，彭真宣布："我们的首都已经进入了社会主义社会。"③1956年底，全国范围的资本主义工商业社会主义改造也基本完成，工业、商业都呈现出了一片崭新的气象。邓小平曾这样评价资本主义工商业的社会主

---

① 中共中央文献研究室. 建国以来重要文献选编（第七册）[M]. 北京：中央文献出版社，1993：397.

② 中共中央文献研究室. 建国以来重要文献选编（第七册）[M]. 北京：中央文献出版社，1993：413.

③ 中共北京市委党史研究室. 中国共产党北京历史（第二卷）[M]. 北京：北京出版社，2011：154.

义改造："我国资本主义工商业社会主义改造的胜利完成，是我
国和世界社会主义历史上最光辉的胜利之一。"①

资本主义工商业的社会主义改造，除了对资本主义企业进行
改造外，还包括对资本家的改造。资本家的改造，就是通过改造
使他们从剥削者转变为自食其力的劳动者。毛泽东指出：对资本
主义工商业的社会主义改造，包括两个方面，一方面是制度的改
造，另一方面是人的改造。在政治上，把与资产阶级的矛盾作为
人民内部矛盾来解决。对于资本家，我们要"很好地团结他们，
教育他们，改造他们"②。刘少奇指出："我们要废除资本主义
所有制，不只是采取逼的办法，而且要采取教的办法，统一战线
的办法。要使资产阶级内部起变化，就要在资产阶级里面产生那
么一部分人，他们积极赞成社会主义。这样事情就好办。他们内
部没有这个分化，没有产生这样的人，这就难办。""资本家中
间的积极分子能够起一定作用，这种作用是共产党员和工人阶级
中的积极分子起不了的。"③改造的方法主要是以企业为基地，
把对企业的改造与对人的改造结合起来，坚持耐心的思想政治工
作，帮助他们认识社会发展的方向，在思想上不断有所进步，使
他们在企业内部与工人一起劳动，并"量材使用，适当照顾"。
这样使绝大多数资本家愿意接受工人阶级领导，既减少了对社
会主义改造的阻力，也使资本家利用他们掌握的科学技术和经
营管理经验为社会主义建设服务。这是我国社会主义改造的一
个创举。

---

① 邓小平 . 邓小平文选（第二卷）[M]. 北京：人民出版社，1994：186.
② 中共中央文献研究室 . 建国以来毛泽东文稿（第三册）[M]. 北京：中央文献
出版社，1989：536.
③ 中共中央文献研究室 . 建国以来重要文献选编（第七册）[M]. 北京：中央文
献出版社，1993：425.

三、我国社会主义改造与社会主义基本制度的确立

和苏联、东欧等国家不同，我国在由新民主主义向社会主义过渡的过程中，采取了和平的手段，通过从低级到高级的方式，逐步实现农业、手工业和资本主义工商业的社会主义改造。中国共产党领导中国人民开创的具有中国特色的社会主义改造道路，从理论上、方向上和道路上都被实践证明是正确的，符合历史发展趋势和中国实际。社会主义改造的基本完成标志着社会主义基本制度在中国的确立。

① 社会主义改造过程伴随着社会主义制度的初步建立

中国人民政治协商会议第一次全体会议上通过的具有临时宪法性质的《共同纲领》，对社会主义制度进行了具体设计和安排。在社会主义改造过程中，新中国各项政治制度逐步建立与完善，形成了社会主义制度的基本框架。

第一，明确了国体与政体。

1949 年中国人民政治协商会议通过的具有临时宪法性质的《共同纲领》，规定"中华人民共和国为新民主主义即人民民主主义的国家，实行工人阶级领导的、以工农联盟为基础的、团结各民主阶级和国内各民族的人民民主专政"①。毛泽东指出："我们的人民民主专政的国家制度是保障人民革命的胜利成果和反对

---

① 中共中央文献研究室．建国以来重要文献选编（第一册）[M]．北京：中央文献出版社，1992：2.

内外敌人的复辟阴谋的有力的武器，我们必须牢牢地掌握这个武器。"①《共同纲领》规定，中华人民共和国的政治制度是民主集中制的人民代表大会制度。在普选的全国人民代表大会召开以前，由中国人民政治协商会议的全体会议执行全国人民代表大会的职权。

随着新中国国民经济的逐渐恢复，1953年1月，中央人民政府委员会通过了《关于召开全国人民代表大会及地方各级人民代表大会的决议》，同时成立了以毛泽东为主席的宪法起草委员会和以周恩来为主席的选举法起草委员会。1954年9月，第一届全国人民代表大会第一次全体会议在北京召开。这次大会通过了《中华人民共和国宪法（草案）》（即"五四宪法"），这是新中国历史上第一部具有社会主义性质的宪法。宪法充分肯定了中国共产党在新民主主义革命时期的斗争与探索，将过渡时期总路线以法律的形式确定下来，强调"中华人民共和国的人民民主制度，也就是新民主主义制度，保证我国能够通过和平的道路消灭剥削和贫困，建成繁荣幸福的社会主义社会"。

这部宪法突出了社会主义的原则和人民民主的原则。在宪法中，我国社会主义的根本政治制度得到了明确："中华人民共和国是工人阶级领导的、以工农联盟为基础的人民民主国家。""中华人民共和国的一切权力属于人民。人民行使权力的机关是全国人民代表大会和地方各级人民代表大会。""全国人民代表大会、地方各级人民代表大会和其他国家机关，一律实行民主集中制。"同时也对向社会主义过渡的方法与路径问题作出了规定："中华人民共和国依靠国家机关和社会力量，通过社会主义工业化和社

---

① 中共中央文献研究室．毛泽东文集（第五卷）[M]．北京：人民出版社，1996：344．

会主义改造，保证逐步消灭剥削制度，建立社会主义社会。"①
新中国的国体和政体得以确立，人民当家作主的政治制度有了法律保证，新中国国家体制的格局基本建立。

第二，奠定了新中国社会主义基本政治制度的基础。

在一届全国人大一次会议召开之后，中国人民政治协商会议第一届全体会议执行全国人民代表大会职权的任务也宣告结束。1954年12月，中国人民政治协商会议举行第二届全国委员会第一次会议，讨论通过新的《中国人民政治协商会议章程》。《章程》规定："中国人民政治协商会议，作为团结全国各民族、各民主阶级、各民主党派、各人民团体、国外华侨和其他爱国民主人士的人民民主统一战线的组织，仍然需要存在。"在新的历史阶段，中国人民政治协商会议"在中国共产党领导下，将继续通过各民主党派、各人民团体的团结，更广泛地团结全国各族人民，共同努力，克服困难，为建设一个伟大的社会主义国家而奋斗。"②
这次会议解决了政协与人大、政府之间的关系，为新中国实行中国共产党领导的多党合作和政治协商制度奠定了基础。

《共同纲领》规定："中华人民共和国境内各民族，均有平等的权利和义务。"③"各少数民族聚居的地区，应实行民族的区域自治，按照民族聚居的人口多少和区域大小，分别建立各种民族自治机关。凡各民族杂居的地方及民族自治区内，各民族在

---

① 中共中央文献研究室 . 建国以来重要文献选编（第五册）[M]. 北京：中央文献出版社，1993：520-522.

② 中共中央文献研究室 . 建国以来重要文献选编（第五册）[M]. 北京：中央文献出版社，1993：705.

③ 中共中央文献研究室 . 建国以来重要文献选编（第一册）[M]. 北京：中央文献出版社，1992：3.

当地政权机关中均应有相当名额的代表。"①1954 年通过的《中华人民共和国宪法》在涉及新中国国内各民族的关系问题时指出："我国各民族已经团结成为一个自由平等的民族大家庭。在发扬各民族间的友爱互助、反对帝国主义、反对各民族内部的人民公敌、反对大民族主义和地方民族主义的基础上，我国的民族团结将继续加强。国家在经济建设和文化建设的过程中将照顾各民族的需要，而在社会主义改造的问题上将充分注意各民族发展的特点。"同时进一步明确："各少数民族聚居的地方实行区域自治。各民族自治地方都是中华人民共和国不可分离的部分。"②采用民族区域自治的办法而不是联邦制或者邦联制，这是中国共产党人的独特创造，从而保证祖国的统一与各民族的团结。在民族区域自治方针下，新疆维吾尔自治区、广西壮族自治区、宁夏回族自治区以及西藏自治区相继成立。

人民民主专政的国体、人民代表大会的根本政治制度、中国共产党领导的多党合作和政治协商制度以及民族区域自治制度的确立，标志着新中国社会主义政治制度的框架基本建成，为我国逐步建立社会主义经济制度、实现向社会主义过渡提供了重要的政治保障。

② 确立了公有制经济的主体地位，奠定了社会主义经济基础

经济基础决定上层建筑。只有真正建立起社会主义经济基础，才能真正实现向社会主义的过渡。在社会主义改造之前，新中国还处在具有过渡性质的新民主主义社会阶段。早在党的七届二中

---

① 中共中央文献研究室. 建国以来重要文献选编（第一册）[M]. 北京：中央文献出版社，1992：12.

② 中共中央文献研究室. 建国以来重要文献选编（第五册）[M]. 北京：中央文献出版社，1993：521-522.

全会时，毛泽东就指出，社会主义性质的国营经济、半社会主义性质的合作社经济，加上私人资本主义、个体经济以及国家和私人合作的国家资本主义经济，就是人民共和国的几种主要经济成分。[①]但是，人民共和国的前途并不是新民主主义，而是社会主义。要实现由新民主主义向社会主义的过渡，就必须实现所有制性质的转变，即完成生产资料私有制的社会主义改造。所以社会主义改造本质上就是生产资料所有制改造、是生产关系的改造。在以毛泽东为主要代表的中国共产党人的领导下，个体农民、手工业者都循序渐进地改变了旧有的生产方式，大量资本家、小商小贩也通过公私合营等方式接受了社会主义改造，农业、手工业个体所有制基本上转变成为劳动群众集体所有的公有制。资本主义私有制也基本上转变为国家所有即全民所有的公有制。通过社会主义改造，新中国的经济所有制性质发生了根本性变化。

事实证明，党在过渡时期的总路线和社会主义改造道路是正确的。在人口众多、发展不平衡的中国短时间内实现生产资料所有制的根本性变革，是历史的创举。在实践中，中国共产党人创造出了一条从低级到高级逐步过渡的社会主义改造方式，使农业、手工业和资本主义工商业在短短三年内实现了生产资料所有制的变革。更重要的是，中国共产党并没有采取暴力没收的方式，而是采用渐进式的、和平的方式。特别是在对待民族资产阶级的问题上，中国共产党采取了继续支付定息，给予工作安排，保留民族资产阶级当中代表人物在国家机构中的地位。因此，在社会主义改造过程中，大部分民族资产阶级都自愿接受改造。经过社会主义改造，社会主义公有制在新中国的农村与城市中占据了主导地位，我国建立起了社会主义公有制经济基础，同时相应地也逐

---

① 　毛泽东 . 毛泽东选集（第四卷）[M]. 北京：人民出版社，1991：1433.

步确立起高度集中的计划经济体制。虽然后来高度集中的计划经济体制带来了"过于集中、管得过多、统得过死"的问题，使经济发展缺乏活力，但这主要是由于在新中国成立初期，中国共产党人对于经济建设缺乏经验，对于社会主义的认识还不成熟，以及当时受到苏联模式的影响。社会主义公有制经济制度和高度集中的计划经济体制的确立，不仅为我国经济社会快速发展提供了重要制度保障，也为后来以公有制为主体多种所有制并存的基本经济制度的形成奠定了坚实基础。

③ 开辟了一条具有中国特色的社会主义改造道路

中共二大提出了党在民主革命时期的纲领，初步提出了中国革命分两步走的思想。在国民革命时期，毛泽东论述了新民主主义革命的基本问题，"现代殖民地半殖民地的革命，乃小资产阶级、半无产阶级、无产阶级这三个阶级合作的革命"，"其终极目的是要消灭全世界的帝国主义，建设一个真正平等自由的世界联盟"。① 在其中，就包含了革命转变的思想。土地革命战争时期，毛泽东在分析中国革命现状的基础上形成了对于中国革命性质的基本判断："中国现时确实还是处在资产阶级民权革命的阶段。""必定要经过这样的民权主义革命，方能造成过渡到社会主义的真正基础。"② 毛泽东认为："革命的转变，那是将来的事。在将来，民主主义的革命必然要转变为社会主义的革命。"③ "民主革命中将有几个发展阶段，都在民主共和国口号下面。从资产阶级占优势到无产阶级占优势，这是一个斗争的长过程，争取领

---

① 中共中央文献研究室.毛泽东文集（第一卷）[M].北京：人民出版社，1993：25.

② 毛泽东.毛泽东选集（第一卷）[M].北京：人民出版社，1991：77.

③ 毛泽东.毛泽东选集（第一卷）[M].北京：人民出版社，1991：160.

导权的过程，依靠着共产党对无产阶级觉悟程度组织程度的提高，对农民、对城市小资产阶级觉悟程度组织程度的提高。"对于如何转变的问题，毛泽东提出："我们主张经过民主共和国的一切必要的阶段，到达社会主义。我们反对尾巴主义，但又反对冒险主义和急性病。"①

在长期的革命实践中，以毛泽东为主要代表的中国共产党人逐渐形成了新民主主义理论体系，认为中国革命的第一阶段，绝不是也不能是建立中国资产阶级专政的资本主义社会，而是要建立以无产阶级为领导的中国各革命阶级联合专政的新民主主义社会，以完结其第一阶段，然后，再使之发展到第二阶段，以建立中国社会主义的社会。② 这一思想在 1945 年的中共七大上被写入了党章，成为了中国共产党的行动纲领。在毛泽东看来，民主主义革命是社会主义革命的必要准备，而社会主义革命是民主主义革命的必然趋势。

新中国成立之初，中国共产党人就开始了向社会主义转变的准备。党在过渡时期的总路线，是中国共产党人关于新民主主义向社会主义转变的基本思路，是对革命时期中国共产党人关于革命转变问题的总结与升华。1953 年 8 月全国财经会议期间，毛泽东对过渡时期总路线的表述作了进一步修改，增加了"从中华人民共和国成立，到社会主义改造基本完成，这是一个过渡时期"，把新中国的成立作为过渡时期的起点。1954 年 2 月党的七届四中全会通过决议，批准了党在过渡时期的总路线。同年 9 月写进宪法。过渡时期总路线的提出表明毛泽东在新民主主义向社会主义转变问题上思考更进了一步。

---

① 毛泽东 . 毛泽东选集（第一卷）[M]. 北京：人民出版社，1991：276.

② 毛泽东 . 毛泽东选集（第二卷）[M]. 北京：人民出版社，1991：672.

从实践上看，新中国成立初期的社会主义改造虽然取得了巨大成就，实现了新中国由新民主主义向社会主义的过渡。但不能否认的是，在新中国社会主义改造的过程中也出现了一些问题、走了一些弯路。这主要是由于在 1955 年夏季之后，毛泽东等党内领导人对于发展形势的判断出现了偏差，导致了在社会主义改造的过程中出现了要求过急，工作过粗，改变过快，形势也过于简单划一的问题，这对后来"大跃进"以及农村人民公社化运动的出现也产生了一些影响。在我国社会主义改造后期，一些社会问题也开始出现。比如，从 1956 年秋到 1957 年夏，全国许多省份发生了农民"闹、退社"风潮，甚至产生了公开请愿、闹粮抢粮、集体骚乱等事件；部分城市当中也不同程度出现了一些工人罢工的事件。社会主义改造之所以会出现偏差与问题，其中的原因是复杂的。但综合来看，主要有三个原因：

一是新中国成立初期，刚刚执政的中国共产党在"什么是社会主义，怎样建设社会主义"这个问题的认识上存在片面性。中国共产党人认为彼时"由目前复杂的经济结构的社会过渡到单一的社会主义经济结构的社会，即由目前的新民主主义社会过渡到社会主义社会，是我国应当走的唯一正确的道路"[①]。整个社会实行集中统一的计划经济，被认为是区别社会主义和资本主义的根本属性和特征。1955 年 7 月，毛泽东在《关于农业合作化问题》中认为，"在全国农村中，新的社会主义群众运动的高潮就要到来。我们的某些同志却像一个小脚女人，东摇西摆地在那里走路"，强调"领导不应当落在群众运动的后头"[②]。会后，毛泽东的报

① 中共中央文献研究室.建国以来重要文献选编（第五册）[M].北京：中央文献出版社，1993：473.
② 中共中央文献研究室.建国以来毛泽东文稿（第五卷）[M].北京：中央文献出版社，1991：234-235.

告层层传达，导致这一年 10 月，全国农业合作社基本翻了一番。这年年底，毛泽东主持编辑了《中国农村的社会主义高潮》（上、中、下），写了 104 篇按语，直接推动了农业合作化高潮。

二是中国共产党对列宁过渡时期学说的片面理解。1955 年 3 月，毛泽东指出，"中央委员会根据列宁关于过渡时期的学说，总结了中华人民共和国成立以来的经验，在我国国民经济恢复阶段将要结束的时候，即一九五二年，提出了党在过渡时期的总路线"。[①] 在 1920 年前后，列宁关于过渡时期的理论经历了一个由战时共产主义政策到新经济政策的变化转变。但是，中国共产党人对于这一转变的理解较为片面，特别是对于新经济政策的思考还停留在所有制层面。中国共产党人所参考的，大多是 1920 年之前列宁对于过渡时期的有关认识，即需要经过战时共产主义政策那样一个"直接过渡"的阶段，以实现所有制的转变。这导致在社会主义改造过程中，出现了一些过急、过粗、过快的问题。

三是在"一边倒"的格局下，苏联模式对新中国的影响。新中国成立之初，由于中苏关系正处在"蜜月期"，苏联大力支持新中国的社会主义建设，苏联模式对新中国的国家建设产生了重大影响。但是，实践证明，苏联模式本身具有不可避免的弊端和缺陷，高度集中的政治经济体制严重束缚了国民经济发展的活力与动能。在苏联模式的影响下，新中国的社会主义改造以建立"单一的社会主义经济结构的社会"为目标，建立起了高度集中的计划经济体制，导致在国民经济运行中出现了"过于集中、管得过多、统得过死"的问题，经济发展缺乏活力。

我国社会主义改造的伟大胜利，标志着中国成功地实现了由

---

① 中共中央文献研究室 . 建国以来毛泽东文稿（第五册）[M]. 北京：中央文献出版社，1991：59.

新民主主义向社会主义的伟大变革，我国进入社会主义初级阶段。尽管由于认识上的局限以及经验的不足，使社会主义改造留下一些遗憾，诸如存在要求过急、工作过粗、改变过快和简单划一等问题。但是，"它同这场伟大的社会变革所取得的伟大历史功绩——在中国确立了崭新的社会主义经济制度，开创了中国人民全面建设社会主义的新时代，是绝不能相提并论的"①。

邓小平在谈到社会主义改造时指出："建国头七年的成绩是大家一致公认的。我们的社会主义改造是搞得成功的，很了不起。这是毛泽东同志对马克思列宁主义的一个重大贡献。今天我们也还需要从理论上加以阐述。当然缺点也有。从工作来看，有时候在有的问题上是急了一些。"② 又指出："从中华人民共和国成立到毛泽东主席逝世这段时间，我们做了大量的工作。特别是从新民主主义革命转变到社会主义革命，搞了土改，搞了第一个五年计划的大规模工业化建设，搞了对农业、手工业和资本主义工商业的社会主义改造，事情做得非常好。"③ 江泽民在 1989 年国庆 40 周年的讲话中也指出：1956 年我国基本完成了社会主义改造任务，这是"体现了中国现代社会运动的客观规律"④ 的一个典型范例，"社会主义改造的胜利，为全面进行社会主义建设开辟了道路"⑤。

习近平总书记在谈到改革开放前后的关系时也指出："我们

① 薄一波 . 若干重大决策与事件的回顾（上卷）[M]. 中共中央党校出版社，1991：465.

② 邓小平 . 邓小平文选（第二卷）[M]. 北京：人民出版社，1994：303.

③ 邓小平 . 邓小平文选（第三卷）[M]. 北京：人民出版社，1993：136.

④ 江泽民 . 江泽民文选（第一卷）[M]. 北京：人民出版社，2006：67.

⑤ 中共中央文献研究室 . 十三大以来重要文献选编（下）[M]. 北京：人民出版社，1993：1630.

党领导人民进行社会主义建设，有改革开放前和改革开放后两个历史时期，这是两个相互联系又有重大区别的时期，但本质上都是我们党领导人民进行社会主义建设的实践探索。中国特色社会主义是在改革开放历史新时期开创的，但也是在新中国已经建立起社会主义基本制度并进行了 20 多年建设的基础上开创的。""如果没有 1949 年建立新中国并进行社会主义革命和建设，积累了重要的思想、物质、制度条件，积累了正反两方面经验，改革开放也很难顺利推进。"① 习近平总书记的重要讲话实际上也是对社会主义改造的高度肯定。可以说，新中国成立初期，中国共产党领导人民开创的中国特色社会主义改造道路，为中国共产党领导的社会主义建设和改革事业奠定了坚实的制度基础和实践基础。

---

① 习近平. 关于坚持和发展中国特色社会主义的几个问题 [J]. 求是，2019（7）.

第三章

社会主义建设道路的艰辛探索

1956 年社会主义改造的完成，标志着我国社会主义基本制度的确立，同时也标志着我国社会主义建设的全面展开。对于刚刚建立社会主义基本制度的中国共产党来说，全面建设社会主义是一个崭新的课题，也是一项更为艰巨的任务。以毛泽东为主要代表的中国共产党人，领导中国人民对适合中国国情的社会主义建设道路进行了艰辛探索。

一、马克思主义与中国实际的"第二次结合"

如何在中国这样一个落后的东方大国建设社会主义，马克思列宁主义在理论上没有给我们提供明确的答案，世界社会主义运动也没有任何现成的经验可供借鉴和参考。中国共产党凭借高度的理论自觉，在探索社会主义建设道路伊始就明确了在中国建设社会主义的基本原则，就是要把马克思主义与中国实际进行第二次结合，探索符合中国特点的社会主义建设道路。毛泽东指出：现在是社会主义革命和建设时期，我们要进行第二次结合，找出在中国进行社会主义革命和建设的正确道路。[①]

---

① 吴冷西. 十年论战（上）[M]. 北京：中央文献出版社，1999：23-24.

① 马克思主义与中国实际"第二次结合"的必然性

实现马克思主义与中国实际相结合，坚持马克思主义理论的指导是中国共产党领导中国人民取得革命胜利的重要经验。

第一，坚持用马克思主义的立场、观点和方法指导中国革命的实践，是中国共产党在长期革命斗争过程中积累的一条基本经验，也是延安整风以后中国共产党始终坚持的理论联系实际优良传统的直接体现。中国共产党成立伊始，就把马克思主义作为自己的指导思想，但却在很长一段时间内没能真正把马克思主义与中国实际结合起来。直到1927年大革命失败以后，中国共产党人在失败的教训面前，认识到中国革命必须要走适合中国国情的革命道路，并开始了农村包围城市、武装夺取政权革命道路的探索。尽管在探索的过程中也曾受到教条主义的影响，但中国革命的实践深刻教育了中国共产党人，在任何时候都必须把马克思主义与中国实际结合起来。1938年在党的六届六中全会上毛泽东提出了马克思主义中国化的概念，提出要用马克思主义指导中国实践，就必须把马克思主义中国化。经过延安整风，马克思主义中国化成为中国共产党人的共识，理论联系实际也成为中国共产党人的一项优良传统。正是由于把马克思主义与中国实际相结合，成功开辟了农村包围城市、武装夺取政权的中国革命道路，取得了新民主主义革命的胜利。新中国成立以后，也正是因为把马克思主义与中国实际相结合，成功开辟了中国特色社会主义改造道路，并在中国历史上第一次消灭了剥削制度，建立了崭新的社会主义制度，取得了社会主义革命的胜利。可以说，把马克思主义与中国实际相结合，是中国共产党人在长期实践斗争中形成的重要经验，已经内化为中国共产党人的一种习惯和自觉。因此，社会主义基本制度建立以后，继续把马克思主义中国化，通过把马克思主义与中国变化了的新的实际相结合指导中国的社会主义建设实践，就成为中国共产党人的自觉选择。

第二，把马克思主义与中国实际进行第二次结合体现了中国共产党人高度的理论自觉。社会主义基本制度确立以后，面临社会主义建设的崭新实践，继续把马克思主义与中国实际相结合，既是中国共产党人的自觉选择，也是中国共产党人理论自觉的鲜明体现。毛泽东强调："马克思列宁主义来到中国之所以发生这样大的作用，是因为中国的社会条件有了这种需要，是因为同中国人民革命的实践发生了联系，是因为被中国人民所掌握了。"① 中国共产党人在长期的革命斗争实践过程中清醒地认识到，用马克思主义来指导中国革命的实践，必须把马克思主义与中国实际结合起来，我们要用的不是马克思主义的文本、教条，而是需要马克思主义与中国实际相结合的理论成果，也即中国化的马克思主义来指导中国革命。因此，在社会主义建设时期，我们同样需要把马克思主义与中国社会主义建设的实际结合起来，创造中国化的社会主义建设理论。把马克思主义与中国实际结合起来，推动马克思主义与中国实际的第二次结合，进而指导中国的社会主义建设，是马克思主义中国化的应有之义。正如毛泽东在民主革命时期指出的那样："马克思列宁主义的伟大力量，就在于它是和各个国家具体的革命实践相联系的。对于中国共产党说来，就是要学会把马克思列宁主义的理论应用于中国的具体的环境。"② 在社会主义建设时期，要继续发挥马克思主义的力量，就必须把马克思主义与中国社会主义建设的实际相联系，马克思主义只有

① 毛泽东.毛泽东选集（第四卷）[M].北京：人民出版社，1991：1515.
② 毛泽东.毛泽东选集（第二卷）[M].北京：人民出版社，1991：534.

在与具体实际相结合的过程中才能发挥其理论的力量，也才能够使自己得到丰富和发展。

　　把马克思主义与中国社会主义建设实际相结合，既是中国社会主义建设的需要，也是继续高举马克思主义旗帜，发展马克思主义的要求。1959 年 12 月 10 日，毛泽东在读苏联《政治经济学教科书》时说："马克思这些老祖宗的书必须读，他们的基本原理必须遵守，这是第一。但是，任何国家的共产党，任何国家的思想界，都要创造新的理论，写出新的著作，产生自己的理论家，来为当前的政治服务，单靠老祖宗是不行的……我们在第二次国内战争末期和抗战初期写了《实践论》《矛盾论》，这些都是适应于当时的需要而不能不写的。现在，我们已经进入社会主义时代，出现了一系列的新问题，如果单有《实践论》《矛盾论》，不适应新的需要，写出新的著作，形成新的理论，也是不行的。"① 毛泽东还指出："马克思活着的时候，不能将后来出现的所有的问题都看到，也就不能在那时把所有的这些问题都加以解决。俄国的问题只能由列宁解决，中国的问题只能由中国人解决。"② 这就阐明了马克思主义一般原理必须与具体实践相结合，而不能死守教条，生搬硬套。苏共二十大以后，赫鲁晓夫的秘密报告不仅批评了斯大林，也使马克思主义遭受冲击。周恩来指出，一些社会主义国家的共产党在赫鲁晓夫的秘密报告以后，借反对教条主义之机反对马克思列宁主义。③ 一些社会主义国家的政党之所以反对马克思列宁主义，就是受苏联的影响，把马克思主义教条化了。毛泽东强调："马克思主义一定要向前发展，要随着实践的发展而发展，不能停滞不前。停止了，老是

---

① 中共中央文献研究室. 毛泽东文集（第八卷）[M]. 北京：人民出版社，1999：109.

② 中共中央文献研究室. 毛泽东文集（第八卷）[M]. 北京：人民出版社，1999：5.

③ 吴冷西. 十年论战（上）[M]. 北京：中央文献出版社，1991：21.

那么一套，它就没有生命了。"① 马克思主义如果不能与时俱进，不能与新的变化了的时代条件相结合，马克思主义就会失去生命力。因此，要继续高举马克思主义旗帜，就必须把马克思主义与新的实际相结合，不断赋予马克思主义新的血液，才能保证马克思主义始终具有鲜活的生命力。从这一点上来说，也体现了中国共产党人高度的马克思主义理论自觉。

第三，苏联社会主义建设存在的问题促使中国共产党人把马克思主义与中国社会主义建设实际相结合。社会主义制度确立以后，面临社会主义建设这一新的课题，中国共产党人自身既没有充足的理论准备，也没有任何实践基础。特别是新中国成立以后，帝国主义国家对中国的封锁，也使中国只能选择"一边倒"的外交政策，把全部的目光投向苏联，学习苏联的社会主义建设模式。早在 1950 年初，毛泽东出访苏联时就说："苏联经济文化及其他各项重要的建设经验，将成为新中国建设的榜样。"② 毛泽东也说过："我们要进行伟大的国家建设，我们面前的工作是艰苦的，我们的经验是不够的。因此，要认真学习苏联先进经验。"③ 实践中，中国的社会主义建设也是在苏联的帮助下逐步开始的。1953 年开始，在苏联的帮助下，我国开展了大规模的经济建设，正是由于苏联援建的 156 个重大项目，使我国能够比较顺利地完成"一五"计划任务。但是，苏联在对我国经济建设提供帮助的同时，也把苏联的经济建设模式移植到中国，这在当时是不可避免的。另外，

① 中共中央文献研究室 . 毛泽东文集（第七卷）[M]. 北京：人民出版社，1999：281.

② 中共中央文献研究室 . 建国以来毛泽东文稿（第一册）[M]. 北京：中央文献出版社，1987：266.

③ 中央档案馆，中共中央文献研究室 . 中共中央文件选集（1949 年 10 月—1966 年 5 月）（第十三册）[M]. 北京：人民出版社，2013：230.

苏联作为世界上第一个社会主义国家，其社会主义建设的巨大成就和光辉形象，事实上已经成为整个世界社会主义建设的样板，也使我们在很大程度上把苏联作为榜样，甚至是模板去学习和效仿。此外，苏共一直存在的大党主义，也使其他社会主义国家不敢轻易突破苏联模式，探索符合本国实际的社会主义道路。正是由于我们自身基础薄弱，苏联的全面帮助，以及当时的国内国际条件，导致我国在社会主义建设初始时期，自身创造不多，苏联的影响过大，因此使中国社会主义建设初期不可避免地带有苏联社会主义建设的影子。毛泽东后来也说，在新中国成立的初期，"因为我们没有管理全国经济的经验，所以第一个五年计划的建设，不能不基本上照抄苏联的办法"①。但是，在学习苏联的过程中，中国共产党人很快发现了苏联社会主义建设自身存在的问题以及对我们国家可能产生的不良影响，促使毛泽东思考借鉴苏联社会主义模式可能带来的危害。毛泽东在《读苏联〈政治经济学教科书〉的谈话》中指出："新中国成立后，三年恢复时期，对搞建设，我们是懵懵懂懂的。接着搞第一个五年计划，对建设还是懵懵懂懂的，只能基本上照抄苏联的办法，但总觉得不满意，心情不舒畅。"②根据薄一波的回忆，毛泽东在1955年就提出了"以苏为鉴"的问题，发现苏联的某些社会主义建设经验并不符合我国的国情。1956年2月15日，毛泽东在听取电力工业部汇报工作时指出："苏联有些东西就不能学"，除了技术以外，"不能样样都学人家的"。2月16日，毛泽东在听取第一、第二、第三机械工业部汇报工作时，关于学习苏联，毛泽东又指出："要分两类，一类按中国的，

① 中共中央文献研究室. 毛泽东文集（第八卷）[M]. 北京：人民出版社，1999：117.
② 中共中央文献研究室. 毛泽东文集（第八卷）[M]. 北京：人民出版社，1999：117.

一类规规矩矩老老实实地学。""财经方面有些建议，陈云不学。对资本家的政策，我们也不学它的。"①1956 年 6 月 17 日，中央发布《中共中央关于学习改造我们的学习等五个文件的通知》中明确提出："为了把我们的社会主义建设和社会主义改造工作进行得更好和更有效，克服实际工作中的主观主义即教条主义和经验主义，特别是克服学习马克思列宁主义和外国经验中的教条主义倾向。"②同时，毛泽东也开始思考，我们能否从我国国情出发，像社会主义改造一样，总结自己的经验，探索出一条适合中国的社会主义建设道路。

第四，苏共二十大进一步推动了中国对苏联社会主义建设经验的反思。1956 年 2 月，苏共二十大召开，赫鲁晓夫在会上作了一个关于反对斯大林的秘密报告，引起了全世界的震动，也促使毛泽东进一步思考苏联社会主义建设的经验。1956 年 2 月 25 日，赫鲁晓夫向参加苏共二十大的代表作《关于个人崇拜及其后果》的秘密报告的同一天下午，毛泽东在听取重工业部的报告时指出："要打破迷信，不管中国的迷信，外国的迷信……我国工业化，工业建设，完全应该比苏联少走弯路。我们不应该被苏联前几个五年计划的发展速度所束缚。"他从"国际条件不同；国内条件不同；技术水平不同；中国人口多，农业发展快"等四个方面提出我们有可能在发展速度上超过苏联。③毛泽东指出，赫鲁晓夫反对斯大林的秘密报告，一是揭了盖子，二是捅了篓子。

① 中共中央文献研究室 . 毛泽东年谱（1949—1976）（第二卷）[M]. 北京：中央文献出版社，2013：528.

② 中央档案馆，中共中央文献研究室 . 中共中央文件选集（1949 年 10 月—1966 年 5 月）（第二十三册）[M]. 北京：人民出版社，2013：247.

③ 中共中央文献研究室 . 毛泽东年谱（1949—1976）（第二卷）[M]. 北京：中央文献出版社，2013：545.

揭开盖子，表明斯大林及苏联的种种做法不是没有错误的，各国党可根据各自的情况办事，不要再迷信了。① 毛泽东还指出，赫鲁晓夫反斯大林，也有助于我们打破"紧箍咒"，破除迷信，帮助我们考虑问题，搞社会主义建设不一定完全按照苏联那一套模式。② "不要再硬搬苏联的一切了，应该用自己的头脑思索了。应该把马列主义的基本原理同中国社会主义革命和建设的具体实际结合起来，探索在我们国家里建设社会主义的道路了。"③ "第二次结合"思想的提出，是毛泽东根据中国社会主义改造基本完成以后的时代新课题所做的自觉探索，也是针对苏共二十大与苏联模式进行的理性思考。

② 马克思主义与中国实际第二次结合的初步成果

把马克思主义与中国实际进行第二次结合，为探索符合中国特点的社会主义建设道路奠定了重要的思想前提。尽管这一思想在后来的社会主义建设实践中没有能够始终坚持和贯彻，但在这一思想前提的基础上，我国的社会主义建设道路探索取得了一些重要的成果。

第一，《论十大关系》讲话的发表是把马克思主义与中国实际进行第二次结合，探索符合中国特点的社会主义建设道路的理论起点。虽然新中国成立之后我们就随即展开了社会主义建设，特别是在 1953 年以后，随着第一个五年计划的展开，我国大规模社会主义建设已经开始，但是，如何从中国实际出发，对符合

① 吴冷西．十年论战（上）[M]．北京：中央文献出版社，第 6 页．
② 吴冷西．十年论战（上）[M]．北京：中央文献出版社，第 14-15 页．
③ 中共中央文献研究室．毛泽东年谱（1949—1976）（第二卷）[M]．北京：中央文献出版社，2013：550．

中国特点的社会主义建设道路进行真正的理论思考，却是从《论十大关系》开始的。1956年2月14日到4月24日，毛泽东在中南海颐年堂听取国务院三十五个部门的工作汇报，以及国家计委关于第二个五年计划的汇报。在听汇报的过程中毛泽东发表了许多意见和评论，并在此基础上形成了《论十大关系》的讲话。①《论十大关系》既是对我国社会主义建设初步经验的总结，也是对苏联社会主义建设存在的问题的反思。毛泽东在《论十大关系》中指出："最近苏联方面暴露了他们在建设社会主义过程中的一些缺点和错误，他们走过的弯路，你还想走？过去我们就是鉴于他们的经验教训，少走了一些弯路，如今当然更要引以为戒。"②

在《论十大关系》中，毛泽东结合我国社会主义建设和改造中存在的十个方面的问题，从正确处理十大关系的角度提出了许多重要的思考。毛泽东明确了建设社会主义的一个基本方针，就是"把国内外一切积极因素调动起来，为社会主义事业服务"。他指出："在国内，工人和农民是基本力量。中间势力是可以争取的力量。反动势力虽是一种消极因素，但是我们仍然要做好工作，尽量争取化消极因素为积极因素。在国际上，一切可以团结的力量都要团结，不中立的可以争取为中立，反动的也可以分化和利用。总之，我们要调动一切直接的和间接的力量，为把我国建设成为一个强大的社会主义国家而奋斗。"③具体到十个方面的关系，毛泽东认为，在重工业和轻工业、农业的关系问题上，

---

① 中共中央文献研究室. 毛泽东年谱（1949—1976）（第二卷）[M]. 北京：中央文献出版社，2013：528.

② 中共中央文献研究室. 毛泽东文集（第七卷）[M]. 北京：人民出版社，1999：23.

③ 中共中央文献研究室. 毛泽东文集（第七卷）[M]. 北京：人民出版社，1999：23-24.

要用多发展一些农业、轻工业的办法来发展重工业；在沿海工业和内地工业的关系问题上，要充分利用和发展沿海的工业基地，以便更有力量来发展和支持内地工业；在经济建设和国防建设的关系问题上，在强调加强国防建设的重要性时，提出把军政费用降到一个适当的比例，增加经济建设费用。只有把经济建设发展得更快了，国防建设才能够有更大的进步；在国家、生产单位和生产者个人的关系问题上，三者的利益必须兼顾，不能只顾一头，既要提倡艰苦奋斗，又要关心群众生活；在中央和地方的关系问题上，要在巩固中央统一领导的前提下，扩大地方的权力（即权力下放给地方），让地方办更多的事情，发挥中央和地方两个积极性；在汉族与少数民族的关系问题上，要着重反对大汉族主义，也要反对地方民族主义，要诚心诚意地积极帮助少数民族发展经济建设和文化建设；在党和非党的关系问题上，共产党和民主党派要长期共存，互相监督；在革命和反革命的关系问题上，必须分清敌我，化消极因素为积极因素；在是非关系问题上，对犯错误的同志要实行"惩前毖后，治病救人"的方针，要允许人家犯错误，允许并帮助他们改正错误；在中国和外国的关系问题上，要学习一切民族、一切国家的长处，包括资本主义国家先进的科学技术和科学管理方法，要反对不加分析地一概排斥或一概照搬。《论十大关系》从苏联社会主义建设的经验教训出发，又着眼于我国正在进行的社会主义建设实际，处处体现着马克思主义与中国实际相结合的思想，是我国社会主义建设探索具有开篇意义的历史性文献。

第二，党的八大的召开是探索符合中国特点的社会主义建设道路的实践开端。《论十大关系》讲话的发表，为探索适合中国国情的社会主义建设道路提出了许多重要的思想原则，从思想上、理论上为党的八大的召开作了重要的准备。如果说《论十大关系》是马克思主义与中国实际进行第二次结合在理论上的初步成果，那么，中共八大的胜利召开，则可以说是马克思主义与中国实际第二次结合在实践中的体现，也成为探索符合中国特点的社会主义建设道路的实践开端。

　　1956 年 9 月 15 日至 27 日，党的八大在北京召开。在八大开幕词中，毛泽东指出："要把我们工作中的主要经验，包括成功的经验和错误的经验，加以总结，使那些有益的经验得到推广，而从那些错误的经验中取得教训。"① 刘少奇在党的八大报告中也指出："我们党现时的任务，就是要依靠已经获得解放和已经组织起来的几亿劳动人民，团结国内外一切可能团结的力量，充分利用一切对我们有利的条件，尽可能迅速地把我国建设成为一个伟大的社会主义国家。"② 党的八大客观分析了社会主义改造基本完成以后，我国阶级关系和国内主要矛盾的变化。《中国共产党第八次全国代表大会关于政治报告的决议》指出："我国的无产阶级同资产阶级之间的矛盾已经基本上解决，几千年来的阶级剥削制度的历史已经基本上结束，社会主义的社会制度在我国已经基本上建立起来了。""我们国内的主要矛盾，已经是人民对于建立先进的工业国的要求同落后的农业国的现实之间的矛盾，已经是人民对于经济文化迅速发展的需要同当前经济文化不能满足人民需要的状况之间的矛盾。这一矛盾的实质，在我国社会主义制度已经建立的情况下，也就是先进的社会主义制度同落后的社会生产力之间的矛盾。"并由此认为"党和全国人民的当

① 中央档案馆，中共中央文献研究室．中共中央文件选集（1949 年 10 月—1966 年 5 月）（第二十四册）[M]．北京：人民出版社，2013：50.
② 中央档案馆，中共中央文献研究室．中共中央文件选集（1949 年 10 月—1966 年 5 月）（第二十四册）[M]．北京：人民出版社，2013：55.

前的主要任务，就是要集中力量来解决这个矛盾，把我国尽快地从落后的农业国变为先进的工业国"①。而这个任务决定了，我们必须"团结国内外一切可能团结的力量，利用一切有利的条件"②，在经济、政治、文化等方面制定正确的政策。党的八大明确了社会主义制度确立以后社会的主要矛盾以及党和国家面临的主要任务，为社会主义道路的探索明确了前进的方向，党的八大的召开可以说是全面开始探索符合中国特点的社会主义道路的标志。

1949 年新中国成立伊始，就开始了国民经济恢复和建设，但在当时党的主要任务仍然是领导人民通过恢复国民经济、镇压反革命以及土地改革，以完成新民主主义革命的遗留任务。随后进行的社会主义改造，虽然工业化即社会主义工业化建设是"一化三改"的主体，并且第一个五年计划在此时也已经大规模展开，但当时我们的主要任务和主要工作还是完成对个体农业、个体手工业以及资本主义工商业的社会主义改造。真正意义上的全面社会主义建设，或者说把社会主义建设作为党和国家的根本任务是在党的八大以后开始的。八大对当时社会主要矛盾的客观判断，使八大成为我国全面进行社会主义建设的开端。为了尽快地把我国从一个落后的农业国变为先进的工业国，党的八大从五个方面提出了具体要求，即必须在第三个五年计划或者再多一点时间内，建成基本完整的工业体系，使工业生产在社会生产中占主要地位，使重工业生产在整个工业生产中占显著优势；必须大力发展文化教育卫生事业，特别是科学事业、高等教育和中等教育事业；必须加强人民民主专政，团结最广大的人民共同建设社会主义；必

① 中央档案馆，中共中央文献研究室．中共中央文件选集（1949 年 10 月—1966 年 5 月）（第二十四册）[M]．北京：人民出版社，2013：248.
② 中央档案馆，中共中央文献研究室．中共中央文件选集（1949 年 10 月—1966 年 5 月）（第二十四册）[M]．北京：人民出版社，2013：248-249.

须团结国内外一切可以团结的力量；必须加强党的建设，把马克思主义基本原理同社会主义建设的实际结合起来。党的八大对当时社会主要矛盾的判断以及对社会主义建设所作出的安排，为符合中国特点的社会主义建设道路的探索提供了良好的开端。

第三，《关于正确处理人民内部矛盾的问题》讲话的发表，为探索符合中国特点的社会主义建设道路提供了方法原则。《论十大关系》提出要调动一切积极因素为社会主义建设服务的另一个含义，就是要处理好社会主义建设过程中的各种矛盾。如何才能处理好社会主义建设过程中的各种矛盾，化消极因素为积极因素，最终调动一切积极因素为社会主义服务，1957年2月毛泽东发表的《关于正确处理人民内部矛盾的问题》的讲话，可以说为解决社会主义社会存在的矛盾提供了重要的方法和原则。

1956年，既是中国社会主义改造和社会主义建设快速发展的一年，也是国际共产主义运动的多事之秋。在中国国内，社会阶级关系发生了急剧的变革，经济建设工作中已出现的冒进又未能完全克服，使社会经济和政治生活呈现某些紧张情况。这年秋冬，在许多城市出现了粮食、肉类和日用品的短缺，升学、就业等方面遇到不少困难，发生多起工人罢工、学生罢课事件。农村中也发生一些农民闹退社、闹缺粮的风波。一些知识分子在"百花齐放、百家争鸣"方针的引导下，思想日趋活跃，批评教条主义，发表不同意见。有些人对党和政府工作中的缺点错误以及干部作风提出公开批评，有些意见比较尖锐，还有一些错误议论。在国际上，1956年2月，苏共举行第二十次代表大会，赫鲁晓夫在秘密报告中揭露了斯大林的严重错误，全盘否定斯大林，随后又爆发了波兰、匈牙利事件，给国际共产主义运动带来巨大冲击，也把社会主义社会的各种矛盾比较充分地暴露了出来。面对纷繁复杂的国际、国内矛盾，毛泽东敏锐地抓住如何正确认识和处理社会主义的矛盾这个重大课题，反复地进行思考和研究。在 1956 年 11 月召开的中共八届二中全会上，毛泽东提出要从苏共、波匈事件中吸取教训。他着重指出："世界充满着矛盾"，"现在，在所有制方面同民族资本主义和小生产的矛盾也基本上解决了，别的方面的矛盾又突出出来了，新的矛盾又发生了。"①

1957 年 2 月 27 日，毛泽东在最高国务会议第十一次扩大会上，运用对立统一规律，以正确处理人民内部矛盾为总题目，总结了我国社会主义革命和建设的经验，全面分析了社会主义社会的矛盾，指出在社会主义制度下，存在敌我矛盾和人民内部矛盾这两种性质不同的矛盾，提出了正确区分和解决两类不同性质的矛盾的方法，规定了正确处理人民内部矛盾的一系列正确方针。1957 年 6 月 19 日，经过多次修改和补充，《关于正确处理人民内部矛盾的问题》一文正式公开发表。

《关于正确处理人民内部矛盾的问题》是中国共产党在探索社会主义建设道路初期取得的重要理论成果，也是中国共产党人理论自觉的高度体现。在《关于正确处理人民内部矛盾的问题》中，毛泽东在三个方面发展了马克思主义。一是第一次提出社会主义社会还存在矛盾，矛盾运动是社会主义发展的动力。毛泽东提出："没有矛盾的想法是不符合客观实际的天真的想法。""在社会主义社会中，基本的矛盾仍然是生产关系和生产力之间的矛盾，上层建筑和经济基础之间的矛盾"，等于是明确了社会主义的主要任务就是解放和发展生产力。同时又提出"社会主义社会的这些矛盾，同旧社会的生产关系和生产力的矛盾、上层建筑和经济基础的矛盾，具

---

① 中共中央党校.马列著作毛泽东著作选读（哲学部分）[M].北京：人民出版社，1978：443.

有根本不同的性质和情况",指出了社会主义的发展和进步不需要阶级斗争为动力,而是可以通过社会主义的改革来实现。二是第一次阐述社会主义社会存在两种不同性质的矛盾以及严格区分和正确处理两类不同性质的矛盾,详细阐明了处理人民内部矛盾的一系列方针。毛泽东指出:"在我们的面前有两类社会矛盾,这就是敌我之间的矛盾和人民内部的矛盾。这是性质完全不同的两类矛盾。"如何解决这两类不同性质的矛盾,毛泽东指出:"在人民民主专政下面,解决敌我之间的和人民内部的这两类不同性质的矛盾。"特别是对于人民内部矛盾,毛泽东强调:"以后凡是人民内部的事情,党内的事情,都要用整风的方法,用批评和自我批评的方法来解决,而不是用武力来解决。""我们主张和风细雨……这样就很得人心,就能够团结全国人民,调动六亿人口中的一切积极因素,来建设社会主义。"三是提出了哪些是人民内部矛盾的问题,把正确处理人民内部矛盾作为国家政治生活的主题。毛泽东指出:"在建设社会主义的时期,一切赞成、拥护和参加社会主义建设事业的阶级、阶层和社会集团,都属于人民的范围;一切反抗社会主义革命和敌视、破坏社会主义建设的社会势力和社会集团,都是人民的敌人。"毛泽东特别强调:"在我们国家里,工人阶级同民族资产阶级的矛盾属于人民内部的矛盾。"①

二、社会主义建设道路探索中的严重曲折

尽管《论十大关系》为社会主义探索提供了重要的思想指引,

---

① 中共中央文献研究室.毛泽东文集(第七卷)[M].北京:人民出版社,1999:204,214,204-205,211-212,205-206.

党的八大为探索符合中国特点的社会主义建设道路提供了良好的开端，《关于正确处理人民内部矛盾的问题》为处理社会主义道路探索提供了解决问题的方法原则，但社会主义建设的艰巨性和复杂性还是远远超出了预期，再加上当时国际国内出现的一些新情况新问题，导致我们党在探索社会主义的道路上逐渐偏离了原来的方向，社会主义建设道路的探索出现严重曲折。

① 社会主义建设道路探索的曲折

我国社会主义建设道路的探索有着良好的开端，但在 1957 年下半年以后，却逐渐偏离正确的前进方向，社会主义建设道路的探索出现严重曲折。之所以在此时出现方向上的偏差，在根本上是因为对主要矛盾的判断出现了偏差。

社会主义革命仅用几年时间就完成了对生产资料的社会主义改造，在实践中不可避免地存在一些问题，并且虽然生产资料的所有制改造已经基本完成，但对许多人来说，思想上的改造还没有完成。因此无论在农村还是在城市，都出现了一些与社会主义新社会不和谐的社会现象。在农村，一些地方出现群众性退社风潮，1956 年 12 月 4 日，《广东省委关于退社问题的报告》指出："近数月来，特别是全省大部分农业社转为高级社，并进入秋收和准备年终分配以来，各地不断发生农业生产合作社社员闹退社的情况。据不完全的统计，退社农户已达七万余户（包括部分在升级、并社中未报名转高级社的在内），约占入社总农户百分之一左右。已垮掉的社共一百零二个，正在闹退社而尚未退出的共有十二万七千余户，约占入社总农户的百分之二弱。个别地区曾经发展成为群众性的退社风潮。特别是在经济作物区和生产搞不好的地区，退社问题更为突出和严重。"①在城市，由于工商业社会主义改造以后，城市居民的生活受到一定影响，因此也出现了一些不稳定因素。1957年3月，《中共中央关于处理罢工罢课问题的指示》明确指出："在最近半年内，工人罢工、学生罢课、群众性的游行请愿和其他类似事件，比以前有了显著的增加。全国各地，大大小小，大约共有一万多人罢工，一万多学生罢课。"②针对农村和城市出现的这些问题，有极少数对我们党和社会主义抱有不满情绪的人，试图利用这种现象抹黑党的领导，甚至刻意诋毁新生的社会主义制度，妄图以资本主义取代新生的社会主义。

　　面对社会主义建设过程中出现的这些问题，党中央和毛泽东认为这是人民内部矛盾的表现。"大规模的群众行动的阶级斗争已经结束，人民内部的矛盾开始表露出来。"③对于人民内部矛盾，毛泽东在《关于正确处理人民内部矛盾的问题》讲话中明确表示，人民内部矛盾要用民主的方式去解决。《中共中央关于处理罢工罢课问题的指示》明确指出："人民内部的矛盾一般地都可以和应该在民主集中制的范围内，用'团结—批评—团结'的方式解决，也就是说，应当从团结的愿望出发，经过批评或者斗争，在新的基础上达到新的团结。"④党中央强调在教育人民群众的同时，要从我们党自己身上找原因，并提出，"这类事件的发生，首先是由于我们的工作没有做好，特别是由于领导者的官僚主义。"为

---

① 中央档案馆，中共中央文献研究室. 中共中央文件选集（1949年10月—1966年5月）（第二十四册）[M]. 北京：人民出版社，2013：481-482.
② 中央档案馆，中共中央文献研究室. 中共中央文件选集（1949年10月—1966年5月）（第二十五册）[M]. 北京：人民出版社，2013：229.
③ 中央档案馆，中共中央文献研究室. 中共中央文件选集（1949年10月—1966年5月）（第二十五册）[M]. 北京：人民出版社，2013：195.
④ 中央档案馆，中共中央文献研究室. 中共中央文件选集（1949年10月—1966年5月）（第二十五册）[M]. 北京：人民出版社，2013：230.

了防止罢工罢课一类事件的发生，根本办法是随时注意调整社会主义社会内部关系中存在的问题，首先是克服官僚主义，扩大民主。"①尽管党中央对社会主义建设过程中出现的这些问题进行了全面分析，并把出现问题的原因首先归结于我们的一些党员领导干部在实践中存在的偏离实事求是、脱离群众的官僚主义的错误。但党中央仍然指出，罢工罢课游行这一类方式不应该是处理人民内部矛盾的正确方式。因为"一般地说，为了解决人民内部的矛盾，不需要采取罢工罢课游行请愿一类的方式，采取这种方式，一般的是不符合于人民利益的。"②

既然把社会主义建设过程中出现的问题认为是人民内部矛盾，并且认为矛盾的起因主要是我们的一些党员领导干部在实际工作中存在着官僚主义问题，脱离群众，偏离实事求是的思想路线等，因此，党中央和毛泽东都认为要通过民主的办法解决这些矛盾，以更好地调动一切积极因素为社会主义建设服务，推动社会主义建设向前迈进。用民主的办法解决人民内部矛盾，在我们党的历史上已经有过比较成熟的经验和做法，就是整风。1957年4月27日，中共中央发出《关于整风运动的指示》，认为"因为党已经在全国范围内处在执政的地位，得到了广大群众的拥护，有许多同志就容易采取单纯的行政命令的办法去处理问题，而有一部分立场不坚定的分子，就容易沾染旧社会国民党作风的残余，形成一种特权思想，甚至用打击压迫的方法对待群众……因此，中央认为有必要……在全党进行一次普遍、深入的反官僚主义、

---

① 中央档案馆，中共中央文献研究室.中共中央文件选集（1949年10月—1966年5月）（第二十五册）[M].北京：人民出版社，2013：231.

② 中央档案馆，中共中央文献研究室.中共中央文件选集（1949年10月—1966年5月）（第二十五册）[M].北京：人民出版社，2013：230.

反宗派主义、反主观主义的整风运动。"①1957 年 5 月 4 日，中共中央发出了《关于请党外人士帮助整风的指示》，指出：最近两个月来，在有党外人士参加的会议和报刊上所展开的关于人民内部矛盾的分析和对于党和政府所犯错误缺点的批评，应继续展开，以利于我党整风，改正缺点错误，没有社会压力，整风不易收效。②

随着整风运动的开展，社会各界人士通过各种途径对党的各方面工作提出了许多建设性意见，但是在这个过程中，也有一些对党的领导工作的负面评价甚至否定性评价也掺杂其中，特别是随着整风的深入，一些怀疑、否定共产党领导和社会主义制度的右倾思潮借此次整风的机会开始在一定范围内蔓延。一些极右派分子试图混淆敌我矛盾和人民内部矛盾的界限，企图给人民内部矛盾披上敌我矛盾的外衣，给刚刚开始的社会主义建设制造混乱。在整风过程中出现的这种复杂情况，使党中央和毛泽东对社会主要矛盾的判断发生了改变。1957 年 6 月 8 日，《人民日报》发表社论《这是为什么？》，提出："国内大规模的阶级斗争虽然已经过去了，但是阶级斗争并没有熄灭，在思想战线上尤其是如此。"③1957 年 7 月 17 日至 21 日，中共中央在青岛召开省市委书记会议，毛泽东提出："反共反人民反社会主义的资产阶级右派和人民的矛盾是敌我矛盾，是对抗性的不可调和的你死我活的矛盾。向工人阶级和共产党进行猖狂进攻的资产阶级右派是反动

① 中共中央文献研究室．建国以来重要文献选编（第十册）[M]．北京：中央文献出版社，1994：222-223．

② 中共中央文献研究室．建国以来重要文献选编（第十册）[M]．北京：中央文献出版社，1994：246-247．

③ 中共中央文献研究室．建国以来重要文献选编（第十册）[M]．北京：中央文献出版社，1994：289．

派、反革命派。"① 由于认为社会上还存在着大量的资产阶级分子，并且把资产阶级右派分子与人民群众之间的矛盾看成是你死我活的敌我矛盾，那么阶级斗争自然就成为解决这一矛盾的主要方式。1957 年下半年以后，随着对社会矛盾的判断越发严重，在全国范围内掀起了反右斗争，阶级矛盾被认为是社会的主要矛盾。对社会主要矛盾的这种错误的判断，导致对符合中国特点的社会主义建设道路的探索偏离了原来的方向。

1957 年 9 月 19 日，毛泽东在中共八届三中全会召开前的中央政治局扩大会议上指出："整个过渡时期，总的矛盾是社会主义与资本主义，即工人阶级与资产阶级的矛盾。我们过去一个时期，主要是提人民内部矛盾，敌我矛盾没有提。甘肃省委去年提出两个矛盾究竟哪个矛盾为主？当时没有答复，要看一看。现在看来，两个矛盾都同时存在。去年所有制是改变了，但人并没有改造。工人阶级与资产阶级的矛盾、社会主义与资本主义的矛盾是整个过渡时期的主要矛盾。工人阶级与资产阶级、社会主义与资本主义的矛盾中，包含两类矛盾（指人民内部矛盾和敌我矛盾）。八大讲当前敌我矛盾基本上解决了，现在看来也对，但只能是在经济方面的，如从政治方面、思想方面看，就不能这样说了。"②1957 年 10 月 9 日，毛泽东在党的八届三中全会上的发言中进一步指出："无产阶级和资产阶级的矛盾，社会主义道路和资本主义道路的矛盾，毫无疑问，这是当前我国社会的主要矛盾。我们现在的任务跟过去不同了。过去主要是无产阶级领导人民大众反帝反封建，那个任务已经完结了。那末，现在的主要矛盾是什么呢？

---

① 中共中央党校.马列著作毛泽东著作选读（哲学部分）[M].北京：人民出版社，1978：578.

② 中共中央文献研究室.毛泽东年谱（1949—1976）（第三卷）[M].北京：中央文献出版社，2013：207.

现在是社会主义革命，革命的锋芒是对资产阶级，同时变更小生产制度即实现合作化，主要矛盾就是社会主义和资本主义，集体主义和个人主义，概括地说，就是社会主义和资本主义两条道路的矛盾。"① 从而直接否定了党的八大对社会主要矛盾的判断。毛泽东还指出："'八大'决议上有那么一段，讲主要矛盾是先进的社会主义制度同落后的社会生产力之间的矛盾。这种提法是不对的。" ② 从八届三中全会前后毛泽东的发言来看，他认为我国社会的主要矛盾仍然是无产阶级与资产阶级的矛盾，社会主义道路与资本主义道路的矛盾，社会主义改造只是完成了生产资料所有制方面的社会主义革命，但是政治上、思想上的社会主义革命才刚刚开始。因此，在毛泽东看来，我们的主要任务不是社会主义建设，仍然是社会主义革命。因此，继续完成社会主义革命成为党面临的主要任务，对社会主义建设道路的探索也就只能止步不前了。

1958 年 5 月，刘少奇在中共八大二次会议上的工作报告中指出："整风运动和反右派斗争，是我国在思想战线和政治战线上的社会主义革命。这是关于社会主义和资本主义两条道路的带有决定意义的斗争。""在社会主义社会建成以前，无产阶级同资产阶级的斗争，社会主义道路同资本主义道路的斗争，始终是我国内部的主要矛盾。"③党的八大二次会议对社会主要矛盾的判断，在理论上终止了党对社会主义建设道路的探索。因为，党和国家

---

① 中央档案馆，中共中央文献研究室 . 中共中央文件选集（1949 年 10 月—1966 年 5 月）（第二十六册）[M]. 北京：人民出版社，2013：254.
② 中央档案馆，中共中央文献研究室 . 中共中央文件选集（1949 年 10 月—1966 年 5 月）（第二十六册）[M]. 北京：人民出版社，2013：254.
③ 中央档案馆，中共中央文献研究室 . 中共中央文件选集（1949 年 10 月—1966 年 5 月）（第二十八册）[M]. 北京：人民出版社，2013：4，6.

的重心不再是社会主义建设，而是要继续没有完成的社会主义革命。1956 年社会主义改造的胜利，只是在生产资料所有制方面的胜利，思想战线和政治战线上的社会主义革命还没有完成，因此，党和国家在当时面临的主要任务是完成思想战线和政治战线上的社会主义革命，而不是探索社会主义建设道路。正是建立在这样的认识基础之上，1956 年党的八大以来对符合中国特点社会主义建设道路的探索逐渐偏离了正确的轨道，社会主义建设道路开始出现严重曲折。

面对大量出现的人民内部矛盾，除了教育群众，加强同人民群众的联系以外，最有效的办法就是通过实践证明社会主义的优越性，而证明社会主义优越性的最直接的体现就是社会主义能以更快的速度发展社会生产力。而现实的物质基础决定了中国的社会主义建设起点较低，生产力水平难以在短时间内赶上发达资本主义国家。在这种情况下，强调人的主观能动性，从生产关系入手推动生产力的快速发展，进而体现社会主义的优越性成为当时唯一的选择。在这种情况下，个人的主观能动性被过分夸大，生产力对生产关系的决定作用被颠倒过来，从而导致了违背社会发展规律的"大跃进"的出现。1957 年 11 月，毛泽东在第一次莫斯科会议上提出："赫鲁晓夫同志告诉我们，十五年后，苏联可以超过美国。我也可以讲，十五年后我们可能赶上或者超过英国。"[1]1958 年 3 月 3 日，中共中央发布《关于开展反浪费反保守运动的指示》，强调"反浪费、反保守的群众运动……是一个社会主义的生产大跃进和文化大跃进的运动"，通过这个运动，"可以用同样的人数和同样的财力、物力，办出比原定计划多百分之

[1]　中共中央文献研究室. 毛泽东文集（第七卷）[M]. 北京：人民出版社，1999：325-326.

几十以至数以倍计的事业"。不能"只看到现有的物质条件，看不到伟大的群众主观能动性和创造性"，要"欢迎和赞扬群众在各个战线上的跃进"。①1958年3月，毛泽东在成都会议上提出要加快我国的社会主义建设速度，提倡"马克思主义的'冒进'"②。1958年4月8日，《人民日报》刊发歌颂"大跃进"的赞美诗《向地球开战》，提出："只有愚人的字典里面，才能寻找得出这个字——'不可能'。"③片面夸大个人主观能动性的做法，导致各行各业出现严重脱离实际的"大跃进"，不仅没有推动社会生产力的发展，反而给社会主义建设带来了方方面面的问题。

除了夸大个人主观能动性，另一个可能促进社会生产力大发展的方式就是从生产关系入手，试图通过改变生产关系推动生产力的快速发展。在这样的背景下，人民公社化运动在全国范围内开展起来。1958年12月八届六中全会通过的《关于人民公社若干问题的决议》指出："从现在开始，摆在我国人民面前的任务是：经过人民公社这种社会组织形式……把我国建成为一个具有高度发展的现代工业、现代农业和现代科学文化的伟大的社会主义国家。"④在生产力发展的某些阶段，生产关系可能成为生产力发展的束缚和障碍，改变生产关系可以解放和发展生产力。但生产关系在本质上是由生产力水平所决定的，脱离生产力发展水平的生产关系，不仅不能促进生产力的发展，反而会对生产力造成严

---

① 中央档案馆，中共中央文献研究室. 中共中央文件选集（1949年10月—1966年5月）（第二十七册）[M]. 北京：人民出版社，2013：137-139.

② 中共中央文献研究室. 毛泽东年谱（1949—1976）（第三卷）[M]. 北京：中央文献出版社，2013：309.

③ 郭沫若. 向地球开战 [N]. 人民日报，1958-04-08（8）.

④ 中央档案馆，中共中央文献研究室. 中共中央文件选集（1949年10月—1966年5月）（第二十九册）[M]. 北京：人民出版社，2013：300.

重的破坏，给社会发展带来严重的后果。

"大跃进"以及人民公社化运动所带来的后果，使我国社会主义建设遭遇严重困难，也使中国共产党人面临前所未有的挑战。在困难面前，中共中央开始反思自党的八大以来的方针政策，并于1961年1月党的八届九中全会正式通过了"调整、巩固、充实、提高"的八字方针，以搞好综合平衡，稳步前进。1962年1月11日至2月7日，中共中央在北京召开工作会议，会议总结了"大跃进"和人民公社化运动的经验教训，强调要恢复实事求是的思想路线，贯彻落实"调整、巩固、充实、提高"八字方针。这次会议虽然在一定程度上对"左"的错误进行了反思，但是由于对社会矛盾的判断没有作出改变，仍然认为阶级矛盾是主要矛盾，因而没有，也不可能从根本上纠正"左"的错误。

1962年9月召开的党的八届十中全会，把阶级斗争扩大化的观点理论化系统化，为后来"左"倾错误的进一步发展创造了条件。党的八届十中全会指出："在无产阶级革命和无产阶级专政的整个历史时期，在由资本主义过渡到共产主义的整个历史时期（这个时期需要几十年，甚至更多的时间）存在着无产阶级和资产阶级之间的阶级斗争，存在着社会主义和资本主义这两条道路的斗争。"并且认为："这种阶级斗争是错综复杂的、曲折的、时起时伏的，有时甚至是很激烈的。这种阶级斗争，不可避免地要反映到党内来。"[1] 在这种错误理论的指导下，由于对国内外形势的错误判断，导致了"文化大革命"这样的长期的全局性错误，使社会主义建设道路的探索陷入长期的严重曲折之中。

---

[1] 中共中央文献研究室．建国以来重要文献选编（第十五册）[M]．北京：中央文献出版社，1997：653-654.

② 社会主义道路探索出现曲折的原因

社会主义建设道路的探索遭遇挫折，原因是多方面的。其中，既有党对社会主义建设在理论上认识的不足，也有对现实的国内外形势的错误判断，还包括我们党自身的建设出现了问题，这些原因相互交织，使社会主义建设道路的探索出现了严重曲折。

第一，理论准备的不足。社会主义制度基本确立以后，全面建设社会主义的任务，对于还没有任何社会主义建设经验的中国共产党人来说，是一个崭新而复杂的课题。如何进行社会主义建设，对当时的中国共产党人来说，确实没有任何理论上的准备和实践经验。因此，第一个五年计划、第二个五年计划都是以苏联模式为样板并在苏联制定的。正因为新中国成立以后中国一穷二白的状况，所以在这样的基础上制订的第一个五年计划能够比较顺利地完成，但随着社会主义建设的逐步开展，问题也越来越突出。

虽然 1956 年毛泽东就提出要把马克思主义与中国实际进行第二次结合，作为探索社会主义建设道路的基本原则和方法。但是，把马克思主义与中国实际进行第二次结合的基本前提是既要从社会主义建设的角度出发去理解马克思主义的基本原理，还需要弄清楚中国社会主义建设的实际。然而，要真正从社会主义建设的角度出发建立起对马克思主义和中国国情的认识，并不是一件容易的事情。民主革命时期，中国共产党人也是经历了两次胜利两次失败的经验教训，才最终做到了把马克思主义与中国革命实际的结合，并最终找到了中国独特的革命道路。

第二，思想准备不足。如果说理论准备不足使以毛泽东为主要代表的中国共产党人在探索社会主义道路建设的过程中没能认清楚什么是社会主义，那么，思想准备的不足则使中国共产党人没能尊重当时中国社会主义建设的实际。党的八大为探索符合中国特点的社会主义建设道路提供了良好的开端，但社会主义建设的实践不可能一帆风顺。虽然党中央对社会主义建设可能面临的困难有一定的心理准备，正如毛泽东指出的那样："如果认为在全国新中国成立后的短短几年内，什么事情就都可以做得十全十美，社会和个人的各种需要就都可以完全满足，这纯粹是一种没有根据的幻想。"① 第一个五年计划的顺利完成，也使毛泽东对社会主义建设可能面临的困难估计不足。因此，原本是为调动一切积极因素为社会主义建设服务的整风运动，在招致一些知识分子的批评以及极少数反动分子的恶意攻击之后，逐渐被认为是一场思想上和文化上的阶级斗争。如果中国共产党人在当时对社会主义建设复杂性的估计更严重一些，或者说思想准备更加充分一些，对于这些来自知识分子的批评就会有更加客观的认识，而不至于在 1957 年下半年以后把反右斗争扩大化。正是由于没有社会主义建设的经验，且对社会主义建设面临的复杂性在思想上准备不足，所以在遇到困难和挑战以后，很容易把这些挑战看成是资产阶级对无产阶级政权的挑战，把矛盾看作是资产阶级与无产阶级之间的你死我活的敌我矛盾，所以党和国家政治生活的主题不再是正确处理人民内部矛盾，在以阶级斗争为纲的错误思想指导下，社会主义建设道路的探索逐渐偏离正确的方向。

第三，复杂的国际环境的影响。社会主义建设道路的探索之所以在有着良好开端的情况下，仍然出现了严重的曲折，除了对国内社会主义建设在理论上和思想上准备不足以外，当时复杂的

---

① 中央档案馆，中共中央文献研究室. 中共中央文件选集（1949 年 10 月—1966 年 5 月）（第二十五册）[M]. 北京：人民出版社，2013：234.

国际形势也对我国社会主义建设道路的探索产生了很大的干扰。

波匈事件以后，毛泽东认为波匈事件并不是人民内部矛盾的体现，而是无产阶级和资产阶级之间的斗争，并由此认为我们国内出现的一些问题也不仅仅是人民内部矛盾，而是资产阶级与无产阶级之间的敌我矛盾。在《一九五七年夏季的形势》一文中毛泽东指出："单有一九五六年在经济战线上（在生产资料所有制上）的社会主义革命，是不够的，并且是不巩固的。匈牙利事件就是证明。必须还有一个政治战线上和一个思想战线上的彻底的社会主义革命。"①对于整风运动中广大知识分子对社会主义建设存在的问题的批评以及对中国共产党执政能力的质疑，使毛泽东认为这是资产阶级试图利用整风的机会挑战共产党的执政地位。"由于长期激烈的阶级斗争历史形成的政治经验，党的领导人还是习惯地作出有很大一批右派分子向党向社会主义猖狂进攻的判断，从而走上开展对敌斗争的大规模群众性政治运动的熟路……把历史转变时期新出现的大量人民内部矛盾特别是意识形态领域的人民内部矛盾，误判为敌我矛盾加以错误处理，造成了不幸的后果。"②主要矛盾决定主要任务，对社会主要矛盾的错误判断，是党的八大以后顺利开始的社会主义建设道路探索偏离正确方向的根本原因，也是党探索社会主义建设道路走向曲折的根本原因。

第四，党的领导在社会主义建设道路探索的过程中被破坏。一方面，党的集体领导在一段时间内被个人专断所取代，使党在认识到错误以后没能及时纠正错误。由于中国共产党在成立伊始

① 中共中央文献研究室. 建国以来重要文献选编（第十册）[M]. 北京：中央文献出版社，2011：433.
② 中共中央党史研究室. 中国共产党历史第二卷（1949—1978）（上册）[M]. 北京：中共党史出版社，2011：462.

就投入到紧张而残酷的长期革命斗争中去，因此，虽然我们党始终强调民主集中制是党的基本组织原则，但在长期的革命斗争环境中，不可避免地会出现强调集中而忽视民主的现象。这种现象在革命成功以后很难在短时期内得到改变，并会反映到社会主义建设道路的探索过程之中。因此，集体领导制度遭到破坏，权力过分集中，容易导致个人专断，使主要领导人的错误决策难以得到防止和纠正。另一方面，在发扬人民民主的过程中实际上取消了党的领导。毛泽东始终认为，社会主义建设出现问题，首先要从我们党自身找原因，而主观主义、官僚主义等脱离群众的错误思想则是导致出现这些问题的根源，因此，只要把群众发动起来，帮助党员领导干部克服这些问题，就能够把党和人民群众紧密联系起来，就没有克服不了的人民内部矛盾。因此，通过发动群众，采取大鸣大放、大辩论和大字报的形式指出党的领导存在的问题，帮助党员领导干部克服问题，成为一种普遍的做法。通过这样的做法，群众确实是被发动了起来，而党的领导在这个过程中却逐渐被削弱了。没有了党的正确领导的群众运动，就会偏离正确的方向。

总之，正如毛泽东在独立自主探索符合中国特点的社会主义建设道路之初所指出的那样："共产主义运动，从马克思和恩格斯发表《共产党宣言》算起，于今只有一百年多一点。无产阶级专政的历史，从十月革命算起，还不到四十年。实现共产主义是空前伟大又空前艰巨的事业。不艰巨就不能说伟大，因为很艰巨才很伟大。在这艰巨斗争的过程中，不犯错误是不可能的，因为我们走的是前无古人的道路。"①

---

① 中共中央文献研究室. 毛泽东年谱（1949—1976）（第二卷）[M]. 北京：中央文献出版社，2013：549.

三、正确处理改革开放前后两个历史时期的关系

　　随着改革开放的深入和中国特色社会主义事业的快速发展，社会上和学界出现了一些把改革开放前后两个历史时期割裂甚至对立起来的观点，混淆了人们对我们党领导的不同历史时期探索社会主义建设道路的历史进程的认识，不仅使人们对改革开放前的历史时期产生了错误的认识，也给全面深化改革带来很多困扰。要正确看待改革开放前后两个历史时期的关系，否则容易造成一种错误的认识，好像改革开放以前的历史时期"无非就是一个政治运动接着一个政治运动，整了一批人又一批人，好像没做什么好事。尤其对现在的年轻人来说，他们没有在那个时代生活过，很容易就会得到这样一种印象"①。习近平总书记指出："我们党领导人民进行社会主义建设，有改革开放前和改革开放后两个历史时期，这是两个相互联系又有重大区别的时期，但本质上都是我们党领导人民进行社会主义建设的实践探索。"② 他强调："两者绝不是彼此割裂的，更不是根本对立的。不能用改革开放后的历史时期否定改革开放前的历史时期，也不能用改革开放前的历史时期否定改革开放后的历史时期。"③ 要正确看待改革开放前后两个历史时期的关系，一是要正视改革开放前社会主义建设所取得的成就，二是要客观看待改革开放过程中出现的一些问题，三是要客观认识改革开放前后两个历史时期的内在联系。

---

① 高翔 . 中国道路——中国社会科学版特别策划（2009—2010）[M]. 北京：人民出版社，2010：32.

② 习近平 . 习近平谈治国理政（第一卷）[M]. 北京：外文出版社，2018：22.

③ 习近平 . 习近平谈治国理政（第一卷）[M]. 北京：外文出版社，2018：22-23.

① 正确看待改革开放前社会主义建设所取得的成就

以毛泽东为核心的第一代中央领导集体对适合中国特点的社会主义建设道路的探索，为新时期中国特色社会主义道路的开辟和中国特色社会主义理论体系的形成发挥了重要作用。社会主义制度在我国基本确立以后，探索适合中国特点的社会主义建设道路，是以毛泽东为主要代表的中国共产党人亟待解决的一个全新的课题。在总结我国"一五"规划经验和苏联社会主义建设经验教训的基础上，毛泽东提出了探索社会主义建设道路的基本原则和社会主义建设的基本思路。毛泽东指出："从一九五六年提出十大关系起，开始找到自己的一条适合中国的路线。"[①]

第一，提出了探索社会主义建设道路的基本原则。毛泽东提出了实现马克思主义与中国实际"第二次结合"的重要思想，提出了探索适合中国特点的社会主义建设道路的基本原则，中国特色社会主义道路的开辟，正是始终坚持把马克思主义与中国实际相结合，是马克思主义与中国实际相结合第二次飞跃的实践成果。建设社会主义对于以毛泽东为主要代表的中国共产党人来说，是一个新鲜事物，没有任何现成经验可循，也没有任何固定的模式可以借鉴。究竟通过什么样的方式，走什么样的道路，才能建设和发展社会主义？毛泽东指出："一定要把马克思列宁主义的普遍真理和本国的具体情况这两个方面结合起来。"[②]通过把马克思主义和中国实际"进行第二次结合，找出在中国进行社会主义革命和建设的正确道路。" 在新时期我

---

① 中共中央文献研究室.建国以来毛泽东文稿（第九册）[M].北京：中央文献出版社，1996：213.

② 中共中央文献研究室.毛泽东文集（第七卷）[M].北京：人民出版社，1999：133.

国改革开放和社会主义现代化建设的实践中，邓小平指出："把
马克思主义的普遍真理同我国的具体实际结合起来，走自己的
道路，建设有中国特色的社会主义，这就是我们总结长期历史
经验得出的基本结论。"①进入新世纪新阶段，面对变化了的世
情、国情、党情，江泽民仍然把马克思主义与中国实际相结合
作为建设和发展中国特色社会主义的基本原则，他指出："二十
年的历史经验归结到一点，就是把马克思主义基本原理同中国
具体实际相结合，走自己的路，建设有中国特色社会主义。"②
总之，"从一九七八年党的十一届三中全会开始，制定了一系
列新的方针政策。这些方针政策，归根到底就是恢复和坚持
毛泽东同志提出的实事求是的思想路线，根据这条思想路线来
探索中国怎样建设社会主义"③。从另一个意义上来说，毛泽东
在探索中国社会主义建设的过程中提出了把马克思主义与中国
实际进行第二次结合的要求，而在改革开放的历史进程中，才
真正实现了马克思主义与中国实际相结合的第二次历史性飞跃，
并在这一过程中开辟了中国特色社会主义道路。

　　第二，形成了进行社会主义建设的基本思路。20世纪50年
代中期，毛泽东提出"走自己的路"，突破苏联社会主义建设的
模式。在我国社会主义建设初期，"因为我们没有经验，在经济
建设方面，我们只得照抄苏联"④。但是"各国的国情不同，实
现发展的道路也必然不同，不可能有一个适用于一切国家、一切

---

①　邓小平.邓小平文选（第三卷）[M].北京：人民出版社，1993：3.

②　江泽民.江泽民文选（第二卷）[M].北京：人民出版社，2006：263-264.

③　邓小平.邓小平文选（第三卷）[M].北京：人民出版社，1993：254.

④　中共中央文献研究室.毛泽东文集（第八卷）[M].北京：人民出版社，
1999：305.

时代的固定不变的模式。"① 因此，中国的社会主义建设不能完全照搬苏联模式，毛泽东指出："任何外国的经验，只能作参考，不能当作教条。"② 苏共二十大以后，苏联模式的更多弊端逐渐暴露出来，这促使毛泽东重新审视苏联模式。他指出："苏联的经验只能择其善者而从之，其不善者不从之。把苏联的经验孤立起来，不看中国实际，就不是择其善者而从之。"他还指出："学习有两种方法：一种是专门模仿；一种是有独创精神，学习与独创结合。硬搬苏联的规章制度，就是缺乏独创精神。"③ 因此，中国的社会主义建设，要学习苏联社会主义建设的经验，但不能迷信苏联模式，更要结合中国实际，符合中国特点。毛泽东在《论十大关系》和《关于正确处理人民内部矛盾的问题》中，提出了许多关于社会主义建设的正确思想，形成了关于社会主义建设的基本思路，为中国特色社会主义理论体系的形成提供了思想基础。

毛泽东提出，要学习一切国家的好的经验，结合中国实际建设社会主义。马克思认为，落后国家建设社会主义，可以"不经受资本主义生产的可怕的波折而占有它的一切积极的成果"④，跨越资本主义的"卡夫丁峡谷"。列宁也指出，落后国家在建设社会主义的过程中，必须"把资本主义所积累的一切最丰富的、历史上是我们必需的全部文化、知识和技术，由资本主义的工具变成社会主义

---

① 中共中央文献研究室．十六大以来重要文献选编（上册）[M]．北京：中央文献出版社，2005：647.

② 中共中央文献研究室．毛泽东文集（第七卷）[M]．北京：人民出版社，1999：133.

③ 中共中央文献研究室．毛泽东文集（第七卷）[M]．北京：人民出版社，1999：366.

④ 中共中央马克思恩格斯列宁斯大林著作编译局．马克思恩格斯全集（第二十五卷）[M]．北京：人民出版社，2001：456.

的工具"①。在中国这样一个经济文化落后的国家建设社会主义，也必然要在某些方面学习和借鉴资本主义国家的经验。毛泽东指出："一切国家的好经验我们都要学，不管是社会主义国家的，还是资本主义国家的，这一点是肯定的。"毛泽东还提出了结合中国实际学习这些经验的根本态度。他指出："学习有两种态度。一种是教条主义的态度，不管我国情况，适用的和不适用的，一起搬来。这种态度不好。另一种态度，学习的时候用脑筋想一下，学那些和我国情况相适合的东西，即吸取对我们有益的经验，我们需要的是这样一种态度。"②邓小平在1992年初的南方谈话中提出："社会主义要赢得与资本主义相比较的优势，就必须大胆吸收和借鉴人类社会创造的一切文明成果，吸收和借鉴当今世界各国包括资本主义发达国家的一切反映现代社会化生产规律的先进经营方式、管理方法。"③正是在这一思想的指引下，实现了我国社会主义基本制度与市场经济的有机结合，开辟了中国特色社会主义建设道路。

第三，为中国特色社会主义理论体系的形成提供了历史经验。党的八大以后，在探索社会主义建设道路的实践中，毛泽东逐渐违背了他所一直倡导的实事求是的思想路线，甚至出现了严重失误。"总的来说，就是对外封闭，对内以阶级斗争为纲，忽视发展生产力，制定的政策超越了社会主义的初级阶段。"④

毛泽东探索的失误，使我国社会主义建设遭受了严重挫折，也为中国特色社会主义理论体系的形成积累了历史经验。邓小平总结

---

① 中共中央马克思恩格斯列宁斯大林著作编译局.列宁全集（第二十七卷）[M].北京：人民出版社，1958：386.
② 中共中央文献研究室.毛泽东文集（第七卷）[M].北京：人民出版社，1999：242.
③ 邓小平.邓小平文选（第三卷）[M].北京：人民出版社，1993：373.
④ 邓小平.邓小平文选（第三卷）[M].北京：人民出版社，1993：269.

了毛泽东在经济建设上急躁冒进、急于求成的错误，导致"大跃进"等严重失误教训的基础上，提出了社会主义初级阶段理论。总结由于坚持"以阶级斗争为纲"，导致阶级斗争扩大化和"文化大革命"这样全局性错误的教训，邓小平深刻反思社会主义发展的动力所在，提出了社会主义改革开放理论。总结毛泽东由于急于改变生产关系、坚持"一大二公"而导致人民公社化运动这样大的失误的教训，邓小平深刻反思究竟"什么是社会主义、怎样建设社会主义"这一基本问题，认识到解放和发展生产力是社会主义的根本任务，提出了社会主义本质理论和社会主义市场经济理论。邓小平指出："我们现在的路线、方针、政策是在总结了成功时期的经验、失败时期的经验和遭受挫折时期的经验后制定的。历史上成功的经验是宝贵财富，错误的经验、失败的经验也是宝贵财富。"① 毛泽东探索社会主义建设道路的历史经验为中国特色社会主义理论体系的形成提供了可资借鉴的思想资料。也正如毛泽东所说的那样，"我们有两种经验，错误的经验和正确的经验。正确的经验鼓励了我们，错误的经验教训了我们。"② 总之，毛泽东对中国特色社会主义建设道路的探索，为中国特色社会主义理论体系的形成奠定了基础。

② 客观看待改革开放过程中出现的问题

在改革开放 40 多年来，中国特色社会主义道路开辟过程中，确确实实也存在一些问题，但这些问题不能成为否定改革开放以来中国特色社会主义道路的理由。在社会主义初级阶段，由于存在多种所有制和实行市场经济体制，客观上存在着产生两极分化的可能

① 邓小平. 邓小平文选（第三卷）[M]. 北京：人民出版社，1993：234-235.
② 中共中央文献研究室. 毛泽东文集（第八卷）[M]. 北京：人民出版社，1999：338.

性。因为劳动者的个人禀赋和家庭负担的不同，拥有生产要素的多少不同，人们在竞争能力上的差距，以及城乡之间、地区之间、脑力劳动与体力劳动之间，以及不同经济领域和部门之间客观上的差别，必然引起收入的差别和富裕程度的不同。中国目前存在的这种贫富差距拉大的现象，与资本主义社会普遍存在的两极分化虽有相似之处，但却有着根本的不同。中国目前存在的收入差距，它不是由中国特色社会主义制度本质所决定的，因为中国特色社会主义的本质是要消灭剥削，消除两极分化，最终达到共同富裕。收入差距的拉大只是中国经济转型期的阵痛，这种差距不会发展到两极分化，随着社会保障制度的完善和社会主义市场经济体制的日益成熟，会逐渐缩小。而资本主义的两极分化则是一个普遍的社会现象，它的根源是资本主义制度本身，只要资本主义制度存在，两极分化就不会消失。所以，当前中国存在的收入差距拉大的现象与资本主义的两极分化是两个不同的概念，不能因此把中国特色社会主义道路看作是中国特色资本主义发展道路。

另外，中国现阶段存在的剥削现象，也与资本主义社会中的剥削有着根本的不同。在现阶段的中国，由于存在着多种所有制，所以剥削现象不可避免。但是，这种剥削仅限于非公有制经济内部，并且，这些在非公有制经济内部工作的劳动者，与资本主义社会一无所有的工人阶级有着根本的区别。西班牙《先锋报》记者玛丽娜·梅塞格尔指出："中国劳动者知道自己会受到剥削但还欣然接受，因为他们知道这种剥削对他们自己的经济和社会生活是有积极意义的。这是一种暂时的剥削。中国劳动者的自觉意识与18世纪英国工人的意识有所不同。正因为如此，中国在过去20年中的经济社会发展才会如此之快。"她还指出，中国目前存在的剥削并不是真正的剥削，认为中国政府在剥削其国民的想法是错误的，"在中国……这一过程是发展，而不是剥削"①。在资本主义社会，工人除了被迫出卖自己的劳动力以外，没有其他任何选择的自由，因为他们没有任何属于自己的生产资料。而在中国，在非公有制经济内部的劳动者，还有另外一种身份，他们还是这个国家的主人，是国有经济或集体经济的所有者。在中国，资本家的剥削确实存在，但并不存在一个剥削阶级，在中国，劳动者确实被剥削，但并不是作为一个被剥削阶级受到剥削。这就是中国特色社会主义，社会主义因素与资本主义因素并存，但只要社会主义因素还占主体地位，中国特色社会主义道路就依然是社会主义的发展道路。邓小平指出："个别资产阶级分子可能会出现，但不会形成一个资产阶级。总之，我们的改革，坚持公有制为主体，又注意不导致两极分化，过去四年我们就是按照这个方向走的，这就是坚持社会主义。"他还指出："只要我国经济中公有制占主体地位，就可以避免两极分化。当然，一部分地区、一部分人可以先富起来，带动和帮助其他地区、其他的人，逐步达到共同富裕。我相信，随着经济的发展，随着科学文化和教育水平的提高，随着民主和法制建设的加强，目前社会上那些消极的现象也必然会逐步减少并最终消除。"②

③ 改革开放前后两个历史时期的内在联系

正确看待改革开放前后两个历史时期的关系，最根本的就在于从整体性视角出发去认识毛泽东思想和中国特色社会主义理论体系之间的关系，认识毛泽东探索社会主义建设道路与中国特色社会主义道路之间的关系。

第一，毛泽东社会主义建设思想是中国特色社会主义理论体

---

① 中国经济制度相比西方有优越之处 [N]. 参考消息，2011-9-21（14）.

② 邓小平. 邓小平文选（第三卷）[M]. 北京：人民出版社，1993：139，149.

系形成的思想基础。毛泽东社会主义建设思想涵盖了经济、政治、文化、社会建设的各个方面，是被实践证明了的关于社会主义建设的正确的理论原则和经验总结，为中国特色社会主义理论体系的形成奠定了思想基础。在经济建设方面，提出了要正确处理农业、轻工业和重工业的关系，走中国工业化道路的思想；提出了改革经营管理体制的"两参一改三结合"和"三个主体，三个补充"等思想。毛泽东提出的发展社会主义商品经济的思想，对社会主义市场经济的发展仍具有现实指导作用，他指出："商品生产，要看它是同什么经济制度相联系，同资本主义制度相联系就是资本主义的商品生产，同社会主义制度相联系就是社会主义的商品生产。"[①]在政治建设方面，提出了关于实行人民代表大会制度、中国共产党领导的多党合作和政治协商制度、民族区域自治制度的思想；提出了关于正确处理两类不同性质的矛盾等思想，对于中国特色社会主义民主政治建设仍具有重要的指导意义。在文化建设方面，提出了"古为今用"，"洋为中用"，"百花齐放"，"百家争鸣"的方针，对于建设中国特色社会主义文化仍具有重要的指导作用。在社会建设方面，毛泽东在《一九五七年夏季的形势》中提出的"又有集中又有民主，又有纪律又有自由，又有统一意志、又有个人心情舒畅、生动活泼，那样一种政治局面"[②]的思想，对于构建社会主义和谐社会具有重要的启迪意义。在社会主义发展阶段问题上，毛泽东把社会主义区分为"建立"和"建成"两个阶段。他指出："社会主义这个阶段，又可能分为两个阶段，第一个阶段是不发达的社会主义，第二个阶段是比较发达

① 中共中央文献研究室. 毛泽东文集（第七卷）[M]. 北京：人民出版社，1999：439.
② 中共中央文献研究室. 建国以来毛泽东文稿（第六册）[M]. 北京：中央文献出版社，1992：543.

的社会主义。后一阶段可能比前一阶段需要更长的时间。"① 从
而为社会主义初级阶段理论的提出奠定了重要的思想基础。

第二，毛泽东社会主义建设思想的一些内容包括在中国特色
社会主义理论体系之中。毛泽东社会主义建设思想，虽然由于历
史条件的变化，有些思想内容失去了现实指导意义，但是为中国
特色社会主义理论体系的形成提供了有益的思想资料。而有些思
想内容也被中国特色社会主义理论体系继承下来，对于建设和发
展中国特色社会主义仍具有重要的现实指导意义，这些思想内容
不仅属于毛泽东思想的科学体系，也包含在中国特色社会主义理
论体系之中。在毛泽东思想与中国特色社会主义理论体系的关系
问题上，我们要反对任何简单化的倾向，不能把两大理论成果对
立起来。既要看到两大理论成果的区别，又要看到其内在联系。
如前所述，中国特色社会主义理论体系形成于改革开放和社会主
义现代化建设的新时期，不包括毛泽东思想。但是，不能因此
就割裂两大理论成果的有机联系。在中国特色社会主义理论体系
中，还包含了毛泽东关于社会主义建设的一些重要的思想内容。
这些思想内容不仅被我国长期的社会主义建设的实践证明是正确
的理论原则和经验总结，而且对于建设和发展中国特色社会主义
仍具有重要的指导作用。尤其是在政治上，毛泽东提出的关于人
民代表大会制度，中国共产党领导的多党合作和政治协商制度，
民族区域自治制度等思想，对中国特色社会主义政治建设仍然发
挥着重要的指导作用，人民代表大会制度仍然是我们国家的根本
政治制度，中国共产党领导的多党合作和政治协商制度以及民族
区域自治制度仍然是我国的基本政治制度。毛泽东确立的"古为

---

① 中共中央文献研究室. 毛泽东文集（第八卷）[M]. 北京：人民出版社，
1999：116.

今用""洋为中用""百花齐放""百家争鸣"等发展我国社会
主义文化的方针也仍然具有指导意义。应当说，随着实践的发展，
这些思想内容不断被赋予新的时代内涵。中国特色社会主义理论
体系也并非只是借用了毛泽东社会主义建设思想的某些概念和范
畴，或者只是某些形式和提法上的一致，而是说有些思想内容，
也包括在中国特色社会主义理论体系之中。应特别指出的是，也
不能因此而把毛泽东关于社会主义建设的整个思想内容包括在中
国特色社会主义理论体系之中。这样理解，才能真正厘清毛泽东
思想与中国特色社会主义理论体系的关系。毛泽东对社会主义公
有制经济占优势的前提下，允许非公有制经济成分存在的问题进
行了探讨，认为可以实行"新经济政策"。在分配方面，提出国
家、集体和个人三者兼顾的原则。经济管理体制方面，提出"两
参一改三结合"的思想。对于刚刚建立的国家政治制度，毛泽东
认为各项基本政治制度是好的，是适合中国国情的，但仍需要不
断完善，提出了完善人民代表大会制度、中国共产党领导的多党
合作和政治协商制度、民族区域自治制度的一些具体思路。例如，
认为人民代表大会制度建立后，各民主党派的存在仍然具有积极
意义，共产党和民主党派要坚持"长期共存，互相监督"的方针；
重视人民代表大会制度的实践，提出赋予地方人大的立法权。
毛泽东还提出了政治体制改革的目标就是要"造成一个又有集中
又有民主，又有纪律又有自由，又有统一意志、又有个人心情舒畅、
生动活泼，那样一种政治局面"，① 并从发扬民主机制、反对官
僚主义等方面作了具体分析。他说，民主是正确总结经验、制定
正确的方针政策和贯彻群众路线的重要条件，要加强集体领导，

---

① 中共中央文献研究室.建国以来重要文献选编（第十五册）[M].北京：中央
文献出版社，2011：42.

反对个人独裁和分散主义两种偏向。毛泽东对官僚主义深恶痛绝，认为国家机构庞大、部门重叠，是官僚主义滋生的条件，提出大力精简党政机构。另外，毛泽东还在不同场合提到不做国家主席、党和国家领导人分"一线""二线"等问题，为改革开放后废除领导干部职务终身制创造了思想条件。

第三，毛泽东社会主义建设思想是联结毛泽东思想与中国特色社会主义理论体系的有机链条。毛泽东社会主义建设思想作为马克思主义中国化第一次历史性飞跃理论成果的重要内容，既是毛泽东思想的重要组成部分，为马克思主义中国化的第二次飞跃作了理论准备，也为中国特色社会主义理论体系的形成奠定了思想基础，其中一些重要的思想观点还被中国特色社会主义理论体系所吸收。中国特色社会主义理论体系不是对毛泽东社会主义建设思想的否定，而是对毛泽东社会主义建设思想的继承和发展。对此，邓小平指出："从许多方面来说，现在我们还是把毛泽东同志已经提出、但是没有做的事情做起来，把他反对错了的改正过来，把他没有做好的事情做好。"① 这也就告诉我们，中国特色社会主义理论体系否定的是毛泽东晚年的错误，而对其合理内核则继承下来。就毛泽东思想和中国特色社会主义理论体系的关系来说，这两大理论成果除了具有共同的理论基础、价值取向及其精髓以外，联结毛泽东思想和中国特色社会主义理论体系的就是毛泽东社会主义建设思想这一有机链条。而从整体性的视角来看，毛泽东思想和中国特色社会主义理论体系无疑又同属于中国化马克思主义的理论体系，二者都是中国共产党带领中国人民探索符合中国特点的社会主义建设道路的理论成果。

总而言之，中国特色社会主义道路的探索，"好像一场接力

---

① 邓小平 . 邓小平文选（第二卷）[M]. 北京：人民出版社，1994：300.

赛，跑第二棒的人总是以跑第一棒的人到达的地方作为起点。"①
对于正确认识改革开放前后两个历史时期的关系，2013 年 1 月 5
日，习近平在《新进中央委员会的委员、候补委员学习贯彻党的
十八大精神研讨班上的讲话》中指出："我们党领导人民进行社
会主义建设，有改革开放前和改革开放后两个历史时期，这是两
个相互联系又有重大区别的时期，但本质上都是我们党领导人民
社会主义建设的实践探索。中国特色社会主义是在改革开放历史
新时期开创的，但也是在新中国已经建立起社会主义基本制度并
进行了 20 多年的基础上开创的。"因此，"对改革开放前的历史
时期要正确评价，不能用改革开放后的历史时期否定改革开放前
的历史时期，也不能用改革开放前的历史时期否定改革开放后的
历史时期。改革开放前的社会主义实践探索为改革开放后的社会
主义实践积累了条件，改革开放后的社会主义实践探索是对前一
个时期的坚持、改革、发展"②。

---

① 高翔 . 中国道路——中国社会科学版特别策划（2009—2010）[M]. 北京：人
民出版社，2010：32.
② 中共中央文献研究室 . 十八大以来重要文献选编（上）[M]. 北京：中央文献
出版社，2014：111-112.

第四章

中国特色社会主义
道路的开辟

中国特色社会主义道路的探索，始于 20 世纪 50 年代，以毛泽东为核心的党的第一代中央领导集体对适合中国特点的社会主义建设道路的探索。改革开放以后，邓小平在领导改革开放和社会主义现代化建设实践中，在总结历史经验的基础上，把马克思主义与当代中国的具体实际和时代特征相结合，开辟了中国特色社会主义道路。中国特色社会主义道路的开辟，体现了党的几代领导集体一以贯之的接力探索，是改革开放以来，中国共产党在实践上不断创新的伟大成果。

一、实事求是思想路线的重新确立

思想路线是无产阶级世界观的根本点，是我们党制定政治路线和各项方针政策的基础，也是正确理解和执行党的路线、方针、政策的保证。中国共产党在长期的革命斗争实践中，在全党确立了实事求是的思想路线。正是由于坚持实事求是的思想路线，中国共产党在新民主主义革命时期，克服了教条主义和经验主义的影响，把马克思主义与中国革命实际相结合，探索出一条农村包围城市、武装夺取政权的革命道路，取得了新民主主义革命的胜利。正是由于坚持实事求是的思想路线，党在社会主义改造时期，探索出一条具有中国特色的社会主义改造道路，顺利实现了对个体农业、手工业和资本主义工商业的社会主义改造，确立了社会主义基本制度。正是由于坚持实事求是的思想路线，在社会主义建设的最初探索中，毛泽东提出要把马克思主义与中国实际进行第二次结合，探索符合中国特点的社会主义建设道路，使社会主义建设的探索有了一个良好的开端。然而，随着"左"倾错误在党内的发展，党在带领人民探索社会主义建设道路的过程中逐渐偏离了实事求是的思想路线，导致出现了"大跃进""人民公社化运动"以至"文化大革命"这样的全局性错误，使社会主义建设道路的探索遭遇严重挫折。"文化大革命"结束以后，为了彻底纠正"文化大革命"的错误，使社会主义建设重新回到正确的轨道上来，就必须首先恢复党的实事求是的思想路线。

① "两个凡是"的提出以及对"两个凡是"的批判

"文化大革命"的结束，是符合中国特点的社会主义建设道路的一个重要节点。"文化大革命"的结束本身就代表着对社会主义建设道路探索的反思，而要纠正从 1957 年下半年以来在探索社会主义建设道路过程中的错误，一个基本的前提就是重新确立实事求是的思想路线。一方面在实事求是的基础上总结社会主义制度确立以后探索社会主义建设道路的经验和教训，另一方面，在实事求是思想路线的指引下，重启对中国社会主义建设道路的探索。"文化大革命"结束以后，虽然整个社会都意识到社会主义建设道路的探索出现了问题，但"左"的思想的长期影响所带来的思维惯性，特别是毛泽东在人民群众中间的巨大影响力也使整个社会很难从根本上反思"文化大革命"的错误，"以阶级斗争为纲"和"无产阶级专政下继续革命"的错误思想和理论仍然在社会各个层面有着重要的影响，在这种情况下，我国的社会主义建设出现徘徊不前的局面。1977 年 2 月，《人民日报》《光明日报》和《红旗》杂志发表了《学好文件抓住纲》的社论，提出了"两个凡是"的错误方针，也就是"凡是毛主席作出的决策，我们都坚决维护，凡是毛主席的指示，我们都始终不渝地遵循"①。"两个凡是"反映了党中央一部分领导同志对于"文化大革命"的态度，也反映出当时一些领导同志还没有能够正视"文化大革命"的错误。"两个凡是"的提出，对于纠正"文化大革命"的错误，在实事求是基础上重启社会主义建设道路的探索带来了严重阻碍。

"两个凡是"的错误体现在把毛泽东思想和"文化大革命"捆绑起来，认为"文化大革命"是毛泽东思想指导下的产物，因此，否定"文化大革命"就是要否定毛泽东思想。不能否定的是，"文化大革命"确实是在毛泽东的领导下发动的，但不能说"文化大革命"就是毛泽东思想的产物，这是对毛泽东思想的庸俗化。邓小平指出："'两个凡是'的观点就是想原封不动地把毛泽东同志晚年的错误思想坚持下去。所谓按既定方针办，就是按毛泽东同志晚年的错误方针办。"②"两个凡是"错误的实质就在于没能正确地理解毛泽东思想，特别是没能把毛泽东思想和毛泽东个人的思想区别开来，并且把毛泽东个人的错误思想也纳入毛泽东思想中来。因此，要推翻"两个凡是"，突破口就是完整准确地理解毛泽东思想。在 1977 年召开的党的十届三中全会上，邓小平明确指出，"两个凡是"不符合马克思主义，也不符合毛泽东思想，必须完整准确地理解毛泽东思想。他说："有一些同志天天讲毛泽东思想，却往往忘记、抛弃甚至反对毛泽东同志的实事求是、一切从实际出发、理论与实践相结合的这样一个马克思主

---

① 学好文件抓住纲 [N]. 人民日报，1977-02-07（1）.

② 邓小平. 邓小平文选（第二卷）[M]. 北京：人民出版社，1994：298.

义的根本观点，根本方法。"①

邓小平对"两个凡是"的批判得到了其他中央领导同志的赞成。叶剑英、陈云、王震等老一辈革命家也在各种场合批判"两个凡是"，强调党的实事求是的作风。1977 年 12 月，中央党校在邓小平批评"两个凡是"和倡导实事求是的思想指导下，组织1000 多名高中级干部学员研究、总结"文化大革命"的经验教训，胡耀邦提出要把实践作为检验路线是非的标准。②1978 年 3 月 26日《人民日报》刊发《标准只有一个》的文章，文章指出："真理的标准，只有一个，就是社会实践。"文章提出："在马克思主义产生以前，人们总是从认识、意志、思想、理论中去寻找真理的标准，因而，他们找不到真正的客观的检验真理的标准。马克思主义第一次科学地解决了人类认识史上这个老大难的问题。马克思主义不同于以往的一切哲学，它把社会实践引进了认识论，认为认识依赖于实践，实践是认识的基础。通过社会实践而发现真理，又通过社会实践而证实真理和发展真理。因此，只有社会实践才是检验真理的标准。"③这篇文章实际上明确了实践是检验真理的标准，为后来的真理标准大讨论提供了一个基本的理论思路。1978 年 5 月 11 日，《光明日报》发表了《实践是检验真理的唯一标准》的文章，第二天被《人民日报》《解放军报》全文转载，并被全国绝大多数省份的主要报纸转载，在全国范围内掀起了一场关于真理标准大讨论的热潮。这场关于真理标准的大讨论，使人们的思想逐渐从长期"左"的教条束缚下解放出来，打破了"两个凡是"的精神枷锁，同时也为全面准确理解毛泽东

---

① 邓小平. 邓小平文选（第二卷）[M]. 北京：人民出版社，1994：114.

② 中共中央文献研究室. 三中全会以来重大决策的形成和发展 [M]. 北京：中央文献出版社，1998：7.

③ 张成. 标准只有一个 [N]. 人民日报，1978-3-26（3）.

思想提供了基本的前提，为随后召开的党的十一届三中全会奠定了重要的思想基础。正如后来邓小平在《思想路线政治路线的实现要靠组织路线来保证》的讲话中指出的那样："就全国范围来说，就大的方面来说，通过实践是检验真理唯一标准和'两个凡是'的争论，已经比较明确地解决了我们的思想路线问题。"①

② 党的十一届三中全会与实事求是思想路线的重新确立

1978年11月10日至12月15日，中央工作会议在北京召开，这次会议的原定议题是进一步贯彻以农业为基础的方针，尽快把农业生产搞上去，并讨论1979年和1980年的国民经济计划安排。但会议之初，就有一些老干部提出要反思社会主义制度确立以来我们党在领导社会主义建设道路探索过程中所犯的错误，以及"文化大革命"结束两年来党中央在领导工作中存在的问题，并对"两个凡是"进行了批评。这些老一辈革命家之所以迫切地希望能够尽快对我国社会主义建设道路探索作出实事求是的评价，就在于如果不能早日恢复实事求是的思想路线，就不能实现政治路线上的拨乱反正，也就不能真正重启对中国社会主义建设道路的探索。正是在这样的情况下，邓小平在这次中央工作会议闭幕式发表了《解放思想，实事求是，团结一致向前看》的重要讲话。

邓小平在讲话中提出："实事求是，是无产阶级世界观的基础，是马克思主义的思想基础。过去我们搞革命所取得的一切胜利，是靠实事求是；现在我们要实现四个现代化，同样要靠实事求是。"②而要做到实事求是，首先需要解放思想，打破旧的思

---

① 中共中央文献研究室.三中全会以来重要文献选编（上）[M].北京：中央文献出版社，2011：141.
② 邓小平.邓小平文选（第二卷）[M].北京：人民出版社，1994：143.

维的束缚。邓小平指出："解放思想，开动脑筋，实事求是，团结一致向前看，首先是解放思想。只有思想解放了，我们才能正确地以马列主义、毛泽东思想为指导，解决过去遗留的问题，解决新出现的一系列问题，正确地改革同生产力迅速发展不相适应的生产关系和上层建筑，根据我国的实际情况，确定实现四个现代化的具体道路、方针、方法和措施。"[①] 他还指出："目前进行的关于实践是检验真理的唯一标准问题的讨论，实际上也是要不要解放思想的争论。""一个党，一个国家，一个民族，如果一切从本本出发，思想僵化，迷信盛行，那它就不能前进，它的生机就停止了，就要亡党亡国。这是毛泽东同志在整风运动中反复讲过的。只有解放思想，坚持实事求是，一切从实际出发，理论联系实际，我们的社会主义现代化建设才能顺利进行，我们党的马列主义、毛泽东思想的理论也才能顺利发展。从这个意义上说，关于真理标准问题的争论，的确是个思想路线问题，是个政治问题，是个关系到党和国家的前途和命运的问题。"[②]

在中央工作会议结束之后召开的党的十一届三中全会，冲破了党的指导思想上存在的教条主义和个人崇拜的严重束缚，坚决批判了"两个凡是"的错误方针，充分肯定了必须完整地、准确地掌握毛泽东思想的科学体系；高度评价了关于真理标准问题的讨论，确定了解放思想、开动脑筋、实事求是、团结一致向前看的指导方针；果断地停止使用"以阶级斗争为纲"这个不适用于社会主义现代化建设的口号，作出了把工作重点转移到社会主义现代化建设上来的战略决策；提出了要注意解决好国民经济重大比例严重失调的要求，制订了关于加快农业发展的决定；着重提

---

① 邓小平.邓小平文选（第二卷）[M].北京：人民出版社，1994：141.

② 邓小平.邓小平文选（第二卷）[M].北京：人民出版社，1994：143.

出了健全社会主义民主和加强社会主义法制的任务；审查和解决了党的历史上一批重大冤假错案和一些重要领导人的功过是非问题。党的十一届三中全会作出的这些重大意义的转变，标志着党重新确立了马克思主义的思想路线、政治路线和组织路线。

③ 《关于建国以来党的若干历史问题的决议》与科学评价毛泽东和毛泽东思想

党的十一届三中全会虽然对毛泽东初步作出了客观的评价，但由于长期以来形成的僵化认识还难以在短期内被打破。如果不能对毛泽东思想和毛泽东个人作出全面客观的评价，就不能打破人们对毛泽东思想的僵化认识，不能对中华人民共和国成立以来关于社会主义建设探索作出一个全面客观的评价，从而也就不能真正解放思想，甩开历史的包袱，大胆探索中国特色社会主义道路。因此，从1979年11月开始，在中央政治局、书记处领导下，由邓小平、胡耀邦主持进行《关于建国以来党的若干历史问题的决议》（以下简称《决议》）的起草工作。邓小平在领导决议起草过程中多次发表讲话，提出决议的"核心问题是对毛泽东同志的评价"[①]。因为"对毛泽东同志的评价，对毛泽东思想的阐述，不是仅仅涉及毛泽东同志个人的问题，这同我们党、我们国家的整个历史是分不开的。要看到这个全局。这是我们从决议起草工作开始的时候就反复强调的"。全面客观评价毛泽东和毛泽东思想，"这不只是个理论问题，尤其是个政治问题，是国际国内的很大的政治问题。如果不写或写不好这个部分，整个决议都不如不做"[②]。经过一年半时间的讨论和起草工作，1981年党的十一

---

① 邓小平. 邓小平文选（第二卷）[M]. 北京：人民出版社，1994：307.

② 邓小平. 邓小平文选（第二卷）[M]. 北京：人民出版社，1994：299.

届六中全会通过了这个决议。《决议》在实事求是思想路线的指导下，对中华人民共和国成立32年来党的重大历史事件特别是"文化大革命"，作出了正确的总结，科学地分析了在这些事件中党的指导思想的正确和错误，分析了产生错误的主观因素和社会原因，实事求是地评价了毛泽东在中国革命中的历史地位，充分论述了毛泽东思想作为我们党的指导思想的伟大意义。《决议》指出："如果没有毛泽东同志多次从危机中挽救中国革命，如果没有以他为首的党中央给全党、全国各族人民和人民军队指明坚定正确的政治方向，我们党和人民可能还要在黑暗中摸索更长时间。同中国共产党被公认为全国各族人民的领导核心一样，毛泽东同志被公认为中国共产党和中国各族人民的伟大领袖，在党和人民集体奋斗中产生的毛泽东思想被公认为党的指导思想，这是中华人民共和国建国以前二十八年历史发展的必然结果。"①《决议》还对毛泽东在领导社会主义建设道路探索过程中所犯的错误也进行了客观的评价，指出："毛泽东同志是伟大的马克思主义者，是伟大的无产阶级革命家、战略家和理论家。他虽然在'文化大革命'中犯了严重错误，但是就他的一生来看，他对中国革命的功绩远远大于他的过失。他的功绩是第一位的，错误是第二位的。"②《决议》还客观阐释了毛泽东思想的科学内涵，从六个方面概括了毛泽东思想的科学理论体系，提出实事求是、群众路线和独立自主是毛泽东思想活的灵魂。

《关于建国以来党的若干历史问题的决议》对毛泽东和毛泽东思想进行了全面客观的评价，对完整准确理解毛泽东和毛泽东思想

---

① 中共中央文献研究室 . 三中全会以来重要文献选编（下）[M]. 北京：中央文献出版社，2011：129.

② 中共中央文献研究室 . 三中全会以来重要文献选编（下）[M]. 北京：中央文献出版社，2011：155-156.

具有重要意义，对于人们全面认识新中国成立以来社会主义建设道路的探索也具有同样重要的意义，《决议》真正体现了中国特色社会主义道路探索的继往开来。《决议》既是对过去 32 年建设社会主义道路探索的一个总结，也是中国特色社会主义道路探索的一个新的开始。正如《决议》所指出的那样："经过对建国以来党的历史经验的正确总结，也必将促进今后的社会主义建设事业取得新的伟大胜利。"① 正是因为有了这个《决议》，人们才能真正放下历史的包袱，解放思想，实事求是，团结一致向前看，大胆探索中国特色社会主义道路。

二、改革开放的发轫

党的十一届三中全会作出了改革开放的决策，并迅速把这一决策在实践中贯彻和落实。改革首先从农村开始，在农村改革取得成效以后，改革在全国范围内全面展开，并在改革开放的过程中成功创立了中国特色社会主义理论，确立了中国特色社会主义制度，发展了中国特色社会主义文化，开辟了中国特色社会主义道路。

① 改革率先在农村取得突破

改革开放率先在农村展开，是由中国的实际情况所决定的。邓小平指出："从中国的实际出发，我们首先解决农村问题。中国有百分之八十的人口住在农村，中国稳定不稳定首先要看这百分之八十稳定不稳定。城市搞得再漂亮，没有农村这一稳定的基础是不

---

① 中共中央文献研究室 . 三中全会以来重要文献选编（下）[M]. 北京：中央文献出版社，2011：177.

行的。所以，我们首先在农村实行搞活经济和开放政策，调动了全国百分之八十的人口的积极性。"①1978 年党的十一届三中全会恢复了实事求是的思想路线，并作出了把工作重心转移到经济建设上来的重要决定。把工作重心从以阶级斗争为纲转移到经济建设上来，首先体现在农业和农村工作中。党的十一届三中全会提出，要将《中共中央关于加快农业发展若干问题的决定（草案）》和《农村人民公社工作条例（试行草案）》发到各省、自治区、直辖市讨论和试行。认为全党目前必须集中主要精力把农业尽快搞上去，因为农业这个国民经济的基础，这些年来受了严重的破坏，目前就整体来说还十分薄弱。只有大力恢复和加快发展农业生产，坚决地、完整地执行农林牧副渔并举和"以粮为纲，全面发展，因地制宜、适当集中"的方针，逐步实现农业现代化，才能保证整个国民经济的迅速发展，才能不断提高全国人民的生活水平。必须首先调动我国几亿农民的社会主义积极性，必须在经济上充分关心他们的物质利益，在政治上切实保障他们的民主权利。从这个指导思想出发，全会提出了当前发展农业生产的一系列政策措施和经济措施。这些政策措施和经济措施事实上就是要改变过去形成的一些不合理的农业生产和经营制度。党的十一届三中全会开启了农业和农村的改革。

虽然党的十一届三中全会拉开了改革开放的序幕，但由于各种复杂的原因，党的十一届三中全会并没有完全冲破长期存在的"左"的思想的束缚，例如会议决定下发各地讨论的《中共中央关于加快农业发展若干问题的决定（草案）》（以下简称《决定》）仍然强调"不许分田单干"和"不许包产到户"的"两个不许"。1979 年，党的十一届四中全会正式通过的《决定》也只是把"两个不许"改为"不许分田单干"和"不要包产到户"的"一个不许、

①　邓小平. 邓小平文选（第三卷）[M]. 北京：人民出版社，1993：65.

一个不要"，只是从语气上稍有缓和，但仍然没有能够打破长期以来形成的僵化认识，认为包产到户与社会主义的前进方向不相符合。党的十一届三中全会以后，虽然改革开放在理论上还没有突破和发展，但改革的实践却已经是历史的潮流无法阻挡了。

1978年秋，安徽凤阳县小岗村遭遇百年不遇的大旱，为了抗旱救灾，安徽省政府决定，允许生产队将一部分耕地借给农户耕种，鼓励农民开垦荒地，自种自收。在这种政策的推动下，安徽省小岗生产队的18位农民秘密签订了分田到户的经营协议。结果，小岗生产队当年不但没有因灾减产，反而获得了空前的丰收。小岗生产队的成功经验教育了广大干部群众，到1979年底，安徽省凤阳县83%的生产队都实行了包干到户的责任制，包产到户的星星之火也迅速燃遍了全国。虽然小岗村的实践证明，包产到户是增加农业生产，提高农业生产力的正确方法，但是，小岗村包产到户的行为仍然在当时引起了很大争议，这也是小岗村18位农民当年还要秘密签署协议的原因。

实践的发展对理论的发展提出了新的要求。1979年10月，邓小平在《关于经济工作的几点意见》中指出："现在要提倡一种方法，就是要每一个生产队，每一个工厂，每一个学校，具体地解决自己的实际问题。"[①]1980年5月，邓小平在《关于农村政策问题》的谈话中指出："农村政策放宽以后，一些适宜搞包产到户的地方搞了包产到户，效果很好，变化很快。安徽肥西县绝大多数生产队搞了包产到户，增产幅度很大。'凤阳花鼓'中唱的那个凤阳县，绝大多数生产队搞了大包干，也是一年翻身，改变面貌。有的同志担心，这样搞会不会影响集体经济。我看这种担心是不必要的。我们总的方向是发展集体经济。实行包产到

① 邓小平. 邓小平文选（第二卷）[M]. 北京：人民出版社，1994：195.

户的地方，经济的主体现在也还是生产队。这些地方将来会怎么样呢？可以肯定，只要生产发展了，农村的社会分工和商品经济发展了，低水平的集体化就会发展到高水平的集体化，集体经济不巩固的也会巩固起来。"①实际上，采取包产到户的生产责任制，并不是改革开放以后的新创造。早在1962年，邓小平在接见出席中国共产主义青年团三届七中全会全体人员的讲话中就曾经指出："农业要恢复，主要是两个方面的政策，一是把农民的积极性调动起来，一是工业支援农业。调动农民的积极性，主要还得从生产关系上解决。生产关系究竟以什么形式为最好，恐怕要采取这样一种态度，就是哪种形式在哪个地方能够比较容易比较快地恢复和发展农业生产，就采取哪种形式；群众愿意采取哪种形式，就应该采取哪种形式，不合法的使它合法起来，就像四川话'黄猫、黑猫，只要捉住老鼠就是好猫。'"②

1980年9月27日，中共中央印发《关于进一步加强和完善农业生产责任制的几个问题》的通知，其中第四条明确指出："我国地区辽阔，经济落后，发展又很不平衡，加上农业生产不同于工业生产，一般是手工操作为主，劳动分散，生产周期较长，多方面受着自然条件的制约。这就要求生产关系必须适应不同地区的生产力水平，要求农业生产的管理有更大的适应性和更多的灵活性。在不同的地方、不同的社队，以至在同一个生产队，都应从实际需要和实际情况出发，允许有多种经营形式、多种劳动组织、多种计酬办法同时存在……因此，凡有利于鼓励生产者最大限度地关心集体生产，有利于增加生产，增加收入，增加商品的

① 邓小平．邓小平文选（第二卷）[M]．北京：人民出版社，1994：315．
② 中共中央文献研究室．邓小平年谱（一九〇四——一九七四）（下）[M]．北京：中央文献出版社，2009：1714．

责任制形式，都是好的和可行的，都应加以支持，而不可拘泥于一种模式，搞一刀切。"①通知还特别分析了联产承包责任制的优点，回应了关于包产到户的争论，提出"实行包产到户，是联系群众，发展生产，解决温饱问题的一种必要的措施。就全国而论，在社会主义工业、社会主义商业和集体农业占绝对优势的情况下，在生产队领导下实行的包产到户是依存于社会主义经济，而不会脱离社会主义轨道的，没有什么复辟资本主义的危险，因而并不可怕。"②1980年的通知虽然认为包产到户没有复辟资本主义的危险，从政策上为包产到户和联产承包责任制松了绑，但并没有对其作出一个合理的定位。直到1981年12月《全国农村工作会议纪要》才明确了包产到户等联产承包责任制的社会主义性质，从而为家庭联产承包责任制在全国范围内的推广扫清了思想上的障碍。《全国农村工作会议纪要》指出："目前实行的各种责任制，包括小段包工定额计酬，专业承包联产计酬，联产到劳，包产到户、到组，包干到户、到组，等等，都是社会主义集体经济的生产责任制"。③1983年1月2日，中共中央印发的《当前农村经济政策的若干问题》的通知，指出联产承包责任制是"马克思主义农业合作化理论在我国实践中的新发展"，提出要按照中国国情，"走出一条具有中国特色的社会主义的农业发展道路"。④此后，随着政策上的松绑以及理论上的突破，广大农民在实践中解放思想，

① 中共中央文献研究室．三中全会以来重要文献选编（上）[M]．北京：中央文献出版社，2011：472-473.

② 中共中央文献研究室．三中全会以来重要文献选编（上）[M]．北京：中央文献出版社，2011：474.

③ 中共中央文献研究室．三中全会以来重要文献选编（下）[M]．北京：中央文献出版社，2011：364.

④ 中共中央文献研究室．十二大以来重要文献选编（上）[M]．北京：中央文献出版社，2011：216-217.

大胆创新，掀起了农村改革的高潮。农村和农业改革的不断深化，也对城市改革提出了迫切要求。全国范围内的改革高潮即将到来。

② 改革开放的全面展开

改革是一个系统工程，改革率先在农村取得突破以后，迫切要求城市进行改革。农村改革在 1978 年末开始以后，经过几年的发展，已经取得了比较显著的效果。农产品的日渐丰富，农业生产商品化、专业化和现代化也迫切需要从城市获得市场、技术以及更多的工业产品，在这样的背景下，改革的重点从农村开始向城市转移。城市改革的中心是经济体制改革。1982 年党的十二大召开，邓小平在开幕词中提出了建设有中国特色社会主义的命题，把经济建设作为八十年代三大任务中的核心任务，把"进行机构改革和经济体制改革"作为党的十二大到 20 世纪末的首要工作。①

1984 年 10 月 1 日，邓小平在中华人民共和国成立三十五周年庆祝典礼上的讲话中指出："当前的主要任务，是要对妨碍我们前进的现行经济体制，进行有系统的改革。"②1984 年 10 月 20 日，党的十二届三中全会在北京召开，全会对开展以城市为重点的经济体制全面改革进行了研究和部署，通过了《中共中央关于经济体制改革的决定》（以下简称《决定》）。《决定》鲜明体现了马克思主义基本原理与中国实际相结合的基本原则，是指导我国改革开放的一个纲领性文件，它不仅明确了我国改革的方向、性质、任务，而且对改革开放过程中存在的许多有争议性的问题作了科学的分析和阐释，澄清了在许多人中间存在的模糊认识，为改革开放的全面展开，为中国特色社会主义道路的探索奠定了重

① 邓小平. 邓小平文选（第三卷）[M]. 北京：人民出版社，1993：3.

② 邓小平. 邓小平文选（第三卷）[M]. 北京：人民出版社，1993：70.

要基础。

《决定》提出了我国改革面临的主要任务，即"改革是为了建立充满生机的社会主义经济体制"。《决定》还明确了我国社会主义改革的性质，即"这种改革，是在党和政府的领导下有计划、有步骤、有秩序地进行的，是社会主义制度的自我完善和发展"。《决定》指出："社会主义的根本任务就是发展社会生产力，就是要使社会财富越来越多地涌现出来，不断地满足人民日益增长的物质和文化需要。社会主义要消灭贫穷，不能把贫穷当作社会主义。"《决定》突破了把计划经济同商品经济对立起来的观念，提出我国社会主义经济是"公有制基础上的有计划的商品经济"，"商品经济的充分发展，是社会经济发展的不可逾越的阶段，是实现我国经济现代化的必要条件"；突破了把全民所有同国家机构直接经营企业混为一谈的传统观念，提出"所有权同经营权可以适当分开"。《决定》指出："鼓励一部分人先富起来的政策，是符合社会主义发展规律的，是整个社会走向富裕的必由之路。"因为"只有允许和鼓励一部分地区、一部分企业和一部分人依靠勤奋劳动先富起来，才能对大多数人产生强烈的吸引和鼓舞作用，并带动越来越多的人一浪接一浪地走向富裕"。《决定》提出，要"把是否有利于发展社会生产力作为检验一切改革得失成败的最主要标准"，并提出要通过对外开放，"吸收和借鉴当今世界各国包括资本主义发达国家的一切反映现代社会化生产规律的先进经营管理方法"。①

党的十二届三中全会后，改革逐步深入到各个领域。从农村到城市，从政治、经济到各项事业，从对内搞活到对外开放，各

---

① 中共中央文献研究室．十二大以来重要文献选编（上）[M].北京：中央文献出版社，2011：49-64.

方面改革相互促进，推动中国特色社会主义道路的探索朝着正确的方向不断前进。1987 年 10 月，党的十三大系统地论述了社会主义初级阶段的理论，提出了党在社会主义初级阶段"一个中心，两个基本点"的基本路线，确立了建设有中国特色社会主义理论的主体内容，并从十二个方面论述了建设有中国特色社会主义的理论，为中国特色社会主义道路的进一步推进奠定了良好的基础。

③ 南方谈话与邓小平理论的形成

党的十三大以后，我国改革开放和现代化建设的内外环境开始发生明显的变化。国际上，东欧剧变、苏联解体，国际共产主义运动遭遇重大挫折，中国改革开放面临的国际压力日益加大。在国内，由于我们对社会主义初级阶段的"状况、矛盾、演变及其规律的认识，在许多方面还知之不多，知之不深"[1]，因而在改革的过程中不可避免地存在一些问题，导致党内和一部分干部群众出现了对党和国家改革开放政策的模糊认识，甚至出现了姓"资"姓"社"的争论，改革开放的深化和中国特色社会主义道路的推进遭遇严重困难。在这样的背景下，1992 年初，邓小平考察了武昌、深圳、珠海、上海等地，并发表了一系列讲话，澄清了人们关于改革开放的一些模糊认识，为深化改革开放和继续探索中国特色社会主义道路扫清了思想上的障碍。

第一，南方谈话提出要把"三个有利于"作为判断改革和各方面工作是非得失的根本标准。南方谈话通篇贯穿着解放思想、实事求是的思想路线，体现了邓小平求实创新的理论风格。邓小平指出，改革开放胆子要大一些，要敢于试验，不能像小脚女人

---

[1] 中共中央文献研究室. 十三大以来重要文献选编（上）[M]. 北京：人民出版社，1991：58.

一样。看准了的，就大胆地试，大胆地闯。没有一点闯的精神，"冒"的精神，没有一股气呀、劲呀，就走不出一条好路，走不出一条新路，就干不出新的事业，建设有中国特色的社会主义，就是要有创造性。针对改革开放迈不开步子，不敢闯的问题，邓小平指出，说来说去就是怕资本主义的东西多了，走了资本主义道路，要害是姓"社"还是姓"资"的问题。"判断的标准，应该主要看是否有利于发展社会主义社会的生产力，是否有利于增强社会主义国家的综合国力，是否有利于提高人民的生活水平。"① "三个有利于"是判断改革和各方面工作是非得失的标准，也是判断党的路线、方针和政策是否正确的标准。"三个有利于"是一种客观的综合价值标准，它把实践标准、生产力标准和人民利益标准有机地统一起来，是生产力标准的延伸、发展和深化。

第二，南方谈话澄清了社会主义本质，把对社会主义的认识提高到新的水平。20 世纪世界社会主义运动跌宕起伏的原因，从理论上说，就是没有搞清楚"什么是社会主义，如何建设社会主义"这一根本问题。邓小平在南方谈话中，揭示了"社会主义的本质，是解放生产力，发展生产力，消灭剥削，消除两极分化，最终达到共同富裕"②，这就把对社会主义的认识提高到了新的水平。解放和发展生产力，这是社会主义的根本任务，也是实现社会主义最终目的的根本途径。把解放生产力，发展生产力作为社会主义的根本任务，是由我国现阶段的主要矛盾所决定的。我国社会主义初级阶段的主要矛盾已经不再是阶级斗争，而是人民日益增长的物质文化需要与落后的社会生产之间的矛盾。解决这一矛盾，最根本的任务是解放和发展生产力。同时，这也是巩固和发展社

---

① 邓小平. 邓小平文选（第三卷）[M]. 北京：人民出版社，1993：372.

② 邓小平. 邓小平文选（第三卷）[M]. 北京：人民出版社，1993：373.

会主义，最终战胜资本主义，实现共产主义的需要。把解放和发展生产力作为社会主义的根本任务，突破了离开生产力抽象地谈论社会主义所造成的是非混淆，也突破了认为社会主义只有保护和发展生产力，而没有解放生产力任务的传统观念。

消灭剥削，消除两极分化，是社会主义的根本方向，根本要求。这是从生产关系的角度对社会主义本质前提的界定，体现了社会主义与一切剥削社会的根本区别。只有社会主义才能消灭剥削，消除两极分化，达到共同富裕。邓小平把消灭剥削，消除两极分化与解放和发展生产力联系起来，又把消灭剥削和消除两极分化看作一个过程，在社会主义初级阶段，允许一定范围的剥削现象和一定程度的贫富差别的存在。这就避免了离开解放和发展生产力去谈论消除两极分化，从而把科学社会主义与空想社会主义区别开来。最终达到共同富裕，是社会主义的根本目的。把共同富裕作为社会主义的本质，体现了把解放和发展生产力与提高人民生活水平联系起来的思想。这说明，贫穷不是社会主义，两极分化也不是社会主义，只有共同富裕才是社会主义。共同富裕是以生产力的高度发达为前提的，是在发展生产力基础上的一个历史过程。共同富裕不是同步富裕，也不是平均主义，而是鼓励一部分地区一部分人先富起来，先富带动和帮助后富，最终实现共同富裕，体现了效率与公平的统一。

第三，南方谈话明确了社会主义的根本任务，提出革命是解放生产力，改革也是解放生产力，要把改革作为社会主义发展的动力。改革是一场革命，这是邓小平的一贯思想。他曾多次谈到，改革"是一场根本改变我国经济和技术落后面貌，进一步巩固无产阶级专政的伟大革命"[①]。改革是一种"带革命意义的改

---

① 邓小平. 邓小平文选（第二卷）[M]. 北京：人民出版社，1994：135.

革"，①"经济体制、科技体制，这两方面的改革都是为了解放生产力"。②在南方谈话中，邓小平对这一思想进行了系统的阐述："革命是解放生产力，改革也是解放生产力。推翻帝国主义、封建主义、官僚资本主义的反动统治，使中国人民的生产力获得解放，这是革命，所以革命是解放生产力。社会主义基本制度确立以后，还要从根本上改变束缚生产力发展的经济体制，建立起充满生机和活力的社会主义经济体制，促进生产力的发展，这是改革，所以改革也是解放生产力"③。过去只讲在社会主义条件下发展生产力，没有讲通过改革解放生产力，这不完全，应该把解放生产力和发展生产力两个讲全了。改革也是解放生产力的思想，奠定了改革作为中国的第二次革命在我国社会主义发展中极其重要的历史地位。这种历史地位是通过改革对生产力所起的解放作用表现出来的。改革进一步解放了作为生产力主体要素的劳动者，促进了劳动者主动性和创造性的发挥；改革解放了作为生产力载体和国民经济细胞的企业，促进了企业素质的提高和活力的增强；改革还进一步解放了作为第一生产力的科学技术，促进了科技的进步和管理水平的提高。把改革作为社会主义发展的直接动力，把改革放到与革命同等重要的地位，把解放和发展生产力统一起来，这在马克思主义发展史上是第一次，是对马克思主义关于社会主义社会基本矛盾学说、社会主义发展动力学说的新发展。

第四，南方谈话明确了计划和市场都是经济手段，不是社会主义与资本主义的本质区别。传统的社会主义观念都把计划经济作为社会主义的特征，并把计划经济和市场经济作为区分社会主

---

① 邓小平．邓小平文选（第三卷）[M]．北京：人民出版社，1993：78.

② 邓小平．邓小平文选（第三卷）[M]．北京：人民出版社，1993：108.

③ 邓小平．邓小平文选（第三卷）[M]．北京：人民出版社，1993：370.

义和资本主义的根本标志之一。1979 年 11 月 26 日，邓小平在会见外宾时指出："说市场经济只存在于资本主义社会，只有资本主义的市场经济，这肯定是不正确的。社会主义为什么不可以搞市场经济，这个不能说是资本主义。我们是计划经济为主，也结合市场经济，但这是社会主义的市场经济。虽然方法上基本和资本主义社会的相似，但也有不同，是全民所有制之间的关系，当然也有同集体所有制之间的关系，也有同外国资本主义的关系，但是归根到底是社会主义的，是社会主义社会的。市场经济不能说只是资本主义的。市场经济，在封建社会时期就有了萌芽。社会主义也可以搞市场经济。同样地，学习资本主义国家的某些好东西，包括经营管理方法，也不等于实行资本主义。这是社会主义利用这种方法来发展社会生产力。把这当作方法，不会影响整个社会主义，不会重新回到资本主义。"① 这是邓小平第一次提出"社会主义市场经济"的科学命题。1990 年底，他在与中央负责同志的谈话中表示："我们必须从理论上搞懂，资本主义与社会主义的区分不在于是计划还是市场这样的问题。社会主义也有市场经济，资本主义也有计划控制。"② 不要以为搞市场经济就是走资本主义道路，"计划和市场都得要"。在南方谈话中，邓小平系统地阐述了计划和市场的问题，"计划多一点还是市场多一点，不是社会主义与资本主义的本质区别。计划经济不等于社会主义，资本主义也有计划；市场经济不等于资本主义，社会主义也有市场。计划和市场都是经济手段"③。计划和市场不是区分社会主义和资本主义经济性质的标志，社会主义也可以搞市场

① 　邓小平 . 邓小平文选（第二卷）[M]. 北京：人民出版社，1994：236.
② 　邓小平 . 邓小平文选（第三卷）[M]. 北京：人民出版社，1993：364.
③ 　邓小平 . 邓小平文选（第三卷）[M]. 北京：人民出版社，1993：373.

经济。邓小平对计划和市场本质的科学阐述，在马克思主义发展史上是第一次，突破了长期以来束缚人们思想的传统社会主义观念，是对马克思主义经济理论的创造性发展。这一思想为党的十四大确立我国社会主义市场经济体制改革的目标扫除了思想障碍。

以南方谈话为标志，邓小平理论形成一个完整的理论体系，并逐步走向成熟。江泽民在党的十四大报告中，高度评价了南方谈话，认为谈话"精辟地分析了当前国际国内形势，科学地总结了十一届三中全会以来党的基本实践和基本经验，明确地回答了这些年来经常困扰和束缚我们思想的许多重大认识问题"①。南方谈话是邓小平理论的集大成之作，其主要观点是对科学社会主义理论的突破性发展。

三、邓小平与中国特色社会主义道路的开辟

随着改革开放的不断深入，在以邓小平同志为核心的党的第二代领导集体领导下，中国特色社会主义道路在实践中成功开辟。作为党的第二代领导集体的核心，以及改革开放的总设计师，邓小平为中国特色社会主义的开辟作出了杰出的贡献。邓小平去世以后，新加坡《联合早报》发表社论指出："20世纪50年代以来，通过改变中国命运，进而改变整个世界发展进程的中国人只有两位，那就是毛泽东与邓小平。中国常称，没有毛泽东，就没有新中国，而我们现在则可以说，没有邓小平，就没有现代化的中国。"②

① 中共中央文献研究室．十四大以来重要文献选编（上）[M]．北京：中央文献出版社，2011：8.
② 邓小平——中国现代化之父亲[N]．联合早报，1997-2-21.

① 邓小平理论奠定了中国特色社会主义理论体系形成的基础

以邓小平同志为核心的党的第二代中央领导集体，在我国改革开放和现代化建设实践中，开辟了建设中国特色社会主义的新道路，创立了邓小平理论，为中国特色社会主义理论体系的形成奠定了重要基础。

第一，邓小平理论重新确立了党的实事求是的思想路线，把解放思想与实事求是联系起来，赋予党的思想路线以新的内涵，解放思想是中国特色社会主义理论体系形成的逻辑起点，也是中国特色社会主义道路探索新的起点。把马克思主义与中国实际相结合是探索中国社会主义建设道路的基本原则，而坚持实事求是的思想路线则是贯彻这一原则的基本前提。"文化大革命"结束以后，以邓小平为核心的党的第二代中央领导集体针对"两个凡是"的思想禁锢，提出解放思想，打破思想僵化或半僵化的状态，重新确立了实事求是的思想路线。对于解放思想的重要性，邓小平指出："我们讲解放思想，是指在马克思主义指导下打破习惯势力和主观偏见的束缚，研究新情况，解决新问题。"①要坚持实事求是，首先必须解放思想，只有思想解放了，才能以马克思主义为指导，解决过去遗留的问题和新出现的一系列问题。邓小平阐释了解放思想和实事求是的辩证关系，指出"解放思想，就是使思想和实际相符合，使主观和客观相符合，就是实事求是"②。从而把解放思想与实事求是有机统一起来，赋予党的思想路线以新的时代内涵。解放思想，实事求是是创立中国特色社会主义理论体系的理论前提，"只有解放思想，坚持实事求是，一切从实

① 邓小平 . 邓小平文选（第二卷）[M]. 北京：人民出版社，1994：279.
② 邓小平 . 邓小平文选（第二卷）[M]. 北京：人民出版社，1994：364.

际出发，理论联系实际，我们的社会主义现代化建设才能顺利进行，我们党的马列主义、毛泽东思想的理论也才能顺利发展"①。改革开放以来，正是由于我们党解放思想，始终坚持实事求是的思想路线，不断探索和回答中国特色社会主义建设实践中面临的重大理论问题和实际问题，从而保证了马克思主义中国化的顺利推进，形成了中国特色社会主义理论体系，为中国特色社会主义道路的探索提供了理论指导和思想保证。解放思想是中国特色社会主义理论体系形成的逻辑起点，也是中国特色社会主义道路探索新的起点。我国改革开放和社会主义现代化建设实践中每一个重大问题的突破和理论上的创新，无不是解放思想的结果，解放思想贯穿于建设和发展中国特色社会主义的全过程，也是贯穿中国特色社会主义理论体系的一条红线，是发展中国特色社会主义的一大法宝。

第二，邓小平理论紧紧抓住"什么是社会主义、怎样建设社会主义"这一基本问题，确立了建设和发展中国特色社会主义的理论主题。任何理论体系都有其特定的理论主题。邓小平理论形成于改革开放和社会主义现代化建设的新时期，历史和现实给中国共产党人提出的迫切需要解决的重大课题就是要搞清楚：什么是社会主义、怎样建设社会主义。1982 年，邓小平在党的十二大开幕词中强调："把马克思主义的普遍真理同我国的具体实际结合起来，走自己的道路，建设有中国特色的社会主义，这就是我们总结长期历史经验得出的基本结论。"②第一次明确提出"中国特色的社会主义"的科学命题，不仅为新时期党的理论探索指明了基本方向，而且使党的创新理论有了科学的称谓。此后，在

---

① 邓小平 . 邓小平文选（第二卷）[M]. 北京：人民出版社，1994：143.

② 邓小平 . 邓小平文选（第三卷）[M]. 北京：人民出版社，1993：3.

长期艰辛的探索中，邓小平多次强调："问题是什么是社会主义，如何建设社会主义。我们的经验教训有许多条，最重要的一条，就是要搞清楚这个问题。"① "我们建设的社会主义，是有中国特色的社会主义。"② 并始终围绕中国特色社会主义这一理论主题，紧紧抓住"什么是社会主义、怎样建设社会主义"这个首要的基本的理论问题，深刻地揭示了社会主义的本质，系统地回答了在中国这样的经济文化比较落后的国家如何建设社会主义、如何巩固和发展社会主义的一系列基本问题，把对社会主义的认识提高到新的科学水平。在新的历史时期，以江泽民同志为核心的党的第三代中央领导集体创立的"三个代表"重要思想，回答了"建设什么样的党、怎样建设党"的问题；以胡锦涛同志为总书记的党中央提出的科学发展观，回答了"实现什么样的发展、怎样发展"的问题。对这几个重大问题的回答实质上都是根据新的社会实践，围绕建设和发展中国特色社会主义这一理论主题展开的，是对这一问题的进一步展开和进一步回答，是在邓小平理论的基础上对中国特色社会主义认识的进一步深化。

第三，邓小平理论确立的判断改革和各方面工作是非得失"三个有利于"的标准，是建设和发展中国特色社会主义的根本标准。在推进中国特色社会主义建设过程中，必须从理论上搞清楚判断改革和各方面工作是非得失的根本标准，这不仅是深入推进改革开放和社会主义现代化建设的需要，也是马克思主义中国化的必然要求。邓小平在领导拨乱反正和探索中国特色社会主义建设道路的过程中多次指出："按照历史唯物主义的观点来讲，正确的政治领导的成果，归根结底要表现在社会生产力的发展上，人民

---

① 邓小平. 邓小平文选（第三卷）[M]. 北京：人民出版社，1993：116.

② 邓小平. 邓小平文选（第三卷）[M]. 北京：人民出版社，1993：29.

物质文化生活的改善上。"① "社会主义经济政策对不对，归根到底要看生产力是否发展，人民收入是否增加。这是压倒一切的标准。"② 他还说："各项工作都要有助于建设有中国特色的社会主义，都要以是否有助于人民的富裕幸福，是否有助于国家的兴旺发达，作为衡量做得对或不对的标准。"③ 苏联解体、东欧剧变后，20世纪90年代初，针对改革开放的是非得失应该用什么标准来判断的问题，邓小平明确指出："要害是姓'资'还是姓'社'的问题。判断的标准，应该主要看是否有利于发展社会主义社会的生产力，是否有利于增强社会主义国家的综合国力，是否有利于提高人民的生活水平。"④ "三个有利于"的标准，不仅把实践标准具体化，而且把实践标准与生产力标准和人民利益标准统一起来，从而回答了理论上纠缠不休的种种问题，廓清了人们的错误认识，为判断姓"资"还是姓"社"提供了根本尺度。"三个有利于"的标准，确立了建设和发展中国特色社会主义的价值取向。根据这一根本标准，党在改革开放和社会主义现代化建设过程中，正确对待改革开放过程中不断涌现的新事物、新问题，有效解决改革开放过程中遇到的种种难题，不断推进马克思主义中国化，形成了中国特色社会主义理论体系这一马克思主义中国化的最新成果。

第四，邓小平开启了改革开放的历程，使中国特色社会主义充满生机和活力，改革开放是中国特色社会主义理论体系形成的实践基础。实践是理论创新和发展的基础和源泉，"理论由实

① 邓小平.邓小平文选（第二卷）[M].北京：人民出版社，1994：128.
② 邓小平.邓小平文选（第二卷）[M].北京：人民出版社，1994：314.
③ 邓小平.邓小平文选（第三卷）[M].北京：人民出版社，1993：23.
④ 邓小平.邓小平文选（第三卷）[M].北京：人民出版社，1993：372.

践赋予活力，由实践来修正，由实践来检验"①。党的十一届三
中全会以后，邓小平作为改革开放的总设计师，带领全党和全国
人民彻底否定"以阶级斗争为纲"的错误理论和实践，作出把党
和国家工作中心转移到经济建设上来、实行改革开放的历史性决
策，开启了改革开放和中国特色社会主义建设的历程。"改革开
放是发展中国特色社会主义的强大动力"，"只有改革开放才能
发展中国、发展社会主义、发展马克思主义"。②改革开放极大
地调动了广大人民群众的积极性，使我国实现了从高度集中的计
划经济体制到充满活力的社会主义市场经济体制、从封闭半封闭
到全方位开放的伟大历史转折，经济建设、政治建设、文化建设、
社会建设取得举世瞩目的成就。实践是理论的源泉和发展动力，
真正的理论，就是"从客观实际抽出来又在客观实际中得到了证
明的理论"。③40多年改革开放的实践为中国特色社会主义理论
体系的形成提供了肥沃的土壤，奠定了充满活力的实践基础，成
为推进马克思主义中国化不竭的动力源泉。在这个过程中，我们
党把马克思主义基本原理同中国国情和时代特征相结合，在总结
我国社会主义历史经验并借鉴其他国家社会主义历史经验的基础
上，既立足中国又面向世界，既总结历史又放眼未来，继续坚持
改革开放政策，继续开创改革开放新局面，推进改革开放实践不
断发展，积极探索中国特色社会主义建设的本质和规律，从而形
成了中国特色社会主义理论体系。这个理论体系是改革开放历史
进程中形成的重要成果，是对改革开放伟大实践作出的理论概括

---

① 中共中央马克思恩格斯列宁斯大林著作编译局 . 列宁选集（第三卷）[M]. 北
京：人民出版社，2012：381.

② 中国共产党第十七次全国代表大会文件汇编 [M]. 北京：人民出版社，
2007：2，10.

③ 毛泽东 . 毛泽东选集（第三卷）[M]. 北京：人民出版社，1991：817.

和总结。改革开放是中国特色社会主义理论体系的实践基础，随着改革开放的不断深入和中国特色社会主义建设事业的不断推进，我们党对改革开放和中国特色社会主义建设实践经验不断进行概括和总结，中国特色社会主义理论体系还会不断充实新的思想内容，使其不断得到深化、丰富和发展。

② 邓小平理论构建了中国特色社会主义理论体系的基本框架

理论体系是指围绕中心问题或主题形成的由若干相互联系的基本观点构成的理论整体。一个完整的理论体系包括其哲学基础、主体内容和基本框架。马克思、恩格斯指出："我们的理论不是教条，而是对包含着一连串互相衔接的阶段的发展过程的阐明。"[①]中国特色社会主义理论体系是在坚持科学社会主义的基础上，对建设和发展中国特色社会主义研究和阐明的理论成果，其理论形态——邓小平理论、"三个代表"重要思想和科学发展观，在不同的发展阶段对中国特色社会主义理论体系内容的丰富和框架的构建都作出了贡献。但是，邓小平是中国特色社会主义理论体系的创立者，邓小平理论在中国特色社会主义理论体系的主体内容和框架构建方面，起着奠基性和关键性的作用。

第一，邓小平理论奠定中国特色社会主义理论体系的基石。一是邓小平理论坚持解放思想，实事求是，把马克思主义基本原理与中国实际相结合，"以新的思想、观点去继承、发展马克思主义"，[②]不断推进马克思主义中国化，这是从建设和发展中国

---

① 中共中央马克思恩格斯列宁斯大林著作编译局.马克思恩格斯选集（第四卷）[M].北京：人民出版社，2012：586.

② 邓小平.邓小平文选（第三卷）[M].北京：人民出版社，1993：292.

特色社会主义思想路线的角度，揭示了中国特色社会主义理论的方法论，为这一理论体系的形成提供了哲学基础；二是邓小平理论揭示了和平与发展的时代主题，从而抓住了当今世界的主要矛盾，敏锐地把握历史机遇，回答了人们思想上的各种疑惑，这是从建设和发展中国特色社会主义的时代背景的角度，对中国特色社会主义建设国际背景的正确判断，为这一理论体系的形成提供了重要依据；三是邓小平理论分析了我国社会主义初级阶段的基本国情，指出我国正处于而且还将长期处于社会主义初级阶段，就是生产力落后、商品经济不发达条件下，逐步摆脱不发达状态，基本实现社会主义现代化的阶段，为中国特色社会主义理论体系的形成提供了现实依据。这些重要思想是我们党制定正确的路线、方针和政策的基本依据，成为中国特色社会主义理论体系形成的基石。

第二，邓小平理论构成中国特色社会主义理论体系的主体内容。党的十七大报告指出，中国特色社会主义理论体系，是包括邓小平理论、"三个代表"重要思想以及科学发展观在内的科学理论体系。从理论形态上看，中国特色社会主义理论体系主要包括邓小平理论、"三个代表"重要思想和科学发展观，而邓小平理论形成了中国特色社会主义理论体系的主体内容。一是社会主义初级阶段论。邓小平指出，我国还处于社会主义初级阶段，这是一个至少上百年的历史阶段，制定一切方针政策都必须以这个基本国情为依据，不能脱离实际，超越阶段。我国处在社会主义初级阶段，是邓小平对当代中国基本国情的科学判断，是我们制定和执行正确的路线和政策的根本依据。二是社会主义本质论。要搞清楚"什么是社会主义，怎样建设社会主义"，关键是要在科学总结历史经验和坚持社会主义基本制度的基础上，进一步认清社会主义本质。邓小平根据马克思主义基本原理和社会主义实践经验，明确指出："社会主义的本质，是解放生产力，发展生产力，消灭剥削，消除两极分化，最终达到共同富裕。"① 这一科学概括，从生产力和生产关系的结合上，揭示了社会主义发展的基本规律，反映了人民的利益和时代的要求，把对社会主义的认识提高到新的科学水平。三是社会主义改革开放论。邓小平强调，改革是一场新的革命，是解放生产力，是中国现代化的必由之路，不坚持改革，只能是死路一条。对外开放是建设中国特色社会主义的一项基本国策，应该吸收和利用世界各国所创造的一切先进文明成果来发展社会主义，封闭只能导致落后。"改革开放是决定当代中国命运的关键抉择，是发展中国特色社会主义、实现中华民族伟大复兴的必由之路"②，党的十一届三中全会以来制定的一系列新的方针政策，概括起来就是改革开放。40 多年的改革开放，使中国人民的面貌，社会主义中国的面貌，中国共产党的面貌发生了历史性变化。四是社会主义市场经济论。邓小平提出："计划经济不等于社会主义，资本主义也有计划；市场经济不等于资本主义，社会主义也有市场。计划和市场都是经济手段。"③ 从根本上解除了把计划经济和市场经济看作属于社会基本制度范畴的思想束缚。在坚持公有制和按劳分配为主体，其他经济成分和分配方式为补充的基础上，把市场经济和社会主义制度结合起来，建立和完善社会主义市场经济，为我国坚持社会主义经济制度找到一种新的实现形式。

第三，邓小平理论构建了中国特色社会主义理论体系的基本

---

① 邓小平.邓小平文选（第三卷）[M].北京：人民出版社，1993：373.

② 中国共产党第十七次全国代表大会文件汇编 [M].北京：人民出版社，2007：10.

③ 邓小平.邓小平文选（第三卷）[M].北京：人民出版社，1993：373.

框架。党的十一届三中全会以后，我们党对中国特色社会主义理论进行了不断的探索，多次对其框架和内容进行概括和总结。党的十一届六中全会通过的《关于建国以来党的若干问题的决议》，从主要矛盾、基本国情、精神文明等十个方面，初步总结了党的十一届三中全会以来逐渐形成的中国特色社会主义理论的"主要点"。①党的十三大概括了建设有中国特色社会主义理论的十二个方面的内容，初步回答了我国社会主义建设的阶段、任务、动力、条件、布局和国际环境等基本问题，勾画了建设有中国特色的社会主义理论的轮廓。党的十四大在总结改革开放十四年来实践经验的基础上，根据邓小平南方谈话精神，从发展道路、发展阶段、根本任务、发展动力、外部条件、政治保证、战略步骤、领导力量和依靠力量、祖国统一等九个方面对中国特色社会主义理论的主要内容进行了概括。党的十五大提出了邓小平理论的科学概念，指出邓小平理论形成了新的建设有中国特色社会主义理论的科学体系，并确立了邓小平理论在全党的指导地位。从党的重要文献对中国特色社会主义理论的概括和总结中可以看出，邓小平理论建构了中国特色社会主义理论体系的基本框架，形成了中国特色社会主义理论体系的主体内容。

四、中国特色社会主义道路的发展

随着改革开放的深入，面临新的时代条件和国内外形势，中国特色社会主义道路在实践中不断发展完善。

---

① 中共中央文献出版社.十一届三中全会以来重要文献选读（上册）[M].北京：人民出版社，1987：345.

① "三个代表"重要思想把中国特色社会主义道路推进到新世纪

"三个代表"重要思想是在世纪之交，党推进中国特色社会主义建设事业实践经验的总结，在邓小平理论的基础上进一步回答了"什么是社会主义，怎样建设社会主义"的问题，创造性地回答了"建设什么样的党，怎样建设党"的问题，丰富了中国特色社会主义理论体系的内容，深化了对中国特色社会主义的认识。

第一，"三个代表"重要思想创造性地回答了"建设一个什么样的党，怎样建设党"的问题。要把中国的事情办好，关键在党。把中国共产党建设成为一个坚强的领导核心，是不断推进中国特色社会主义事业取得胜利的关键。"三个代表"重要思想在继承和发展毛泽东、邓小平关于党的建设思想的基础上，正确地判断了党的历史方位的变化，提出党的建设是一项新的伟大工程，创造性地回答了在改革开放和发展社会主义市场经济条件下"建设一个什么样的党，怎样建设党"的问题。一是提出要按照"三个代表"要求，切实加强党的建设。在庆祝中国共产党成立80周年大会上的讲话中，江泽民指出，党要肩负起所面临的历史任务，必须按照"三个代表"的要求，全面推进党的建设，把"三个代表"作为立党之本、执政之基、力量之源。只有代表先进生产力的发展要求，才能不断解放和发展生产力，才能引领社会历史发展的潮流。只有代表先进文化的前进方向，才能促进全民族思想道德素质和科学文化素质的不断提高，为我国经济发展和社会进步提供精神动力和智力支持。只有代表中国最广大人民的根本利益，才能充分发挥人民群众的积极性主动性创造性。二是提出"两个先锋队"的性质，扩大党的群众基础。在强调中国共产党的工人阶级的先锋队性质的同时，还必须看到，我们党是代表人民执掌全国政权的执政党，党还必须代表中国人民和中华民族的根本利益，成为人民和民族的先锋队组织。"必须看到，在我国社会阶层构成发生新变化的条件下，要提高党的凝聚力和社会影响力，党就必须团结和引导新的社会阶层的人们，同工人、农民、知识分子一道，为建设有中国特色社会主义和实现中华民族的伟大复兴而共同奋斗。"①"两个先锋队"论断的提出，对于在新的历史条件下，党建理论和实践体现解放思想、实事求是、与时俱进、开拓创新的精神，对于人们研究和认识党的执政规律，对于增强党的阶级基础、扩大党的群众基础、提高党的社会影响力具有特别重要的意义。

第二，"三个代表"重要思想丰富了中国特色社会主义理论体系的内容。在邓小平理论提出并进行系统解答"什么是社会主义，怎样建设社会主义"的基础上，"三个代表"重要思想又对中国特色社会主义建设过程中遇到的新矛盾和新问题，对于"什么是社会主义，怎样建设社会主义"的问题作出了许多新的理论阐述和实践创新，内容广泛涉及建设中国特色社会主义的基本纲领、总体布局等重大问题，丰富了中国特色社会主义理论体系的内容。

一是"三个代表"重要思想确立了中国特色社会主义的基本纲领。随着实践的发展以及党对建设和发展中国特色社会主义认识的深化，党的十五大制定了中国特色社会主义的基本纲领。建设有中国特色社会主义的经济，就是在社会主义条件下发展市场经济，不断解放和发展生产力；建设有中国特色社会主义的政治，就是在中国共产党领导下，在人民当家作主的基础上，依法治国，

---

① 江泽民．江泽民文选（第三卷）[M]．北京：人民出版社，2006：340.

发展社会主义民主政治；建设有中国特色社会主义的文化，就是以马克思主义为指导，以培育有理想、有道德、有文化、有纪律的公民为目标，发展面向现代化、面向世界、面向未来的，民族的科学的大众的社会主义文化。中国特色社会主义的基本纲领，既是改革开放以来的经验总结，也为中国特色社会主义道路的前进指明了方向。

二是"三个代表"重要思想确立了依法治国的基本方略。党的十一届三中全会以来，随着改革开放和社会主义市场经济的发展，以及政治体制改革的不断推进，党的法治意识不断增强并逐步贯彻到社会主义现代化建设和社会生活的方方面面。在邓小平强调加强社会主义法制建设，依法治国思想的基础上，江泽民把"依法治国"上升为党和人民治理国家的基本方略。1996年2月，江泽民在中央举办的法制讲座中首次提出了"实行和坚持依法治国"的战略口号。党的十五大第一次把"依法治国，建设社会主义法治国家"写入党的政治报告中。1999年，宪法修改确认了依法治国的方略。2002年党的十六大把"依法治国"写进党章，正式作为一项具有全局性和长期性的战略方针确立下来。依法治国方针的确立，是中国共产党执政方式的重大转变，有利于加强和改善党的领导，有利于发展社会主义民主、实现人民当家作主，有利于发展社会主义市场经济和扩大对外开放，有利于国家的长治久安，为中国特色社会主义道路提供了重要的法治保障。

三是提出建设社会主义政治文明，进一步深化了对建设中国特色社会主义事业的规律性认识。2001年1月，江泽民在全国宣传部长会议上的讲话中，提出了社会主义政治文明的概念，他强调要加强法制建设，依法治国，把以德治国和依法治国结合起来，德治属于精神文明，法治属于政治文明。从"两个文明"建设到建设"三个文明",进一步深化了我们党对中国特色社会主义事业的规律性认识。强调建设社会主义政治文明,最根本的就是要坚持党的领导、人民当家作主和依法治国的有机统一。

四是提出文化是综合国力的重要标志,把文化建设提到执政党建设和治国兴邦的高度,进一步深化了中国特色社会主义文化建设理论。文化反映着社会的经济和政治,又对经济和政治发生巨大的反作用。邓小平一贯重视社会主义文化建设。他指出,社会主义精神文明是社会主义的重要特征,在搞好物质文明建设的同时,提高全民族的科学文化水平,发展高尚的丰富多彩的文化生活,建设高度的社会主义精神文明。在新的形势下,江泽民进一步丰富和发展了邓小平"两手抓、两手都要硬"的思想,提出文化是综合国力的重要标志,把文化建设提到执政党建设和治国兴邦的高度,进一步深化了中国特色社会主义文化建设理论。

第三,"三个代表"重要思想进一步深化了对中国特色社会主义的认识。

一是"三个代表"重要思想深化了对社会主义本质的认识。在建党80周年大会上的讲话中,江泽民指出:"我们建设有中国特色社会主义的各项事业,我们进行的一切工作,既要着眼于人民现实的物质文化生活需要,同时又要着眼于促进人民素质的提高,也就是要努力促进人的全面发展。这是马克思主义关于建设社会主义新社会的本质要求。"[①]在坚持邓小平关于社会主义本质理论的基础上,进一步明确了社会主义初级阶段的价值取向,不仅仅是停留在实现共同富裕,而是要实现人的全面发展。江泽民还强调,社会主义生产力的发展过程应该与人的全面发展的过程有机地结合起来,"这两个历史过程应相互结合、相互促进地

---

① 江泽民. 江泽民文选(第三卷)[M]. 北京:人民出版社,2006:294.

向前发展。"①江泽民关于社会主义本质的新论述，丰富了社会主义本质理论，深化了对中国特色社会主义本质内涵的认识，进一步回答了什么是社会主义的问题。

二是"三个代表"重要思想确立了三位一体的现代化总体布局。2002 年 5 月，在中央党校省部级干部进修班毕业典礼上的讲话中，江泽民指出："发展社会主义民主政治，建设社会主义政治文明，是社会主义现代化建设的重要目标。"②从而把建设社会主义政治文明确立为社会主义现代化建设的主要目标之一。2002年江泽民在中国社科院建院 25 周年座谈会上的讲话中指出："建设有中国特色社会主义，应该是我国经济、政治、文化全面发展的进程，是我国社会主义物质文明、政治文明、精神文明全面建设的进程。"③把物质文明、政治文明、精神文明三者结合起来，确立了经济、政治、文化建设三位一体的中国特色社会主义现代化建设布局，对社会主义现代化建设的目标有了更加全面的把握。

三是提出全面建设小康社会的奋斗目标，深化和丰富了中国特色社会主义发展阶段和发展战略思想。邓小平作为中国改革开放和社会主义现代化建设的总设计师，立足于我国处于社会主义初级阶段这个最大实际，构想了我国现代化建设"三步走"战略，并在这个战略构想中提出了"小康社会"的思想。党的十六大上，江泽民提出 21 世纪头 20 年是全面建设小康社会的阶段，深刻阐述了全面建设小康社会的奋斗目标，进一步深化了邓小平关于分阶段、有步骤地实现现代化的战略思想。

---

① 江泽民 . 江泽民文选（第三卷）[M]. 北京：人民出版社，2006：295.
② 中共中央文献研究室 . 十五大以来重要文献选编（下）[M]. 北京：人民出版社，2003：2416.
③ 江泽民 . 江泽民文选（第三卷）[M]. 北京：人民出版社，2006：490-491.

② **科学发展观是对中国特色社会主义道路的新发展**

科学发展观作为中国特色社会主义理论体系的重要组成部分，拓宽了中国特色社会主义的视阈，深化了中国特色社会主义的主题，彰显了中国特色社会主义的根本价值取向。

第一，拓宽了中国特色社会主义理论体系的视阈。进入新世纪以后，以胡锦涛为总书记的中央领导集体着眼于党和人民事业发展的全局，以邓小平理论和"三个代表"重要思想为指导，不断总结新的实践经验，提出了以人为本的科学发展观，拓宽了中国特色社会主义理论体系的视阈。一是在经济建设方面，提出了一系列新的思想观点，丰富了中国特色社会主义经济建设的思想。包括提高自主创新能力，建设创新型国家；转变经济发展方式，实现经济又好又快发展；建设社会主义新农村，实现城乡协调发展；坚持可持续发展，建设资源节约型、环境友好型社会。二是在民主政治建设方面，建立基层群众自治制度，发展了中国特色社会主义基本政治制度。强调"人民依法直接行使民主权利……是人民当家作主最有效、最广泛的途径"，① 并把基层群众自治制度确立为我国一项基本政治制度，从制度上保证基层人民群众依法直接管理经济政治文化和社会事务的权利。三是在文化建设方面，建设以社会主义核心价值体系为根本的和谐文化，丰富了社会主义先进文化的时代内涵。四是在社会建设方面，构建社会主义和谐社会，拓宽了社会主义现代化建设的总体布局。五是在外交方面，坚持走和平发展道路，倡导建设和谐世界。包括奉行"与邻为善、以邻为伴"的周边外交方针和"睦邻、安邻、富邻"的周边外交政策，构建和谐地区与和谐亚洲；倡导和平、开放、合作、

---

① 中国共产党第十七次全国代表大会文件汇编 [M]. 北京：人民出版社，2007：29.

和谐、共赢的外交理念，构建和谐世界。

第二，深化了中国特色社会主义理论体系的主题。科学发展观回答了"实现什么样的发展、怎样发展"的问题，进一步深化了中国特色社会主义理论体系的主题。一是提出社会和谐是中国特色社会主义的本质属性，是发展中国特色社会主义的基本要求。二是提出建设社会主义核心价值体系是中国特色社会主义意识形态的本质要求。"马克思主义指导思想，中国特色社会主义共同理想，以爱国主义为核心的民族精神和以改革创新为核心的时代精神，社会主义荣辱观，构成社会主义核心价值体系的基本内容。"① "社会主义核心价值体系是社会主义意识形态的本质体现。"② 社会主义核心价值体系四个方面的内容，作为我国社会主义意识形态中最重要的组成部分，是中国特色社会主义道路的理论根基，是中国特色社会主义理论体系的思想基石。

第三，科学发展观彰显了中国特色社会主义道路的根本价值取向。人民利益标准是中国特色社会主义理论体系的根本价值取向。以胡锦涛为总书记的党中央领导集体，继承了人民利益至上的思想，把以人为本作为科学发展观的核心，回答了为谁发展、靠谁发展、怎样发展的问题，彰显了中国特色社会主义理论体系的根本价值取向。以人为本，解决了为谁发展的问题。科学发展观坚持发展为了人民，要实现好、维护好、发展好最广大人民的根本利益，把发展的目的真正落实到满足人民需要、实现人民利益、提高人民生活水平上。以人为本，解决了靠谁发展的问题。科学发展观坚持发展依靠人民，就是要尊重人民主体地位，发挥

① 中共中央文献研究室. 十六大以来重要文献选编（下）[M]. 北京：中央文献出版社，2008：661.
② 中国共产党第十七次全国代表大会文件汇编 [M]. 北京：人民出版社，2007：33.

人民首创精神，充分调动人民群众的积极性、主动性、创造性，建设和发展中国特色社会主义。以人为本，解决了怎样发展的问题。科学发展观坚持发展成果由人民共享，使发展的成果体现在不断提高人民的物质文化生活、不断提高人民的思想道德素质和科学文化素质、充分保障人民的各方面权益上，使发展成果惠及广大人民群众。科学发展观实现了经济、政治、文化、社会发展的统一，明确了建设和发展中国特色社会主义的最终目的，彰显了中国特色社会主义道路的根本价值取向。

③ 习近平新时代中国特色社会主义思想是中国特色社会主义理论体系的最新成果

党的十八大以来，以习近平同志为核心的党中央在积极应对国内和国际严峻挑战、深入推进改革开放、坚持和发展中国特色社会主义过程中提出的一系列治国理政新理念新思想新战略，推动了中国特色社会主义道路的新发展。

第一，习近平新时代中国特色社会主义思想为推进中国特色社会主义道路提供了方法论指南。一是坚持全面改革与协同改革相结合。习近平总书记指出："必须是全面的系统的改革和改进，是各领域改革和改进的联动和集成，在国家治理体系和治理能力现代化上形成总体效应、取得总体效果。"[①] 也就是牢固树立全局观，注重改革的系统性和协同性，注重各项改革的相互促进与良性互动，注重理论创新、制度创新与科技文化创新的有机衔接，注重各项政策整体性功能的发挥，最大限度凝聚起协调推进各项改革的正能量，形成推进改革开放的强大合力。二是坚持顶层设计与"摸着石头过河"相结合。以习近平同志为核心的党中央在

① 习近平. 习近平谈治国理政（第一卷）[M]. 北京：外文出版社，2018：105.

治国理政实践中加强顶层设计，站在全局性高度提出了"四个全面"战略布局、"五位一体"总体布局、实现中华民族伟大复兴的中国梦，确立了党在新的历史条件下治国理政的总方略和总目标。同时，在加强顶层设计的前提下继续鼓励大胆试验，推进局部的阶段性改革，将局部改革的成功经验上升为普遍性原则，为全面深化改革提供有益指导。三是坚持统筹兼顾与突破重点相结合。"治大国若烹小鲜"的治国理念体现了两点论与重点论有机统一的辩证思维。在整体谋划的同时，注重抓住各项工作中的主要矛盾和矛盾的主要方面。在科学部署"五位一体"总体布局中，坚持以经济建设为中心；在整体推进处于攻坚期和深水区的全面改革中，敢于啃硬骨头，深化重点领域改革。

第二，习近平新时代中国特色社会主义思想丰富和发展了中国特色社会主义的内涵。习近平新时代中国特色社会主义思想为中国特色社会主义理论体系注入了新的时代内涵，从制度保障、总体目标、发展理念、全球治理、精神支撑等方面丰富了中国特色社会主义理论体系的基本内涵，将中国特色社会主义道路推进到新的发展阶段。一是强调中国特色社会主义制度是坚持和发展中国特色社会主义的制度保障。"中国特色社会主义道路是实现途径，中国特色社会主义理论体系是行动指南，中国特色社会主义制度是根本保障"①，中国特色社会主义道路、理论、制度统一于社会主义现代化建设的实践，全面深化了中国特色社会主义的科学要义。制度保障还体现在依靠中国特色社会主义制度的完善和发展治国理政，通过中国特色社会主义制度的定型化和不断成熟提高有效治理国家的能力。二是实现社会主义现代化和中华

---

① 中共中央文献研究室．十八大以来重要文献选编（上）[M]．北京：中央文献出版社，2014：74.

民族伟大复兴是发展中国特色社会主义的总任务。这个总任务是对社会主义根本任务的具体展开和落实。习近平新时代中国特色社会主义思想在设定中国特色社会主义发展目标中坚守共产主义理想，同时也融入了中国古代小康思想，结合了中华民族伟大复兴的夙愿，以全面建成小康社会为近期目标，以实现社会主义现代化为中期目标，以实现中华民族伟大复兴的中国梦为长远目标，以实现共产主义为最终奋斗目标。三是"五位一体"是中国特色社会主义的总体布局。2012年11月，党的十八大明确提出了中国特色社会主义"五位一体"总体布局。党的十八大以来，党中央把生态文明建设纳入中国特色社会主义事业总体布局，把以往分散的生态保护实践统摄到生态文明建设的目标下。生态文明建设与经济建设、政治文明建设、文化建设、社会建设相并列相联系的"五位一体"总体布局是中国特色社会主义事业的新构架。从"四位一体"发展到"五位一体"，生态文明建设的地位更加凸显，中国特色社会主义总体布局更具有全方位视野。四是社会主义核心价值观是坚持和发展中国特色社会主义的精神支撑。民族复兴赋予了文化发展新的内涵，繁荣和发展中国特色社会主义文化，不仅仅是满足人民群众不断增长的精神需求，更是要弘扬充分反映民族特性和时代特征的社会主义核心价值观，培育富有时代气息的中国精神，以凝聚中国力量。习近平总书记指出："一个国家的文化软实力，从根本上说，取决于其核心价值观的生命力、凝聚力、感召力。"[1] 培育和践行社会主义核心价值观，关系到中国特色社会主义文化的性质和正确方向，关系到社会和谐稳定和健康发展。

第三，提出了中国特色社会主义道路新的发展理念。发展是

---

① 习近平. 习近平谈治国理政[M]. 北京：外文出版社，2018：163.

解决我国一切问题的基础和关键，这是改革开放以来党的几代领导集体的共识。中国特色社会主义进入新时代以来，以习近平同志为核心的党中央对发展的问题有了更为深刻的认识，提出了创新、协调、绿色、开放、共享的新发展理念。创新是引领发展的第一动力。习近平总书记指出："坚持创新发展，是我们分析近代以来世界发展历程特别是总结我国改革开放成功实践得出的结论，是我们应对发展环境变化、增强发展动力、把握发展主动权，更好引领新常态的根本之策。"① 协调是科学发展的内在要求，也是马克思主义辩证法的鲜明体现。推动协调发展，就是要推动城乡协调发展、区域协调发展、经济与社会协调发展，人与自然和谐共生。绿色是自然的本色，也应该成为人类社会发展的基本色调，推动绿色发展也是中国特色社会主义道路的应有之义。习近平总书记在党的十九大报告中指出："人与自然是生命共同体，人类必须尊重自然、顺应自然、保护自然。"② 开放是时代发展的潮流，也是中国特色社会主义道路的一个显著特色。习近平总书记指出，在新的时代条件下，中国开放的大门不会关闭，只会越开越大。"我们将实行更加积极主动的开放战略，完善互利共赢、多元平衡、安全高效的开放型经济体系。"③ 共享，是以人民为中心价值原则的鲜明体现，坚持共享发展，就是要坚持发展为了人民、发展依靠人民、发展成果由人民共享。习近平总书记指出："生活在我们伟大祖国和伟大时代的中国人民，共

---

① 中共中央党史和文献研究院 . 十八大以来重要文献选编（下）[M]. 北京：人民出版社，2019：157.

② 中共中央文献研究室 . 十九大以来重要文献选编（上）[M]. 北京：中央文献出版社，2018：35.

③ 中共中央党史和文献研究院 . 十八大以来重要文献选编（下）[M]. 北京：人民出版社，2018：438.

同享有人生出彩的机会，共同享有梦想成真的机会，共同享有同祖国和时代一起成长与进步的机会。"① 共享，不仅让中国人民共享中国特色社会主义道路的发展成就，也要使整个世界共享中国改革发展所带来的机遇。进入新时代以来，中国发出的"一带一路"倡议，构建人类命运共同体等思想和主张，都体现了中国特色社会主义道路新的共享理念。创新、协调、绿色、开放、共享是建设中国特色社会主义的新发展理念，把中国特色社会主义道路继续向前推进。

---

① 中共中央党史和文献研究院．十八大以来重要文献选编（下）[M]．北京：人民出版社，2018：235.

第五章

中国特色社会主义道路与
当代中国发展

中国特色社会主义道路是中国共产党 20 世纪 50 年代在社会主义建设的实践中探索、在改革开放的伟大实践中开创的强国富民的正确道路。中国特色社会主义道路不同于苏联模式，更不同于资本主义现代化模式，而是立足中国国情、符合科学社会主义基本原则的建设道路。中国特色社会主义道路解决了当代中国的发展问题，拓展了发展中国家走向现代化的途径，为解决人类问题贡献了中国智慧和中国方案。

一、经济持续快速健康发展

新中国成立 70 多年来，特别是改革开放以来，我国经济建设取得巨大成就。1978 年，党的十一届三中全会作出了把党和国家工作中心转移到经济建设上来的历史抉择，开启了中国改革开放的新纪元。我们党深刻总结国内外先进经验和失败教训，从我国社会主义初级阶段的基本国情出发，解放思想，实事求是，大力发展社会主义市场经济、不断完善社会主义市场经济体制，逐步形成了以公有制为主体、多种所有制经济共同发展的基本经济制度。40 多年来，党带领人民群众不断探索社会主义制度与市场经济相结合的经济体制改革路径，把促进社会公平公正、保证人民群众共享改革发展成果作为经济建设的价值目标，利用市场逻辑实现资源优化配置，提高企业生产效率和激发创新潜力，促进经济持续快速增长。

① 中国经济发展跃上新台阶

改革开放以来，中国共产党带领全国各族人民不断深化社会主义市场经济体制改革，推进对外开放纵深发展，积极参与经济全球化进程，经济建设取得举世瞩目的成就，综合国力和国际影响力发生历史性变化。

经济总量实现巨变，国民经济蓬勃发展，综合国力和国际影响力大幅度提升。党的十一届三中全会确定了党和国家的中心工作，围绕解放发展社会生产力、激发市场活力等经济目标稳步推进经济体制改革，建立和完善中国特色社会主义市场经济体制。随着经济全球化势不可当的趋势，市场化改革使我国在经济建设中能共享世界资源、生产技术和管理经验，抓住世界经济发展新趋势给各国带来的机遇；同时，中国作为世界人口最多的发展中国家，也为世界经济增长提供了广阔市场和人力资源。中国的经济总量在短短 40 多年扩大了 269 倍，由经济总量世界排名第十上升至世界第二；国内生产总值由 1978 年的 3678 亿元快速攀升至 2019 年的 9.9 万亿元。1978 年以来，我国 GDP 年均增长率保持在 9.5% 左右，① 即使进入经济增速换挡期，经济发展由高速度向高质量转型，中国仍然是世界主要经济体增速最快的国家，已经连续多年成为世界经济增长的第一引擎，为推动世界经济发展作出巨大贡献。特别是党的十八大以来，在以习近平同志为核心的党中央的坚强领导下，适应和把握经济发展新常态，贯彻落实五大发展理念，统筹推进"五位一休"总体布局，协调推进"四

---

① 国家统计局网，2020 年 3 月 15 日。

个全面"战略布局，经济建设取得新的辉煌成就，综合国力和国际影响力持续增强。

人民群众的收入水平显著提高，我国由低收入国家正向中高收入国家迈进。新中国成立以来，我们党带领人民群众在一穷二白的条件下进行社会主义建设，经历了长期的实践和理论探索后，党对什么是社会主义、怎样建设社会主义这一基本问题的认识不断深化。党的十一届三中全会以来，我们党逐渐形成共识，实现共同富裕是社会主义的根本原则和制度优势，而发展是实现共同富裕的根本路径。党和政府坚持实施就业优先战略和积极就业政策，拓宽就业渠道和提高就业质量，确保人民群众能增加收入和改善生活。人均国民总收入由 1978 年的 190 美元上升至 2018 年的 9732 美元，高于中等收入国家平均水平；1978 年人均 GDP 仅为 385 元，1987 年突破千元，2003 年超过万元；2019 年，人均 GDP 收入跃升至近 7.1 万元，按照同期人民币与美元兑换率，人均 GDP 在这一年跨越 1 万美元大关。[①] 人均国内生产总值是衡量一个国家经济实力和发展质量的重要标志。在 40 年里，我国由一个低收入国家成功迈入中高收入国家行列，解决了世界近五分之一人口的生存生活问题，创造了人类历史上的发展奇迹。

经济快速发展和规模不断扩大，国家财政实力不断增强。2019 年，我国财政收入达 190382 亿元，是 1978 年 1132 亿元的 168 倍；1979—2019 年，我国财政收入年均增长 13.5%。[②] 不断增强的经济实力，为改善人民生活、加强社会保障以及促进经济发展提供有力的资金保障。财政支出更多向民生领域倾斜，国家在建立覆盖城乡居民的社会保障体系、增加就业、义务教育投入、

---

① 国家统计局网，2020 年 3 月 16 日。
② 国家统计局网，2020 年 3 月 17 日。

发展公共医疗、补贴低收入群体等直接涉及人民群众利益方面的支出不断增加。在促进经济结构转型升级方面，国家对中小企业采取结构性减税政策，鼓励和扶持其发展创新。此外，为刺激经济增长，国家还扩大对基础设施建设的投资，以及在特殊时期进行消费补贴等，依靠投资和消费拉动经济增长。

对外经济活动日益频繁，外汇储备大幅度增长。改革开放以来，特别是 2001 年中国加入世界贸易组织以来，中国积极参与经济全球化，同世界各国开展经贸合作，我国与世界 200 多个国家和地区有贸易往来。货物进出口总额由 1978 年的 206 亿美元上升至 2019 年的 4.4 万亿美元。① 出口货物类型由主要出口初级产品、工业制品向出口轻纺产品、机电产品转变。近些年，以电子和信息技术为代表的高新技术产品在出口贸易中所占比重不断增加，这些科技商品的附加值远高于其他工业制造品，以高新技术产品作为主要出口商品的发达国家在对外贸易中占有绝对优势。我国要牢牢抓住第三次科技革命带来的创新发展机遇，努力实现由"中国制造"向"中国智造"全面战略转型。对外经济活动日益频繁，我国外汇储备也随之不断增多，中国在国际经济金融世界地位显著提升。2006 年，我国超过日本成为世界第一大外汇储备国，2018 年，外汇储备规模占全球外汇储备规模的近 30%，② 在维护国际收支平衡和汇率稳定、维护国家金融安全方面的实力不断增强。

② 经济结构持续优化升级

与经济快速增长基本同步的是我国经济结构不断优化、发展

---

① 国家统计局网，2020 年 3 月 18 日。
② 《国家外汇管理局年报》，2020 年 3 月 20 日。

协调性显著增强。自新中国成立以来，特别是改革开放以来，我们党深刻总结国内外经验和教训，立足中国基本国情和发展阶段，通过改革不断调整经济结构和转变发展方式，经济社会发展由高速度向高质量全面战略升级。

产业结构深刻调整，农业基础地位巩固提高，第三产业蓬勃发展，经济增长由主要依靠第二产业带动向依靠第一、第二、第三产业协同带动转变。新中国成立以来，特别是改革开放以来，随着家庭联产承包责任制、农产品流通体制以及促进农业产业化等改革措施相继实施，农业生产改变了以往以种植业为主的单一结构，向农林牧渔业多元化方向发展。党的十八大以来，为实现乡村振兴战略目标，党和政府加大对农村基础设施建设的投入，强化培训新型职业农民，鼓励帮扶农业与旅游业等第三产业相结合的新型农业农村经济。农业基础地位进一步加强，工业持续快速发展，服务业不断发展壮大，1979—2019年，第一、第二、第三产业增加值年均增长率分别为17.62%-44.49%和37.89%。这三次产业增加值在国内生产总值所占比重发生显著变化，1979—2019年，第一产业由30.7%下降到7.1%，第二产业比重下降明显，第三产业比重翻了一番，超过第一、第二产业之和。第二、第三产业对经济增长的贡献率逐渐持平，第三产业拉动经济增长的作用更加突出，2001—2019年，第二、第三产业对GDP增长的贡献率年均增长分别是4.5%和4.3%。[①]

需求结构逐步改善，消费、资本、进出口三驾马车协同发力。从新中国成立到改革开放初期，由于我国经济总量小，对外开放程度低，经济增长主要依靠消费拉动，投资和进出口常为负值。改革开放以后，生产力发展和人民生活水平提高，各领域全方位

① 国家统计局网，2020年3月25日。

对外开放格局逐步形成，投资和进出口对经济增长的拉动作用日益明显。2007年，投资、进出口对经济增长的贡献率分别达到42.4%和18.0%。在国家扩大内需战略的带动下，消费对经济的拉动作用明显增强。社会生产力的提高和人们对美好生活的向往使得城乡居民消费结构正在发生变化，对经济增长具有重要贡献的发展资料和享受资料逐渐成为人们日常消费的主要产品。2019年，内需对经济增长的贡献率达到89.0%，其中最终消费支出对经济增长的贡献率达到57.8%，这表明内需特别是消费成为拉动经济增长的第一驱动力。

优势互补、协调发展的区域经济新格局正在加快形成。中国国土面积大、区域差异明显，区域发展问题一直是我国现代化建设进程中的重大问题。改革开放以来，党和政府针对区域发展作出了一系列重要决策部署，根据不同区域的具体情况，制定了区域非均衡发展方案——东部率先发展、西部大开发、中部崛起和东北部振兴。特别是党的十八大以来，以习近平同志为核心的党中央推出了"一带一路"建设、长江经济带发展、京津冀协同发展、长三角一体化发展、黄河流域生态保护等重大战略，充分发挥各地区比较优势，各区域协调发展持续推进。2012—2018年，东部、中部、西部和东北地区人均地区生产总值分别年均增长7.2%、8.2%、8.5%和6.1%，① 区域间发展差距不明显。

城镇化进程明显加快。改革开放以前，我国大多数人口居住在农村，城镇化进程缓慢。改革开放40多年来，中国城镇化进程迅速加快，以前所未有的速度和规模持续推进，尤其是党的十八大以来，户籍制度改革全面落实，农业转移人口落户城镇数量明显增加，城镇化率由1949年的10.64%上升至2019年的

---

① 国家统计局网，2020年3月28日。

60.59%。城镇化进程的加快改变了传统的就业结构，提高了城乡居民的收入水平。2013—2019 年，全国居民人均可支配收入由1.2 万元增长至 3.1 万元。城镇居民人均可支配收入由 2.6 万元增长至 4.2 万元，农村居民可支配收入年平均增长 9.23%，高于城镇居民可支配收入的 8.15% 年均增长率，城乡居民收入水平增幅明显。

③ 改革开放是实现中国经济长期快速健康发展奇迹的根本动力

新中国成立 70 多年来，特别是改革开放以来，在党的坚强领导下，我国经济持续快速增长，经济社会发展质量不断改善，人民生活水平显著提高。我国经济社会取得辉煌成就的重要经验是：坚持社会主义市场经济改革方向，坚持独立自主与参与经济全球化相结合的对外开放道路。

坚持社会主义市场经济改革，激发市场竞争和经济活力，是改革开放 40 多年取得重大成就的宝贵经验。基于对中国国情的科学判断和对历史经验的科学总结，1979 年 11 月 26 日，邓小平指出："市场经济只存在于资本主义社会，只有资本主义的市场经济，这肯定是不正确的。社会主义为什么不可以搞市场经济，这个不能说是资本主义。"[①] 这一重要论断为社会主义经济体制改革解放了思想。计划和市场都是资源配置、调节经济的手段，社会主义国家也可以借助市场经济来发展社会主义生产力，提高人民生活水平，增强社会主义国家综合国力。混合所有制企业改革、建立现代企业制度、建立国有资产管理体制等一系列改革措施，创新了公有制经济实现形式，使其符合市场经济运行要求，同时

---

① 邓小平. 邓小平文选（第二卷）[M]. 北京：人民出版社，1994：236.

也激发了国有企业活力，增强了企业竞争力，这有利于发挥国有企业主导作用，确保国有资产保值增值。

坚持独立自主同参与经济全球化相结合的对外开放道路，在吸引外资和吸收西方先进技术的同时，始终注重发展科学技术，提高生产力水平，促进产业结构优化升级。经济全球化是生产力发展的必然要求，是不可逆转的趋势。中国要实现工业化、现代化却缺少资金、技术和管理经验，积极参与经济全球化可以利用世界市场吸收、利用发达国家的资金、先进技术、管理经验，发挥后发优势，实现跨越式发展。首先，中国始终坚持从国情出发，制定符合国家长远利益的发展战略，始终坚持社会主义制度，保持强有力的宏观调控，始终保持对关键行业和领域的控制力，防范金融风险。其次，中国深刻地认识到，"关键核心技术是要不来、买不来、讨不来的。只有把关键核心技术掌握在自己手中，才能从根本上保障国家经济安全、国防安全和其他安全"①。党和国家采取了一系列加快科学技术和自主创新能力发展的重大战略举措，在量子通信、高速铁路、卫星导航、载人航天等领域掌握了核心技术，推动产业结构在国际分工体系中从低端向中高端水平迈进，大大增强了国际竞争力。

继续深化改革开放和加强风险防控能力，确保经济社会持续健康稳定发展。我国改革开放40多年来，经济增长率一直处于较高的水平，经济发展总体上比较平稳，但是面对复杂严峻的国内外经济环境，经济运行过程中也积累了各种各样的风险和隐患。如果不对这些风险进行化解，当风险聚集到一定程度集中爆发时，对经济发展的破坏力是惊人的，甚至对国家安全都会造成严重危

---

① 习近平. 在中国科学院第十九次院士大会、中国工程院第十四次院士大会上的讲话 [M]. 北京：人民出版社，2018：11.

害，这样实现社会主义现代化、实现中华民族伟大复兴、实现"两个一百年"的奋斗目标就会中断，因此必须进一步推进改革开放的系统性、整体性和协同性，防范化解经济社会运行中的重大风险。以经济体制改革为基础，完善上层建筑的各项体制机制，以形成释放社会活力、完善社会主义制度的整体效果；把深化改革与扩大开放协同起来，提升企业的国际竞争力，提高开放型经济水平，在开放中赢得国际竞争的主动权。提高风险防范意识和能力，高度重视金融、地方债务、国际贸易、信息安全等领域存在的风险隐患，充分发挥政府机构的宏观审慎管理作用，统筹协调各个监管机构之间的权责利。及早做好防范化解风险预案，对于可能出现的风险要防患于未然。

二、发展中国特色社会主义民主政治

在社会主义民主政治建设的历程中，中国共产党始终坚持从中国实际出发，借鉴人类政治文明的有益成果，但绝不放弃中国特色社会主义政治制度的特点和优势，明确提出决不搞西方的多党制、两院制、三权分立，坚定不移地走中国特色社会主义政治发展道路，形成了一系列有原创性的政治制度、发展模式和独特的民主形式、政治运行机制。特别是党的十八大以来，我们深化对民主政治发展规律的认识，提出全过程人民民主的重大理念。"全过程人民民主实现了过程民主和成果民主、程序民主和实质民主、直接民主和间接民主、人民民注和国家意志相统一，是全链条、全方位、全覆盖的民主，是最广泛、最真实、最管用的社会主义民主。"①

① 党的领导、人民当家作主与依法治国相统一

坚持党的领导、人民当家作主、依法治国有机统一是中国特色社会主义民主政治的基本原则，也是对国际共产主义运动和中国社会主义民主法治建设的经验教训的总结。从 20 世纪四五十年代开始，苏联东欧社会主义国家都在不同程度上存在以党代政、践踏民主法治的问题，20 世纪 90 年代初又在改革中错误地放弃了党的领导地位。

党的领导、人民当家作主和依法治国的有机统一，既是避免苏联民主建设中两个方向上的极端错误的根本保障，也是中国特色社会主义民主政治区别于西方宪政民主的根本特征。我国人民民主与西方所谓的"宪政"本质上是不同的。西方"宪政民主"不仅是指"宪法的实施"，还包含特定的价值理念、制度安排和模式标准，例如多党竞争、分权制衡、军队中立等。人民民主是党的领导、人民当家作主、依法治国的统一；强调依宪执政，尊重宪法和法律的权威，不是否定和放弃党的领导，而是中国共产党依照法定程序提出有关政治经济发展和社会管理的政策、方针和主张，在国家立法机关表决通过后，将其上升为法律，转化为国家意志，进而实现党的全面领导。这一过程体现了党的意志、人民意志与法治的统一。

党的领导、人民当家作主、依法治国统一于中国特色社会主义民主政治的实践中，三者不可分割。首先，党的领导是人民当家作主的前提，是依法治国的根本保障。中国共产党没有与人民

① 习近平. 习近平谈治国理政（第四卷）[M]. 北京：外文出版社，2022：260-261.

群众根本利益相冲突的特殊利益，在中国这样一个人口众多且发展不平衡的社会主义国家，坚持党的领导才能把复杂的利益关系协调起来，把人民的政治参与组织起来，实现人民当家作主。依法执政是中国共产党的执政方式，党的执政过程就是推进依法治国的过程，党的执政方式决定法治的实现程度。其次，人民当家作主是党的领导和依法治国的本质要求。实现中华民族的解放和人民当家作主，是中国共产党自成立以来就不忘的初心。中国共产党执政就是要领导和支持人民当家作主，维护和实现人民群众的根本利益。依法治国的根本目的在于通过宪法和法律的权威保障社会主义民主制度不受损害，保障人民切实享有不可侵犯的民主权利。最后，"依法治国是党领导人民治理国家的基本方略"。①依法治国是巩固党的执政地位、加强党的执政能力的重要途径。法治也是民主有序运行的保障，民主超出法治的原则就会对社会秩序和人民的权利与自由造成损害。

② 选举民主与协商民主相结合

社会主义协商民主，是中国社会主义民主政治的特有形式和独特优势。协商民主和选举民主是社会主义民主的两种重要形式，这两种民主形式不是相互替代和否定的关系，而是相互补充、协同配合，共同彰显中国社会主义民主政治的制度优势。协商民主和选举民主相结合源于近代以来中国政治发展的历史进程。毛泽东指出，在一个半殖民地半封建的旧中国取得民族解放和革命胜利必须将各革命的阶级联合起来组成统一战线，因此革命胜利后应该建立各革命阶级的联合政府。1949 年 9 月 21 日，中国

---

① 中共中央文献研究室. 改革开放三十年重要文献选编（下）[M]. 北京：中央文献出版社，2008：1335.

共产党和各民主党派以及无党派人士召开了第一届人民政治协商会议，在民主协商的基础上选举产生了中央人民政府委员会。1954年，第一届全国人民代表大会召开之后，人民政协不再代行人民代表大会职权，但人民政协作为政治协商的重要机构保留了下来，逐渐形成了全国人民代表大会与中国人民政治协商会议同时召开的两会制度。选举民主与协商民主相结合的民主形式是在近代中国历史发展中形成的，具有深厚的历史基础。

协商民主与选举民主在功能上相互补充，使人民不仅有投票的权利，还能参与到各层次的管理和社会治理中，避免了西方民主实践中人民权力流于形式的问题。协商民主与选举民主相结合有利于形成既有集中又有民主的政治局面。在西方民主政治的实践中，一是出现了民主与效率的两难。分权制衡只是有限地缓解了权力的滥用和腐败，但又容易导致权力机关之间的推诿和掣肘。二是出现了民主与科学决策的悖论。西方民主政治的发展产生了一个自身难以解决的难题，就是民主的程序不一定能保证科学、正义的结果。中国的民主政治则将民主与集中有机结合，既充分发扬民主，反映各方意愿和利益，又以中国共产党为核心进行充分讨论和协商，达成共识，"有效克服决策中情况不明、自以为是的弊端"，"有效克服各项政策和工作共识不高、无以落实的弊端"，① 实现了民主与效率的兼顾，实现了民主决策与科学决策的统一。

③ 以党内民主带动人民民主

1987年党的十三大报告首次提出："以党内民主来逐步推动人民民主，是发展社会主义民主政治的一条切实可行、易于见效的

---

① 习近平. 习近平谈治国理政（第二卷）[M]. 北京：外文出版社，2017：295-296.

途径。"① 随着政治体制改革的深化，中国共产党又相继提出了党内民主是党的生命以及人民民主是社会主义的生命的重要论断。

以党内民主带动人民民主是有利于政治稳定的民主道路。后发现代化国家的民主道路往往面临一个难题：被现代化所唤醒的政治参与和政治制度化水平较低之间的矛盾可能带来政治动乱。解决这一难题的"首要制度保证就是政党及政党体系"，因为一个现代化的政党体制可以通过制度本身扩大政治参与，引导新近动员起来的群体有序参与政治。中国作为一个后发现代化国家，以党内民主带动人民民主是一条有利于保持国家稳定的民主政治发展道路。在体制内逐步扩大民主参与和竞争性选举，完善社会各群体的利益表达机制，将人民民主发展的外在压力转化为党内民主发展的内在动力，可以缓冲和引导现代化过程中产生的政治参与需求，化解民主化进程中的不稳定因素。

以党内民主带动人民民主是符合中国国情的民主政治道路。在西方主要发达资本主义国家，近现代政党是民主政治发展和民主权利扩大的产物，民主的国家制度先于政党而存在。中国历史发展轨迹的特殊性在于以党建国，中国共产党是民主政治建设的领导者，因此，党内民主对人民民主的带动作用不可替代。在党内民主建设和实践中形成的经验和机制、培养的作风和意识可以对人民民主建设产生良好的示范作用，进而调动人民群众依法管理国家和社会事务的积极性。优质的党内民主有助于营造良好的党内政治生态，保持党的先进性，不断提高党自身引导民主政治的能力。强调党内民主对人民民主的带动作用，并不是说人民民主处于消极被动的地位，在我国的民主实践中，人民民主的发展

---

① 中共中央文献研究室. 十三大以来重要文献选编（上）[M]. 北京：中央文献出版社，2011：43.

也有力地推动了党内民主的完善。党内民主不能取代人民民主，而是发展人民民主的保障和条件。党内民主与人民民主良性互动，共同推动社会主义民主有序发展。

④ **巩固发展爱国统一战线**

统一战线是我们党的事业取得胜利的重大法宝，在革命、建设和改革各个历史时期发挥了凝聚人心、汇聚力量的重要作用。我们党始终把统一战线和统战工作放在全党工作的重要地位，特别是党的十八大以来，习近平总书记围绕巩固和发展广泛的爱国统一战线作了一系列深刻论述，为推进新时代党的统战工作创新发展提供了科学指南。

巩固和发展最广泛的爱国统一战线是党在各个历史时期成功推进中心工作的重要经验和优良传统。新民主主义革命时期，我们党领导工人阶级和农民阶级，联合城市资产阶级和民族资产阶级，形成强大的人民统一战线，经过长期艰苦奋斗，最终推翻三座大山，迎来新民主主义革命的胜利。社会主义建设时期，在对资本主义工商业的社会主义改造中，统一战线继续发挥了重要作用。以毛泽东同志为核心的中央领导人坚持认为民族资产阶级也是推进社会主义建设事业的重要力量，对资产阶级工商业的社会主义改造采取"和平赎买"的方针，平稳推进；要争取和团结民族资产阶级参与到社会主义改造中，发挥他们的专业才能和管理经验。改革开放以来，由于国内阶级关系发生根本变化和工作重点的战略调整，统一战线理论和实践进一步丰富和发展。新时期的统一战线是中国共产党领导下的以工农联盟为基础，包括全体社会主义劳动者、社会主义事业者、拥护社会主义爱国者和拥护祖国统一的爱国者的最广泛的联盟。党的十八大以来，以习近平同志为核心的党中央将统战工作提升到国家战略高度，强调要巩固和发展最广泛的爱国统一战线，并作出一系列战略部署，为加强和改进新时代统战工作指明了方向。

新时代统战工作是以大团结大联合为主题，以爱国主义和社会主义为旗帜。进入中国特色社会主义新时代，一方面，我们如今比历史上任何时期都要更接近、更有信心和能力实现中华民族伟大复兴的历史任务；另一方面，我国社会结构发生深刻变化，不同利益阶层大量涌现，多元化的社会文化和价值观念已经形成，加上西方异质思想不断入侵，马克思主义主流意识形态受到冲击，我国正处在社会主义现代化建设的关键节点。为应对内外形势、实现历史使命，我们党必须继续运用好统一战线这一法宝，广泛团结和联合各个方面的人民群众，为推进社会主义现代化建设最大限度地凝聚共识、汇聚力量。新时代统战工作的社会基础更加广泛，工作对象包括民主党派成员、无党派人士、党外知识分子、少数民族和宗教人士、港澳台同胞等爱国人士，要把这个数量庞大、构成多元的群体凝聚起来，必须坚持大统战工作格局，处理好一致性和多样性的关系，积极促进政党关系、民族关系、宗教关系、阶层关系、海内外同胞关系的和谐发展。

三、繁荣发展中国特色社会主义文化

中国特色社会主义文化在改革开放的伟大实践中焕发出生机和活力，展现出蓬勃向上的自信力，并以更加自信的态度在国际舞台上提出不同于资本主义文化解决文明冲突的世界观、价值观。中国特色社会主义文化是对中国特色社会主义经济结构和政治制度的反映，具有鲜明的民族特征和时代印记，也为中国特色社会主义道路提供了深厚的文化滋养。

① 坚持马克思主义在意识形态领域的指导地位

"统治阶级的思想在每一时代都是占统治地位的思想。这就是说，一个阶级是社会上占统治地位的物质力量，同时也是社会上占统治地位的精神力量。"① 一个社会的文化形态建立在一定的经济政治基础之上，其本质是对这个社会占统治地位的物质生产关系的反映。新中国成立以后，确立了以中国共产党为领导的人民当家作主的政治制度，逐步确立了以公有制为主体的经济制度，这为在思想文化层面确立马克思主义的指导地位奠定了坚实基础。中国特色社会主义文化始终坚持以马克思主义为指导，并有其独创的表现形式。首先，马克思主义在哲学社会科学中占指导地位。"坚持以马克思主义为指导，是当代中国哲学社会科学区别于其他哲学社会科学的根本标志，必须旗帜鲜明加以坚持。"② 哲学社会科学与自然科学一样都追求客观真理，但哲学社会科学的研究者不可能超脱其研究对象之外，完全价值中立，研究者提出的问题和表达的主张都会打上他所在的社会的烙印。中国哲学社会科学以马克思主义为指导，就是坚持马克思主义的根本方法和价值取向，为中国特色社会主义建设服务，为最广大人民群众服务。第二，不断深入推进马克思主义大众化。马克思主义是工人阶级和人民群众改造世界的思想武器，"哲学把无产阶级当做自己的物质武器，同样，无产阶级也

① 中共中央马克思恩格斯列宁斯大林著作编译局.马克思恩格斯选集（第一卷）[M].北京：人民出版社，2012：178.
② 习近平.在哲学社会科学工作座谈会上的讲话[M].北京：人民出版社，2016：8.

把哲学当做自己的精神武器"。① 中国共产党也一直注重马克思主义的大众化，用贴近人民群众的形式，打通思想宣传工作的"最后一公里"，抓好青少年的思想政治教育，抓好共产党员理想信念教育，用马克思主义的理论观点回应人民群众关心的问题，使马克思主义深入到人民群众之中。

② 中华优秀传统文化、革命文化与社会主义先进文化的统一

习近平总书记在党的十九大报告中指出："中国特色社会主义文化，源自于中华民族五千多年文明历史所孕育的中华优秀传统文化，熔铸于党领导人民在革命、建设、改革中创造的革命文化和社会主义先进文化，植根于中国特色社会主义伟大实践。"② 中国特色社会主义文化是一个绵延生成、不断发展的历史过程，是中华优秀传统文化、革命文化和社会主义先进文化的统一。

中华优秀传统文化是中华民族的基因，是中国特色社会主义文化带有民族特色的文化标识，并为中国特色社会主义文化的发展提供不竭的源泉。革命文化是党领导人民在革命斗争中形成的革命传统和革命精神。"中国革命传统中就凝结了中华民族的优良传统，是中国传统文化的积极成果在新的形式中的延伸和再创造。"③ 在革命斗争中形成的"视死如归"的爱国主义精神、为人民服务的公仆精神、愚公移山的奋斗精神本身就是对中华优秀传统文化的创造性发展。在社会主义建设和改革开放的实践中涌

---

① 中共中央马克思恩格斯列宁斯大林著作编译局 . 马克思恩格斯选集（第一卷）[M]. 北京：人民出版社，2012：16.
② 习近平 . 决胜全面建成小康社会 夺取新时代中国特色社会主义伟大胜利——在中国共产党第十九次全国代表大会上的报告 [M]. 北京：人民出版社，2017：41.
③ 陈先达 . 文化自信中的传统与当代 [M]. 北京：北京师范大学出版社，2017：121-122.

现出的开拓进取的首创精神、"舍小家为大家"的集体主义精神，是中国特色社会主义先进文化的体现，也是中华优秀传统文化和革命文化的当代表现。中华优秀传统文化、革命文化、社会主义先进文化都是在中华民族的生产实践、革命斗争中产生的，并且相互衔接，相互促进，共同构成中国特色社会文化这个有机整体的原创特征。

③ 弘扬和培育社会主义核心价值观

习近平总书记指出："我们提出的社会主义核心价值观，把涉及国家、社会、公民的价值要求融为一体，既体现了社会主义本质要求，继承了中华优秀传统文化，也吸收了世界文明有益成果，体现了时代精神。"[①] 这就清楚地表明了社会主义核心价值观的原创性，它继承了中华优秀传统文化，又在新的时代条件下作出创造性发展；它吸收了人类文明优秀成果，又始终立足中国实际，反映中国经济基础、政治制度的特征和要求。社会主义核心价值观从不把自己包装成"普世价值"。社会主义核心价值观汲取了人类文明发展的优秀成果和价值共识，继承了中华优秀传统文化中治国理政的智慧和处世为人的准则，又把马克思主义理论同中国实际相结合，概括了当代中国发展、社会建设、公民道德培育的价值追求和方向，具有鲜明的民族特征和社会主义性质。社会主义核心价值观不是抽象的，而是历史的、具体的，它既立足实际，有坚实的社会主义实践基础和认同基础，又能反映社会主义、共产主义的根本特征与价值追求。社会主义核心价值观是现实性与超越性的统一，这使其具有了极大的凝聚力和感召力，是国家长治久安的稳定器和社会主义发展的推进器。

---

① 习近平. 习近平谈治国理政（第一卷）[M]. 北京：外文出版社，2018：169.

④ 提升国家文化软实力

文化软实力是一个国家综合国力的重要组成部分，在国际竞争中发挥着举足轻重的作用。党的十八大以来，以习近平同志为核心的党中央高度重视国家文化软实力建设，强调要走中国特色社会主义发展道路。习近平总书记指出："提高国家文化软实力，关系'两个一百年'奋斗目标和中华民族伟大复兴中国梦的实现。"[1] 增强文化软实力，建设社会主义文化强国，必须提升文化创造活力，以及国际传播力和影响力。

提升中国特色社会主义文化的创造活力。中华文化的创造活力在过去 40 多年的改革开放进程中得到极大的释放，公益性的文化事业与经营性的文化产业双轨格局形成，文化市场机制得到确立并不断发挥作用。但是，文化的创造活力的释放和发挥还存在一系列问题，文化生产与人民群众日益增长的精神文化需求还不相适应，与我国的文化资源大国的地位不相称。体制机制的创新是文化生产力发展的核心驱动力，要完善产权、资本、信息、技术、人才等文化生产要素市场，构建统一、开放、竞争、有序的现代文化市场体系，建立起有利于文化创造活力充分涌流的体制环境。要挖掘深厚的中华文化资源，将资源优势转化为竞争优势。中国是一个文化资源大国，要将这些文化资源激活，使其进入文化生产和文化创作流程，成为文化创意产品的源泉。深藏在人民群众中的文化创造活力是文化繁荣发展的不竭动力，要努力构建鼓励文化创新的工作机制和舆论氛围，充分尊重人民群众的首创精神，引导群众自我表现自我教育自我服务，激发全社会文化创造热情，

---

[1] 中共中央文献研究室. 习近平关于全面建成小康社会论述摘编 [M]. 北京：中央文献出版社，2016：108.

释放深藏在人民群众中的深厚伟力。

提升中国特色社会主义文化的对外影响力。一是要打造融通中外的话语体系，讲好中国故事。落后就要挨打，贫穷就要挨饿，失语就要挨骂。用西方的话语体系裁剪中国的实践、衡量中国的发展，常常让中国陷入西方的"话语陷阱"，在国际争论和交锋中处于劣势。我们要在中外利益交汇点、话语共同点、情感共鸣点上下功夫，寻找到最大公约数，在此基础上形成可以通约的话语体系，达到同频共振，真正理解当代中国的智慧和方案。打造融通中外的话语体系，还要注意区分学术话语、政治话语与大众话语的异同，实现三者的有机统一，更好地传播中国理念，讲好中国故事。二是要加强国际传播能力建设，传播好中国声音。我们"要下大气力加强国际传播能力建设，加快提升中国话语的国际影响力，让全世界都能听到并听清中国声音"[①]，要"采用贴近不同区域、不同国家、不同群体受众的精准传播方式，推进中国故事和中国声音的全球化表达、区域化表达、分众化表达"[②]。三是要积极参与全球治理，提出具有中华文化底色的中国方案。当今全球治理面临着一系列的难题和挑战，原有的治理方案的效力递减，世界期待新的思路和主张。我国应该积极参与全球治理，围绕世界发展面临的重大问题，提出体现中华文化底色的理念、主张和方案，提升我国在地区乃至全球治理中的影响力和话语权。党的十八大以来，我国提出的"一带一路"和人类命运共同体倡议，就具有鲜明的中华文化色彩，为破解世界难题提供了新的思路，受到全世界的普遍赞誉。

---

① 中共中央文献研究室．习近平关于社会主义文化建设论述摘编[M]．北京：中央文献出版社，2017：212.

② 习近平．习近平谈治国理政（第四卷）[M]．北京：外文出版社，2022：318.

四、改善保障民生与建立社会治理体系

我们党始终坚持以人民为中心的发展思想，把人民利益摆在最高位置，主动了解并解决人民群众最关心最现实的民生问题，让改革发展成果更多更公平惠及全体人民，不断增进民生福祉、实现人民共同富裕。面对日益复杂的社会环境，党和政府不断加强和创新社会治理，营造良好的社会秩序，使广大人民获得感、幸福感、安全感更有保障、更可持续。

① 坚持教育优先发展战略

百年大计，教育为本。教育对于整个社会发展进步具有先导性、全局性和基础性的作用，教育现代化是中华民族伟大复兴的重要基石。党和政府高度重视教育事业，坚持把教育放在优先发展的战略地位，积极推动教育改革发展。

坚持教育优先发展，是改革开放以来党和政府提出并长期坚持的指导思想和重大战略。1982 年党的十二大报告首次把教育提升到经济社会发展的战略重点地位。1985 年出台的《中共中央关于教育体制改革的决定》指出，教育改革是现代化建设的重要组成部分，教育发展目标是提高国民素质和培养知识人才。1992 年党的十四大报告第一次明确提出"必须把教育摆在优先发展的战略地位"，1993 年颁布的《中国教育改革和发展纲要》要求政府要加大对教育的投入，确立了世纪之交教育发展总目标是基本普及义务教育和扫除青壮年文盲。党的十五大、十六大、十七大继续重申了"教育优先发展"的战略方针。党的十八大报告提出"教育是民族振兴和社会进步的基石"，①强调要努力办好人民满意的教育，进一步促进教育公平。党的十九大报告明确提出"建设教育强国是中华民族伟大复兴的基础工程，必须把教育事业放在优先位置，深化教育改革，加快教育现代化"，②并对新时代推进教育事业改革发展作出新的重要部署。教育兴则民族兴，教育强则国家强，"当今世界的综合国力竞争，说到底是人才竞争，人才越来越成为推动经济社会发展的战略性资源，教育的基础性、先导性、全局性地位和作用更加突显。"③必须把教育摆在国家优先发展的位置，继续深化教育领域综合改革，加快推进教育现代化，提高教育水平和国民素质，为全面建设社会主义现代化强国培养技术人才和创新人才。

改革开放以来，特别是党的十八大以来，"教育优先发展战略"引领下的教育事业改革发展取得显著成就，主要体现在以下几个方面：一是全国各级教育普及水平显著提高，国民接受教育的机会增加。2018年我国学前教育毛入园率达到81.7%，小学学龄儿童净入学率达99.95%，高中阶段毛入学率88.8%，九年义务教育巩固率94.2%，④义务教育取得历史性进展，达到世界高等收入国家水平。二是国家高等教育发展迅速，一批高水平大学和学科建设进程加快。改革开放后，为满足经济社会发展对知识人才的需要，国家对高等教育发展加大投入，相继推出了"211工程""985工程""特色重点学科项目"和"优势学科创新平台"等重大项目，

---

① 中共中央文献研究室.十八大以来重要文献选编（上）[M].北京：中央文献出版社，2014：27.
② 习近平.决胜全面建成小康社会 夺取新时代中国特色社会主义伟大胜利——在中国共产党第十九次全国代表大会上的报告[M].北京：人民出版社，2017：45.
③ 习近平.做党和人民满意的好老师：同北京师范大学师生代表座谈时的讲话[M].北京：人民出版社，2014：3.
④ 《教育发展统计公报》，2020年4月28日.

培养了一大批具有专业才能和创新能力的人才，为社会主义现代化建设提供源源不断的智力资源。三是促进教育公平成效明显。在基本普及义务教育的基础上，国家逐渐将工作重点聚焦在教育资源短缺、升学压力大的农村贫困地区和中西部省份。通过实施农村中小学现代远程教育工程以及推进师资均等政策，帮助农村孩子享受优质教育资源，缩小城乡义务教育差距；国家通过中西部高等教育振兴计划，加强中西部高校优势学科和师资队伍建设，缩小中西部与东部高等教育发展水平之间的差距；2012 年起，"211工程"学校和中央部属高校面向贫困地区实行定向招生，贫困地区农村学生上重点高校人数连续增长。四是职业教育、继续教育和民办教育体系建立并逐渐完善，为国家经济社会发展提供了人力支持。我国教育事业全面发展，教育总体发展水平已经跃居世界中上行列，从人口大国向教育大国成功转型，正在向教育强国的目标大步迈进。

② 提高就业质量和人民收入水平

就业是最大的民生，党和政府始终把就业工作摆在经济社会发展的突出位置，改革开放以来，我国就业工作取得巨大成就。就业规模持续扩大，就业总量由 1978 年的 4 亿人增加到 2019 年的 7.7 亿人，扩大了近 1 倍，其中城镇就业人数占 4.4 亿人，是 1978 年城镇就业人数的 4.5 倍，城镇就业人数增幅明显。就业结构不断优化，城镇就业比重由 1978 年的 23.7% 上升至 2019 年的 57.1%，[①] 城乡就业比例逐步平衡；第二、第三产业就业人数超过第一产业，服务业成为吸纳就业人数最多的行业，私营企业、个体经济非公有制经济吸纳就业人数超过国有、集体、股份合作和

---

① 国家统计局网，2020 年 5 月 1 日。

国有独资等公有制经济。就业质量显著提升，体现在工资收入快速增长、就业稳定性增强、劳动者权益保障加强等方面。劳动就业制度向市场化方向转变，一系列与社会主义市场经济体制相适应的就业政策和公共就业服务体系不断完善，中国特色就业发展道路逐渐形成。

持续深化改革，坚持以人民为中心的发展思想，实现更高质量和更充分的就业目标。当前我国社会经济发展进入新常态，就业形势出现新的特征，就业总量压力不减，结构性矛盾愈加突显，高校毕业生数量再创新高，一些特殊行业、特殊群体的就业情况仍需改善，新时代就业工作依然十分艰巨。党的十九大报告明确提出要坚持实施就业优先战略和积极就业政策。为适应新情况、解决新问题，破解当前的就业问题应着重做好以下几方面工作：

第一，不断丰富和完善更加积极的就业政策，把促进就业作为经济社会发展的首要任务；第二，提高职业技能培训的针对性，提升劳动者素质，更好地实现劳动力和就业岗位的匹配，这是化解结构性就业矛盾的根本举措；第三，切实拓宽高校毕业生就业创业路径，引导农民工和下岗职工多渠道就业创业，提高就业创业指导服务水平；第四，消除妨碍劳动力社会性流动的体制机制弊端，创造保证劳动者平等就业、公平竞争的制度环境；第五，完善就业困难人员保障政策等。习近平总书记指出，就业是最大的民生工程，就业问题事关人民群众切身利益。实现高质量和充分的社会就业，不仅是重大的经济问题，还事关国家发展大局和社会稳定。

③ 建立和完善中国特色社会保障体系

新中国成立以来，我国社会保障制度逐步建立和完善，民生福利持续改善，特别是改革开放以来，伴随着经济社会的整体变革与发展，社会保障制度也正经历着从部分覆盖到造福全民的制度转型，新型社会保障体系日益完善。

新中国成立以来，党和政府根据我国经济社会的现实情况，不断探索如何改善民生和扩大社会权益，最终走出一条中国特色社会保障发展之路。新中国成立到改革开放的 30 年间，我国实施的是与计划经济相适应的现代社会保障制度，以国家和集体为责任主体，内容包括城镇社会福利、劳动保险，公费医疗、农村合作医疗、农村"五保"制度等。改革开放以后，伴随着经济改革的全面推进，社会保障体制改革也与时俱进。为实现平稳过渡，避免社会动荡，改革采取先地方试点再向全国推广的方式。从 1986 年开始，社会保障改革正式全面推进，与经济体制市场化改革以及经济主体社会化趋势相适应，社会保障从单纯的民生保障制度安排，发展成影响国家经济社会发展大局的重要机制，突破了国家—集体制度框架，开始向国家主导—社会主责的新型社会保障制度转型。2011 年实施的《中华人民共和国社会保险法》进一步明确了社会保障制度的责任主体和目标要求，新型社保制度是以社会保险为主体、以单位和社区保障为辅助的多层次、社会化的保障体系。2017 年党的十九大报告提出要"全面建成覆盖全民、城乡统筹、权责清晰、保障适度、可持续的多层次社会保障体系"①，并对新时期社会保障工作作了一系列重要部署。社会保障制度随着世情国情的变化不断调整和发展，一系列关系到人民群众切身利益的制度改革，如政府补贴低收入群体参与基本养老保险、基本医疗保险，建立城乡居民养老保险制度，建立下岗

---

① 习近平. 决胜全面建成小康社会 夺取新时代中国特色社会主义伟大胜利——在中国共产党第十九次全国代表大会上的报告 [M]. 北京：人民出版社，2017：47.

职工基本生活保障制度以及保障性住房政策等相继出台，惠及全民的多层次新型社会保障体系日益完善，为满足人民群众对美好生活的向往提供基本制度保障。

改革开放40多年来，我国社会保障工作取得一系列重要成就，也积累了宝贵经验。社会保障是民生兜底工程，与人民群众的幸福感和安全感息息相关。党中央始终坚持以人民为中心的发展思想，把保障和改善民生作为社会发展的中心任务。我国建成了世界上覆盖范围最广的社会保障体系，人民群众的基本生活得到保障。中国是世界上人口最多的发展中国家，又处在社会主义初级阶段，因此，我们不能照搬西方资本主义国家的社会保障制度，必须立足于中国国情、实事求是，在中国经济社会发展的过程中，遵循中国特色社会主义发展的基本规律，建立和完善中国特色社会保障体系。社会保障体系建设涉及复杂的利益关系，党和政府必须充分考虑各方面的承受能力，采取先地方试点再全国性推广的渐进式改革方式，把握好社会保障制度改革的力度和节奏，避免因调整利益格局造成的社会不稳定。社会保障是社会稳定器，是民生底线，只有做好兜底工作，保障好群众的基本生活，才能真正促进社会和谐稳定发展。改革开放以来特别是党的十八大以来，党和政府十分重视保障困难群体基本生活和基本权益，下岗职工、困难企业职工等大批困难群众被纳入社保覆盖范围，全民参保的社会保障目标不断向前迈进。

④ **稳步推进扶贫减贫工作**

消除贫困、实现共同富裕是社会主义的本质要求。新中国成立以来，党和政府始终高度重视扶贫开发工作，特别是党的十八大以来，以习近平同志为核心的党中央把脱贫攻坚摆在更加突出重要的位置，将解决绝对贫困问题、实现社会公平公正视为全面建成小康社会的基础工程和重要标志。在中国共产党的领导下，中国特色扶贫开发工作不断向前推进，农村贫困人口大幅度减少，为全面建成小康社会打下坚实基础。

解决农村贫困人口温饱问题、改变贫困地区经济文化落后状态，逐步实现共同富裕是党和政府的主要目标和基本任务。新中国成立以来，特别是改革开放40多年来，党带领人民群众在扶贫开发的长期实践中探索和开拓了一条中国特色的扶贫开发道路，扶贫开发工作取得一系列重要成就。新中国成立初期，在全国农村发动的土改运动和农业合作化，改变了旧中国农业农村落后的生产状况，生产关系的变革、农业基础设施的修建和农业技术的推广，提高了农村生产力，改善了农民生活条件。1978年至1985年，农村率先进行了经济改革，实行家庭联产承包责任制，极大地解放了农业生产力，农民收入大幅度提高，农村贫困人口从1978年的2.5亿人减少到1985年的1.25亿人。1986年至1993年，为促进区域协调发展，改善贫困地区人民生活条件，我国有组织、有计划和有针对性地开展扶贫开发工作，设立专门机构、安排专项资金重点解决贫困地区的发展问题，扶贫工作在全国特别是农村地区取得显著成效。1994年至1999年，扶贫开发工作进入关键时期，党中央、国务院先后出台了"国家八七扶贫攻坚计划"、《关于尽快解决农村贫困人口温饱问题的决定》《关于进一步加强扶贫开发工作的决定》等政策方针，吹响了动员全党和全社会打好扶贫攻坚战的号角，确保实现在20世纪末基本解决农村贫困人口温饱问题的目标任务。截至1999年，我国已解决了2亿多农村贫困人口的温饱问题，贫困地区基础设施和生产生活条件明显改善，经济文化发展较快，贫困状况明显缓解。

进入 21 世纪，扶贫开发工作凸显出整体性和精准化的特点。
基于 80% 的贫困人口分布在农村这一基本情况，我国确定了 14.8
万个贫困村。2000 年至 2012 年，我国扶贫开发工作的基本任务
是完成这 14.8 万个贫困村的整村推进扶贫规划，总体目标是到
"十一五"结束前基本解决贫困人口的温饱问题。这一时期，通
过对劳动力进行职业培训，推动农村劳动力向第二、第三产业转
移，增加村民收入；通过加大对农村基础设施建设的投入，改善
农村生产生活条件，以及对乡镇企业制定优惠政策，吸引和鼓励
外出务工人员回乡创业，带动乡村经济社会发展。2012 年年底，
我国农村贫困人口从 2000 年的 4.3 亿人减少至 9899 万人，贫困
发生率下降至 10.2%。① 党的十八大以来，以习近平同志为核心的
党中央指出，新时代扶贫工作的根本方略是精准扶贫精准脱贫，
脱贫攻坚进入决胜时期，必须全国上下一齐一鼓作气打赢这场攻
坚战。在党的坚强领导下，新时代扶贫工作呈现出有序化、规范
化特点，建立起包括责任、政策、投入、动员、监督、考核等一
整套精准扶贫制度体系，将扶贫工作纳入国家现代化治理当中。
在 2013 年至 2018 年，我国农村贫困人口减少至 1660 万，贫困
发生率从 10.2% 下降至 1.7%，② 农村公共基础设施和服务设施，
如教育、医疗、卫生、文化和社会保障能力等迅速发展起来，农
村生产生活条件明显改善，农民的幸福感和获得感增强。

中国共产党从成立之初就以为人民群众谋幸福作为目标，这是
中国共产党的初心。改革开放以来特别是党的十八大以来，党致力
于解决好贫困地区发展问题，保障贫困群众生存发展的基本权益，
带领人民群众有组织有计划地实施扶贫开发工作，对全球减贫贡献

---

① 《2019 年全国农村贫困人口减少 1109 万人》，国家统计局，2020 年 1 月 23 日。
② 《2018 年全国农村贫困人口减少 1386 万人》，国家统计局，2019 年 2 月 15 日。

率超过 70%，^① 形成和发展了一整套具有中国特色的减贫扶贫治理体系，为世界其他国家开展扶贫工作提供了中国经验和中国方案。

⑤ 建立和完善共建共治共享的社会治理体系

党的十九大报告从国家发展的战略高度，对新时代中国社会治理作了深刻阐述，明确提出打造共建共治共享的社会治理新格局；党的十九届四中全会上关于《中共中央关于坚持和完善中国特色社会主义制度 推进国家治理体系和治理能力现代化若干重大问题的决定》，更首次将社会治理上升到国家制度层面，强调要坚持和完善共建共治共享的社会治理制度，加快推进社会治理现代化。这表明了我们党对于社会治理规律的认识不断深刻，也为进一步加强和创新社会治理指明了方向。

打造共建共治共享的社会治理格局，是新时代社会治理适应国家治理现代化和社会主要矛盾变化的客观要求。我国社会治理体系日益完善，人民生命财产安全得到有效的保护，广大人民群众的安全感和满意度不断增强。但与此同时，现代社会也呈现更加复杂多变的情况，社会结构发生变化，社会利益关系复杂，贫富分化不断加剧，社会矛盾增多，这决定社会治理不再只是政府和国家的事情，必须依靠多元主体通力合作、凝聚共识。此外，物质供应不足不再是社会主要矛盾，随着经济社会快速发展，人们的生存和温饱问题基本得到解决，国民知识文化水平普遍提高，对参与社会公共事务意愿更加强烈，归属感和自我表达成为人民群众对美好生活向往的更高诉求。有效的社会治理和良好的社会秩序是增强人民群众获得感和幸福感的重要基础。这要求我们必须进一步加强和创新社会治理,建立和完善共建共享共治的社会治理制度,

① 《中国扶贫 世界可鉴》，新华网，2019 年 10 月 17 日。

组织动员人民共同参与社会治理，共同解决众多社会问题。

新时代，要健全社会治理制度、完善社会治理体系，打造共建共治共享的社会治理格局，推进社会治理现代化，必须把握好以下几点：第一，坚持党的领导。中国共产党的领导是中国特色社会主义最本质的特征，是中国特色社会主义的制度的最大优势。要把党的领导贯穿到打造共建共治共享社会治理格局的全过程，充分发挥党在社会治理中的政治领导力、思想引领力和组织号召力，充分发挥各级党委在社会治理中总揽全局、协调各方的领导核心作用。第二，坚持以人民为中心的根本立场。牢牢把握治理为了人民、治理依靠人民和治理成效由人民共享的社会治理思想，打造一个"人人有责、人人尽责、人人享有的社会治理共同体"①。更加重视人民群众的主体力量，鼓励和引导人民群众积极参与社会治理。要从解决人民群众最关切的问题入手，体现社会治理的民生本质。第三，坚持以体制创新为动力。"加强和创新社会治理，关键在体制创新。"②要继续完善党委领导、政府负责、民主协商、社会协同、公众参与、法治保障、科技支撑的社会治理体系，提高社会治理现代化水平。第四，坚持多元协同的治理思路。在坚持党委领导、政治责任的前提下，充分发挥市场机制激发社会活力，创新和完善激励社会多方力量参与社会治理的政策和平台，鼓励引导企事业单位和社会组织进入教育、医疗、卫生、社保等社会服务领域。社会治理方式由传统的政府主导、自上而下的单向治理转向党委领导、政府与社会良性互动。

① 建设人人有责、人人尽责和人人享有的社会治理共同体 [N]. 光明日报，2019-12-6.
② 中共中央文献研究室. 习近平关于全面建成小康社会论述摘编 [M]. 北京：中央文献出版社，2016：141.

五、建设社会主义生态文明

生态文明建设必须以制度体系作为政治保障。党的十八大强调必须把生态文明建设摆在经济社会发展的突出位置，提出要"加强生态文明制度建设"。①党的十九届四中全会从国家治理现代化的战略高度，对生态文明建设作出新的战略部署，要求坚持和完善生态文明制度体系，体现了以习近平同志为核心的党中央对构建生态文明新格局的坚定决心和历史担当。

① 生态文明建设的重大意义

生态文明是中国特色社会主义建设的题中应有之义。私有制条件下，生态文明建设不会得到真正的尊重，人与自然之间的矛盾也不可能得到根本解决。资本逻辑具有反生态的本性。尽管20世纪资本主义国家从自由放任到国家干预，经历了较大的经济制度变迁，强调政府调节、法治管控，但是并没有根本解决生态环境和经济发展的紧张问题，大多经历了"先污染后治理"的生态治理路径。私有制条件下的生态文明，不能根除对弱势国家和弱势人群的掠夺，不改变人与人的不平等关系，在生态环境问题上，不可能建立真正的生态文明。人类文明的发展过程中始终贯穿着人与自然的关系。生态兴则文明兴，生态衰则文明衰。生态文明是人类文明发展的必然趋势和崭新形态。以公有制为主体的社会主义社会奠定了"人类与自然的和解以及人类本身的和解"②的

---

① 中共中央文献研究室. 十八大以来重要文献选编（上）[M]. 北京：中央文献出版社，2014：32.

② 中共中央马克思恩格斯列宁斯大林著作编译局. 马克思恩格斯文集（第一卷）[M]. 北京：人民出版社，2009：63.

根本前提。正是在这个意义上，党的十八大提出要更加自觉努力地构建人与自然和谐相处的生态文明新格局。

生态文明建设是关系到中华民族伟大复兴的根本大计。中华民族伟大复兴的时代主题是实现"两个一百年"奋斗目标。全面建成小康社会的伟大实践，更加注重发展的整体性。生态环境质量是小康全面不全面的关键，而现实是生态环境特别是大气、水、土壤污染严重，资源日趋紧张以及生态系统退化，已成为全面建成小康社会的突出短板。因此，习近平总书记特别强调横向协调，把绿色融入所有发展。建成富强民主文明和谐美丽的社会主义现代化强国，是全党和全国人民共同追求的第二个百年奋斗目标，人与自然和谐是实现美丽中国的必然要求。必须站在中华民族伟大复兴和延续发展的战略高度和长远视角，认识生态文明建设的重大意义，把握生态文明建设与中国特色社会主义事业和中华民族伟大复兴之间的内在逻辑。

生态文明建设不仅仅是环境治理问题，还影响国家经济社会整体发展，必须依靠将生态文明建设提升到政治高度和中国特色社会主义事业全局高度加以重视，生态文明建设必须以制度体系作为战略保障。首先，这是科学理念、理论走向实践的自身需要。制度是精神向物质转化的媒介，美好理论和宏伟蓝图最终也要落实到生产生活的实际行动上，而制度则是其中必不可少的环节，成熟而持久的生态文明制度是高水平生态文明建设的突出标志；过去生态文明建设之所以推进缓慢，一个重要原因就在于生态文明制度供给长期处于不足状态；此外，生态文明制度本身也是对过去生态文明建设成功经验的总结、规范和提升。其次，这是现阶段国情的客观需要。我国没有足够的环境容量，生态环境形势十分严峻，已经成为制约经济社会进一步发展的重大瓶颈，为了更好地满足人民群众日益增长的生态环境需要，生态文明建设必须攻坚克难、真抓实干。相比制度，理念、理论不具有外在强制力，无法对社会成员的生产方式、生活方式形成有效约束，因此，必须把制度建设作为推进生态文明建设的突破口、强力支撑和根本保障，使生态文明的各项工作有章可循，有法可依。总的来说，人与自然之间的关系实质上是人与人之间的关系，而协调人与人之间的关系离不开制度。

② **生态文明制度建设的指导思想**

党的十八大以来，习近平总书记关于社会主义生态文明制度建设的一系列重要论述，站位高远，内涵丰富，对于深刻认识社会主义生态文明制度具有重要意义，也是推进生态文明制度建设的重要指导思想。

"深化体制改革"是推进生态文明制度建设的根本途径。十八届三中全会提出"紧紧围绕建设美丽中国深化生态文明体制改革，加快建立生态文明制度"。① 生态文明体制改革是通过系统而深入的改革，破除制约生态文明建设的体制机制障碍，形成和确立具有引导、规制、激励、约束等功能的生态文明制度，解决生态环境突出问题，最大限度注入和激发全社会推进生态文明建设的生机活力，促使生态文明制度与生态文明建设相适应的一项系统工程。新中国成立以来，党和政府高度重视生态环境保护，提出了一系列重要理论和战略思想并采取了若干重大举措，初步建立了能源资源节约、生态环境保护的制度框架和政策体系，取得了明显的成效。同时，也要清醒地认识到生态文明体制中存在许多亟待改进和完善的问题，如生态文明建设相关法律法规不完

---

① 中共中央文献研究室. 十八大以来重要文献选编（上）[M]. 北京：中央文献出版社，2014：629.

善、发展成果考核评价体系不能反映生态文明建设状况、生态环境产权制度不明晰、生态环境管理体制权责不一、令出多门等。习近平指出："我国生态环境保护中存在的一些突出问题，一定程度上与体制不健全有关"。① 体制是体系化的制度，关系到制度的贯彻落实和发挥作用，同时其本身也是制度的一部分。因此，必须深化生态文明体制改革。

以建立"四梁八柱"作为推进生态文明制度建设的重要抓手。2016 年底习近平总书记对生态文明建设作出重要指示，强调"要深化生态文明体制改革，尽快把生态文明制度的'四梁八柱'建立起来，把生态文明建设纳入制度化、法治化轨道"。② 生态文明制度的"四梁八柱"是指自然资源资产产权制度、国土空间开发保护制度、空间规划体系、资源总量管理和全面节约制度、资源有偿使用和生态补偿制度、环境治理体系、环境治理和生态保护市场体系、生态文明绩效评价考核和责任追究制度等八项制度。以"四梁八柱"称之，意在凸显这八项制度之"重大"。首先，"四梁八柱"是进一步推进生态文明制度建设的前提和基础。一方面，如前所述，我国生态文明基础性制度建设比较薄弱甚至是缺失的，例如自然资源资产产权制度、空间规划体系等。然而，由于生态文明建设的系统性，基础性制度的不健全往往成为生态环境恶化"破窗效应"的第一扇破窗；另一方面，我国生态文明制度存在分散化、碎片化问题以及一些体制机制上的"九龙治水"问题，制度成本高而效率低导致"制度赤字"产生，亟须顶层设计整合统一，建立"四梁八柱"可以有效解决上述问题。其次，"四

① 中共中央文献研究室 . 十八大以来重要文献选编（上）[M]. 北京：中央文献出版社，2014：507.

② 习近平 . 习近平谈治国理政（第二卷）[M]. 北京：外文出版社，2017：393.

梁八柱"勾勒出生态文明制度体系的清晰轮廓，为生态文明制度建设指明了方向。生态文明制度建设是一个中央和地方相结合、顶层设计和"摸着石头过河"相结合的稳中求进的过程。建立"四梁八柱"可以在宏观层面为地方"摸着石头过河"的改革指明基本方向，起到纲举目张的作用。

建设"最严格"的生态文明制度。"最严格"标准始终贯穿于党的十八大以来习近平生态文明思想。2016 年 8 月习近平总书记在全国卫生与健康大会上总结"要按照绿色发展理念，实行最严格的生态环境保护制度"。[①]"最严格"的标准旨在突出制度的刚性和前瞻性，严守生态环境底线不可逾越。"最严格"的内涵主要体现两方面：其一，古今中外对比中的最严格。致力于构建比我国历史上任何阶段都更加严格、比西方国家在工业化进程中的同等阶段更加严格、甚至比一些西方发达国家更加严格的生态环境制度，充分发挥"最严格"标准的倒逼作用，注重长远，摒弃抓生态环境保护不能短时间内见效益的功利主义，从根本上扭转我国生态环境总体恶化趋势。其二，制度设计、制度规定、制度执行的全面严格化。针对我国生态文明制度中存在制度不健全、约束力偏弱、执行不严等"宽松"问题，必须构建系统完备又兼具可操作性的生态文明制度体系，加强生态环境领域立法、执法，建立体现生态文明建设状况的经济社会发展考核评价体系和责任追究制度，大幅度提高制度威慑力和约束力，以制度体系之"严密"、法律法规之"严厉"、考核评估之"严肃"，贯彻落实"最严格"标准。我国是议行合一的社会主义国家，在生态文明制度建设上坚持底线思维，发挥决策效率高、执行能力强的独特制度优势，能够使人与自然和谐发展的现代化建设新格局加快形成。

① 习近平 . 习近平谈治国理政（第二卷）[M]. 北京：外文出版社，2017：372.

③ **建立和完善生态文明制度的基本路径**

推进生态文明建设关键在于贯彻落实生态治理制度，将制度优势转化为治理效能，"让人民群众不断感受到生态环境的改善"，"以看得见的成效取信于民"。① 全面贯彻落实党的十八大以来习近平生态文明思想，确保顶层设计不变样、不打折扣地"精准落地"，推动生态治理体系和治理能力现代化逐步成为现实，应主要从以下五个方面加以推进。

第一，立法执法并重，依法推进生态治理体系和治理能力现代化。近年来我国生态文明法律制度建设取得了阶段性成果，如环境保护法、大气污染防治法的修订实施等。但从总体上看，仍然滞后于发展需要。长期形成的重立法轻执法倾向，导致不敢执法、不善执法、不严执法现象比较严重，生态环境问题难以得到有效解决。必须坚持科学立法，严格执法，立法和执法齐头并进。立法方面，要从中国国情出发，注重解决现实的生态环境问题，全面反映客观规律和人民群众意愿，提升立法针对性、可操作性，加快"立改废"进程，通过立法尽快确立自然资源资产产权制度、资源有偿使用和生态补偿制度等八项重大制度。执法方面，要务求严格高效，提升执法专业化程度，增强执法力度，完善执法程序，落实执法责任制，破除多头执法、选择性执法等体制弊端，推进生态、环境、资源综合执法、统一执法，依法惩处生态环境违法犯罪行为，保持执法高压态势，坚决杜绝地方保护主义干扰。科学立法为执法提供法律依据，严格执法使立法成效最大化，必须将两者有机结合起来，不可偏废，真正把生态文明建设纳入法

---

① 树立"绿水青山就是金山银山"的强烈意识 努力走向社会主义生态文明新时代 [N]. 人民日报，2016-12-3（1）.

治化、制度化轨道。

第二，党政同责共管，践行、引领、推动生态治理体系和治理能力现代化。我国的生态治理是在中国共产党领导下政府主导、多方主体共同参与的治国理政方式，党的领导和政府治理是核心和关键。长期以来，在生态文明建设中，党委承担领导责任，政府承担监管责任，党委领导政府开展工作，这种体制看似健全，事实上党委责任却往往淡化虚化，致使生态文明建设推进乏力。加快推进生态文明建设，必须革除这一体制弊端，使党委责任脱虚向实。充分发挥问责"利器"作用，推动地方更加认真更加主动地推进生态治理体系和治理能力现代化。与此同时，各级党政领导干部应当牢固树立政治意识、大局意识、核心意识、看齐意识，发挥表率作用，践行绿色发展理念，发挥地方的积极性、主动性、创造性，自觉地把党的十八大以来习近平生态文明思想和党中央关于生态文明制度的顶层设计贯彻落实到生态文明建设中，形成顶层设计与地方实践的良性互动，共同建设国家治理体系和治理能力现代化的美丽中国。

第三，形成长效机制，把生态治理体系和治理能力现代化落细落小落实。机制是制度的工作系统，制度的功效需要通过机制发挥，长效机制的形成标志制度的真正确立。具体到生态文明制度建设，形成长效机制是生态治理体系和治理能力现代化的必要条件，必须格外注重形成符合生态环境治理规律的长效机制。机制是主体自动地趋向于一定目标的趋势和过程，目标、动力、路径是形成长效机制的三个基本要素。生态文明制度建设的目标已经明确，那么，形成保护生态环境的长效机制应主要从动力和路径两个方面着手：首先，激活主体内生动力。无论出于利益或者理性的考量，生态文明制度建设都符合最广大人民的根本利益和人类社会发展的进步趋势。然而，仅仅依靠主体自觉是不够的，还必须从外部发挥制度的引导、规制、激励、约束等功能，让保护者受益、让损害者受罚。其次，促成主体最终趋向。主体从理性层面到心理层面认同、适应生态文明制度需要一个过程。在这个过程中，应当综合利用内外部各种因素，解决好"最后一公里"问题，为主体趋向于生态文明制度的路径的最终形成创造有利条件。

第四，厚植生态文化，为生态治理体系和治理能力现代化提供文化支撑。生态文化是以追求人与自然和谐发展的生态文明主流价值观为核心，反省人类中心主义，主张人与自然和谐相处的文化。厚植生态文化，涵养生态文明制度，需要重点把握好以下方面，努力形成"自上而下"和"自下而上"双向互动的有利局面：一是继承发扬中华优秀传统文化中的生态智慧、马克思主义生态观以及我国社会主义建设过程中形成的生态文明理论，批判地吸收资本主义生态文化，培育中国特色社会主义生态文化，满足人民群众日益增长的生态文化需要。二是树立生态道德，使公众了解保护生态环境是基本的道德责任，将道德和法律相结合，共同调节人与自然之间的关系，规范人们的行为。三是注重发挥生态文化宣传教育的作用，明确生态文明是社会主义核心价值观的重要内容，构建覆盖家庭、学校、政府、企业等社会生产生活方方面面的制度化、系统化、大众化的生态文化教育体系，充分发挥新闻媒体的传播力、引导力，凝聚生态环境保护全社会共识。四是激发公众的主体意识，形成绿色生活方式，在日常的衣、食、住、行中实践尊重自然、顺应自然、保护自然的生态文明理念和绿水青山就是金山银山理念，比如自觉支持、参与垃圾分类制度等，形成生态文明建设的思想自觉和行动自觉。五是为社会各界共同参与生态文明建设创造有利条件，保障公众的知情权、监督权，调动企业的积极性、责任感，引导相关非政府组织健康有序发展，形成生态文明建设的多元合力。

第五，借鉴国外经验，拓展生态治理体系和治理能力现代化的全球视野。推进生态文明制度建设，必须立足我国国情、发展阶段和现实条件，坚持"以我为主，为我所用"的原则，决不照搬照抄国外做法，打破唯西方经验是从的拿来主义教条。同时也须清醒地认识到，生态问题无边界，保护生态环境是各国之共同利益和共同责任，借鉴国外生态治理经验对于推进我国生态文明建设大有裨益：首先，要吸取西方发达国家所走过的"先污染后治理"道路的惨痛历史教训，走出一条生态良好、生产发展、生活富裕的生态文明新路；其次，学习、引进西方国家生态环境保护方面的先进管理经验和技术设备，取长补短，争取在进一步完善法律法规、发展环保产业、增强公众生态环保意识、形成生态环境治理市场机制等方面有所突破；最后，坚持共同但有区别的责任原则，承担应尽的国际义务，化压力为动力，主动作为，积极参与生态文明领域国际合作，树立负责任大国形象，推动世界可持续发展，促进全球生态安全，为人类更快步入生态文明新时代贡献中国智慧、中国方案、中国力量。

六、推进新的党的建设伟大工程

党要管党、从严治党是新的历史条件下党的建设遵循的基本规律，也是中国共产党长期执政必须坚持的基本原则。党的十八大以来，党中央提出全面建成小康社会、全面深化改革、全面依法治国、全面从严治党的"四个全面"发展战略，充分体现了党的战略思维和全局意识。全面从严治党是全面建成小康社会、全面深化改革、全面依法治国的根本保证。

① 全面从严治党的科学内涵

2012 年 11 月，习近平总书记在党的十八届中央政治局常委同中外记者见面时首次论述党要管党，从严治党；2014 年 10 月，习近平总书记在党的群众路线教育实践活动总结大会上对全面从严治党思想完整提出和进一步深化，2015 年 2 月，"四个全面"思想定位于党中央的战略布局。这一过程呈现了全面从严治党思想从萌芽、发展到成熟的发展历程。

梳理全面从严治党思想的发展历程可以看出，全面从严治党思想包括五方面的内涵。一是全面从严治党是对党的思想建设、组织建设、作风建设、反腐倡廉建设、制度建设党的建设内容的全覆盖，五位一体形成合力，从而更好地保证全面从严治党各项措施的贯彻落实。二是从全面从严治党思想上升到中央战略布局的高度看，其覆盖主体包括中央、地方、基层，通过凝聚三者的力量，确保全面从严治党从上到下，不留空白。三是从全面从严治党思想提出的时间节点看，全面从严治党继全面建成小康社会、全面深化改革、全面依法治国后提出，表明其面临的环境是复杂的，任务是艰巨的，持续的时间是长期的。四是从全面从严治党实施形式看，全面从严治党既强调从严治党的主体责任，也对党员、干部提出严厉要求；既发挥制度的作用，也强调发挥人民群众的监督作用。五是从全面从严治党的执行力度来看，党要管党、从严治党的决心是空前的，全面从严治党既是从严开展党的群众路线教育实践活动，又以严厉的态度惩治腐败。

② 全面从严治党的时代意义

党要管党、从严治党是党的优良传统。随着党情、国情、世情的变化，对党的建设提出新的更高要求，必须全面从严治党才能保持党的先进性和纯洁性，不断提高党的领导能力，进而保证全面深化改革稳步推进，全面建成小康社会如期实现，全面依法治国落在实处。

全面从严治党是保持党的先进性和纯洁性的迫切要求。通过全面从严治党，改进党自身的建设，解决好党员干部的"世界观、人生观、价值观这个'总开关'"①，解决党员、干部宗旨意识淡化、脱离群众问题，从而保证党充满生机活力。改进党自身的建设需要持续不断地对党员干部进行马克思主义理论的思想教育，提高党员干部自我教育、自我提高、自我净化的能力。全面从严治党，狠抓作风建设，严厉惩治腐败，既解决餐桌上的腐败问题，又解决与人民群众切身利益相关的问题；既强调高压的态势惩治腐败，又注重完善腐败治理的制度建设，通过对腐败的治理从而提升党的执政能力，保持党的先进性和纯洁性。

全面从严治党，巩固党的领导地位，确保改革朝着社会主义方向稳步推进。全面深化改革任务艰巨，涉及经济体制、政治体制、文化体制、社会建设体制以及生态文明建设体制等方面，改革的难度前所未有。当前的改革已经进入深水区，对党的领导能力提出了新的要求。因此，需要通过全面从严治党，不断改善和提升党的领导能力，使全面深化改革始终坚持社会主义方向；完善各种制度，从严管理干部，强化主体责任，为全面深化改革提供政治保证。

---

① 中共中央文献研究室.十八大以来重要文献选编（上）[M].北京：中央文献出版社，2014：579.

全面从严治党，改善党的领导，为全面建成小康社会提供根本保证。全面建成小康社会要坚持走中国道路，保证其发展成果由人民群众共享，其根本途径是充分调动人民群众的积极性和主动性。首先，通过理论教育使党员干部充分认识到革命、建设、改革艰辛探索开辟出的适合中国国情道路的重要意义，加深党员干部对中国特色社会主义道路的认识和理解，使其坚定中国特色社会主义道路自信、理论自信、制度自信，为全面建成小康社会提供理论支撑。其次，全面从严治党对干部提出新的要求、提升政府的治理能力，改善党内政治生态，使"干部清正、政府清廉、政治清明"，使发展成果惠及更多的人民群众，使社会更加公平正义，从而确保全面建成小康社会，在党的带领下始终坚持社会主义方向。最后，通过加强党的作风建设，深化唯物史观教育，引导党员干部，从群众中来，到群众中去，深入基层、深入群众，加深干部与人民群众间的理解与信任，形成共识，既调动人民群众的积极性又提升党的执政能力，为全面建成小康社会提供力量支撑。

全面从严治党是全面推进依法治国的必然要求。全面依法治国，要坚持党的领导，是社会主义本质特征的内在要求。只有在党的领导下坚持依法治国才能顺利推进。全面依法治国，必须通过全面从严治党，完善党内法规制度建设，培养党员干部的法治思维。党内法规是从严治党的制度保障，也是依法治国的重要依据，依法治国与依规治国二者相互促进，相互补充。党纪严于国法，党的领导干部不仅要遵守国家法律，而且要以党规、党纪来更加严格地要求自己。全面从严治党，借鉴法治建设的方法完善党内法规、形成体系完备的法规体系，使党内法规与国家法律实现无缝链接，从而提高党内法规的科学性和可操作性。党员干部的法治思维的培养必须通过从严治党推动执行。从严治党对党员干部提出更高的要求，要通过持续不断的学习，使党员干部掌握法律知识，形成法治思维，用法治思维来指导自己处理实际问题，将法治方式作为自己行事的准则。

③ 全面从严治党的基本路径

在新的历史时期，全面建成小康社会、全面深化改革、全面依法治国对党的执政能力提出新的考验，党内面临脱离群众、立场不坚、信念缺失、能力不足的危险，从严治党的形势更为严峻。因此，党要管党、全面从严治党的劲头一刻也不能松懈。推进全面从严治党的重大战略举措，要充分认识从严治党的重要性，将思想建党与制度治党相结合，完善组织建设，落实从严治党主体责任，深入持续地改进作风，严厉惩治腐败，从严管理干部。

思想建党与制度治党紧密结合。一方面，全面从严治党，需要通过持续不断的教育解决党员干部思想入党问题。要加强对党员干部的党性和道德教育：一是通过党性教育使党员干部明确共产党人的历史使命，自觉承担肩负的实现全面建成小康社会，实现中华民族伟大复兴中国梦的责任，从而确保党始终是建设中国特色社会主义事业的领导核心；二是通过道德教育，发挥中华优秀传统文化的力量，使党员干部学习历史人物的浩然正气、报国情怀，从而使党员干部甘于奉献、敢于牺牲，将国家利益置于个人利益之上，进而形成不想腐的道德约束机制。另一方面，没有健全的制度，权力就不受约束，腐败现象就难以控制。从严治党需要通过完善党的权力约束制度，形成不能腐的保障机制、不敢腐的惩戒机制。制度的设计要科学合理，党的制度不在多而在于有效，要根据实际形势，完善已有制度，建立新的制度。制度的作用在于落实，要狠抓制度执行，保障制度的有效权威和刚性约束。

持续改进作风，建立密切联系群众常态机制。从严治党，要持续改进作风，使党密切联系群众常态化，加强党与人民群众之间的血肉联系，巩固党的执政基础。历来我们党就把党员干部的作风问题作为党的主要问题来抓，把是否密切联系群众、依靠群众、服务群众作为党的基本工作原则。加强党的作风建设，一是加强党员干部对马克思主义群众观的学习，使广大党员干部端正群众立场，理顺同人民群众的关系，以为人民服务的宗旨意识、"从群众中来"的虚心向群众学习的意识，以及务实进取、克己奉公、敢于担当的责任意识作为准则来指导广大党员干部的群众工作，从而切实解决与人民群众相关的问题，加深同人民群众的关系。二是发扬党的艰苦朴素、勤俭节约的优良作风。"坚持勤俭办一切事业，坚决反对讲排场比阔气，坚决抵制享乐主义和奢靡之风。"①使全社会形成勤俭节约的良好风气。三是严格落实"八项规定"，这是改进作风的一个切入点，是对广大党员干部的基本要求。"八项规定"通过改进会风、文风，严格规范公务出行，从而树立党在人民群众心目中的良好形象。

严明党的纪律，严厉惩治腐败。一是严明党的政治纪律，要求党员干部在立场、方向上与党保持一致，要求党员干部自觉维护中央的权威，确保中央的政策、措施得以有效贯彻和落实。二是严明党的组织纪律，严格遵守党的民主集中制，坚持将集体领导与个人分工责任制相结合；严格按照规定开展党内政治生活，积极开展批评与自我批评；党员干部要严格遵守党的人事纪律，坚持选拔干部公开透明，严防违规提拔干部的情况发生。三是以

---

① 习近平．习近平谈治国理政（第一卷）[M]．北京：外文出版社，2018：387.

零容忍的态度惩治腐败，坚持对腐败惩治保持高压的态势，坚持"老虎""苍蝇"一起打；用法治思维和法治方式反腐败，加快反腐败国家立法，建立违反法定程序司法登记制度和责任追查制度；建立和完善巡视制度和防范教育惩戒机制，形成不敢腐的惩戒机制、不能腐的制度保障机制、不想腐的道德约束机制。

从严管理党员干部，促进党群关系和谐发展。干部是党与人民群众之间联系的纽带，干部作风的好坏，直接影响党与人民群众之间的关系，直接影响党的公信力。从严管理干部，一是加强教育，引导党员、干部坚定理想信念、坚守共产党人的精神追求，确保党的干部做到"既严以修身、严以用权、严于律己，又谋事要实、创业要实、做人要实"。① 二是完善监督机制，完善巡视制度，形成中央、省、市巡视联动机制，关口前移，加强对市、县干部的巡视；同时，还要完善信访体制，发挥人民群众的监督作用。三是完善干部选拔、任命、考核机制，打造一支为民、务实、清廉，敢于担当，有所作为，既干净又干事的干部队伍。四是从严管理领导干部，尤其是直面群众的基层干部，建立和完善领导干部重大事项报告制度、述职述廉制度、审计制度和财产公示制度。

---

① 习近平 . 习近平谈治国理政（第一卷）[M]. 北京：外文出版社，2018：381.

第六章

中国特色社会主义
道路的完善

党的十八大以来，中国步入全面深化改革的攻坚期，处于全面建成小康社会的决胜阶段，国内国际形势纷繁复杂，以习近平同志为核心的党中央在推进治国理政实践中坚持辩证唯物主义和历史唯物主义的方法论，结合经济新常态、供给侧结构性改革等当代中国经济改革实践，推进"五位一体"总体布局、"四个全面"战略布局，提出和实施了一系列治国理政新理念新思想新战略，不断深化对共产党执政规律、社会主义建设规律、人类社会发展规律的认识，完善和发展了中国特色社会主义道路。

一、中国特色社会主义新的历史方位

历史方位是基于一个国家历史状况、基本国情、根本目标、发展战略、世界大势所作出的总结和概括，是一个国家长期发展的坐标，也是新的思想产生的时代背景。明晰了历史方位，才能对未来的发展作出理性的战略判断和制定出符合历史发展方向的战略规划，才能保持头脑清醒、沿着正确的方向继续前进。党的十九大报告在总结党的十八大以来五年成就的基础上指出："经过长期努力，中国特色社会主义进入了新时代，这是我国发展新的历史方位。"①

---

① 习近平. 决胜全面建成小康社会 夺取新时代中国特色社会主义伟大胜利：在中国共产党第十九次全国代表大会上的报告 [M]. 北京：人民出版社，2017：10.

这是十九大报告作出的一个重大判断。提出进入新时代，标志着党对中国特色社会主义有了更加深入的理解，标志着我国社会主义现代化建设开启了新的征程。

① 中国特色社会主义进入新时代

自从 1982 年邓小平在党的十二大开幕词中，提出建设有中国特色的社会主义的科学称谓以来，建设和发展中国特色社会主义经过了 40 多年的时间。在这期间，我们克服了前进道路上的许多艰难险阻，开辟了中国特色社会主义道路，取得了改革开放的重大成就。从经济建设来看，确立了社会主义市场经济体制，极大地解放和发展了社会生产力，经济总量已经跃居世界第二位。政治建设方面，民主法治建设取得重大进展，人民当家作主的制度体系逐步完善，依法治国方略全面实施，法治建设成果显著。文化建设方面，马克思主义在意识形态领域的指导地位更加巩固，社会主义核心价值观在全社会得到践行，文化强国建设取得了初步成果。社会建设方面，民生问题的解决取得阶段性成果，精准扶贫按计划持续稳步推进，社会治理体系更加完善，人民生活达到了小康水平。生态文明建设成效显著，环境违法现象得到根本扭转，生态环境得到明显改善。总之，我国的经济实力、科技实力、国防实力、综合国力已经进入世界前列。中国已经基本实现了站起来、富起来的阶段性目标，正在向着建设社会主义现代化强国的目标迈进，这是中国特色社会主义进入新时代的客观依据。

新时代的产生不仅是因为发展的阶段性上升，还取决于中国国际地位的提高。新中国建立在长期饱受战争和帝国主义压迫的土地上，经济基础较为薄弱。邓小平在 1985 年谈到中国的国际地位和发展道路时指出，"我们算是一个大国，这个大国又是小国……如果说中国是一个和平力量、制约战争的力量的话，现在这个力量还小。等到中国发展起来了，制约战争的和平力量将会大大增强。"① 中国共产党带领中国人民经过近百年的艰苦奋斗，中国经济实力、综合国力和国际地位极大提升，正如邓小平预言的那样不断为人类作出更大的贡献。

2008 年国际金融危机以来，西方多个国家经济陷入停滞，美国的国际地位和影响力有所下降，对全球秩序的掌控力不从心。以中国为代表的新兴市场国家和发展中国家迅速崛起，经济总量在全球占比接近 40%，对全球经济增长的贡献率达到 80%，国际力量对比出现"东升西降"的历史性变化。与此同时，我国国际地位和国际影响力实现了前所未有的提升，在世界上的分量越来越重，发言权越来越大。中国开始日益走近世界舞台中央，在更广领域、更深层次参与全球经济治理，提出了一条共建共享、互利共赢的发展道路，旨在倡导建立以合作共赢为核心的新型国际关系，推进全球治理体系变革。此外，在应对全球气候变化、贫富差距、恐怖主义、核威胁等日益增多的全球性挑战上，中国不仅以自身实际行动推动问题的解决，同时也倡议弘扬共商共建共享的全球治理理念，推动全球治理体制朝着更加公正、合理的方向发展，推动全球性议题的有效治理，彰显了中国作为发展中大国的责任担当。当代中国，已不再是处于世界体系边缘的旁观者，不再是国际秩序的被动接受者，而是全球治理体系的积极建设者，拉动世界经济增长的火车头和世界宏观经济的稳定器。中国对世界经济发展、世界和平、国际局势的作用日益显现，也是中国特色社会主义进入新时代的客观依据。

首先，社会主要矛盾的转化是新的历史方位形成的主要依据。

---

① 邓小平. 邓小平文选（第三卷）[M]. 北京：人民出版社，1993：105.

事物的主要矛盾决定事物的性质，判断时代和发展阶段的主要依据是社会主要矛盾。我国社会主要矛盾的主客体方面都发生了变化，主体方面由人民日益增长的物质文化需要转变为人民日益增长的美好生活需要，客体方面由落后的社会生产转变为不平衡不充分的发展。改革开放40多年的发展使我国生产力不断提升，经济总量目前稳居世界第二，在一些高科技和制造业领域具有世界领先优势，落后的社会生产显然已经不符合国情。但是，从发展的产业结构和空间地域来看，我国的发展是不平衡的；从发展的整体层次和质量来看，我国的发展是不充分的。"物质文化需要"被"美好生活需要"所替代，说明随着经济的发展和人民收入水平的不断提高，人民的需求层次也不断提高，从以前主要对于物质生活和文化生活的需要向包括经济、政治、文化、社会、生态等多种需求拓展。

其次，社会主要矛盾发生转化的原因。

改革开放以来，坚持以经济建设为中心，我国经济建设取得了巨大成就。1978年我国国内生产总值为3645亿元，2013年已经接近60万亿元，2016年为74万亿元。按经济总量来计算，1978年我国经济总量仅位居世界第15位，2010年已经超过日本，跃居世界第二位。从人均收入来看，按照世界银行的测算，我国人均国民总收入由1978年的190美元上升至2012年的5680美元，2016年则达到8000美元，已经接近中等偏上收入国家平均水平。从经济增长率来看，1979年至1990年间平均每年增长9%，1991年至2001年间中国经济的年增长率进一步上升到10.4%。近几年，我国进行产业结构调整，降低经济增长率，但也保持了将近7%的年增长率。总体来看，经过长期的努力奋斗，我国的生产能力发生了巨大变化，已经由改革开放前的供给能力满足不了人们生活需要转变成在一些领域出现供给过剩的局面。

经过 40 多年改革开放，我国的生产力不断发展，综合国力显著增强，人民群众的生活水平持续提升。但是，发展不充分，发展中的不平衡、不协调、不可持续问题还没有得到根本解决。如很早我们就认识到创新的重要作用，但并没有把创新放到发展理念的高度进行认识，致使发展的动力偏弱，引领行业发展的创新性科技成果偏少；我国经济结构不平衡不合理的状况成为制约经济进一步发展的障碍，以前依靠外资和出口的发展模式受到严峻挑战，已经难以继续推动经济的增长；过分注重发展过程中 GDP 的增长，但在政治、文化、社会等方面的建设却比较滞后，特别是生态环境严重恶化，可持续发展任务愈加艰巨；虽然改革开放之初提出鼓励一部分人、一部分地区先富起来，先富带动后富，最终实现共同富裕的思想，但是发展过程中收入分配差距扩大的趋势仍然存在。同时，人民的需求是多样化、多层次、多方面的，对美好生活的向往和追求是不断变化和上升的。随着生活水平的提高，人们的参政意识也在不断增强，对民主法治建设的要求不断提高，更加注重发展过程中的公平正义问题。医疗、住房、教育、就业等关系到人民群众生活的民生问题直接决定着人民的获得感，逐渐成为人民群众关注的焦点。随着生态环境的恶化，激发了人们对青山绿水美好环境的向往。可以看出，人民群众日益增长的美好生活需要和不平衡不充分的发展之间的矛盾已经成为我国社会的主要矛盾。

最后，把握好变与不变的辩证关系。

党的十九大报告指出，我国社会主要矛盾的变化是关系全局的历史性变化，但没有改变对我国社会主义所处历史阶段的判断，我国仍处于并将长期处于社会主义初级阶段的基本国情没有变，我国是世界最大的发展中国家的国际地位没有变。社会主义初级阶段的基本国情是进行社会主义现代化建设的基本依据，也是制定方针政策的根本出发点。正是根据这一基本国情，党制定了社会主义初级阶段的基本路线，以经济建设为中心，坚持四项基本原则和坚持改革开放。因此，我们要把握好变与不变的辩证关系。

我国仍处于社会主义初级阶段，深刻认识这一基本国情，始终从这一基本国情出发，政策和方针才不会偏离正确的方向，如果头脑发热，就会影响对总体发展战略的客观判断。但是，社会主义初级阶段也是在不断发展变化的，不同时期内社会主义初级阶段的国情所表现出来的特征会有所不同，因此要正确认识社会主义初级阶段的长期性和阶段性的辩证关系，不因阶段性所表现出的不同特点否定社会主义初级阶段的长期性，也不能因初级阶段的长期性否定在不同时期会呈现出不同的特征。认识了这两者之间的关系，才能深化对社会主义建设规律的认识。从阶段性来讲，从社会主义基本制度建立到改革开放前，可以算作社会主义初级阶段的第一个阶段，这一阶段由于对主要矛盾的认识出现了反复，导致我们的指导方针出现了错误，经济社会发展缓慢。从改革开放到党的十八大召开，可以算作社会主义初级阶段的第二个阶段，这一阶段明确了我国社会的主要矛盾是人们日益增长的物质文化需要与落后的社会生产之间的矛盾，根据这一矛盾制定了正确的路线、方针和政策，中国特色社会主义建设取得了长足进步，小康社会已经基本实现且正向全面建成小康社会迈进。从党的十八大到 2050 年可以算作第三个阶段，这一阶段社会主要矛盾转化为人民日益增长的美好生活需要与不平衡不充分的发展之间的矛盾。虽然主要矛盾发生了变化，但是由初级阶段决定的基本路线等根本性的政策不会发生变化。

正确看待主要矛盾的转化和基本国情没有变，把变与不变统一起来，辩证理解新的时代条件下新的发展任务和时代要求。主要矛盾不是根本性的变化，而是矛盾发展的阶段性变化，它与社会主义初级阶段的基本国情仍然是统一的。从人民物质文化需要到美好生活需要的变化既有连续性又有阶段性，不能因为主要矛盾的变化而改变我们对中国特色社会主义所处历史阶段的判断，也不能因为基本国情的不变而忽视主要矛盾转化的重要意义。主要矛盾的转变是关乎全局的历史性变化，是党和国家下一步工作的基本遵循，必将对未来的工作产生重大影响。根据这一新的主要矛盾，就要把工作重点放在解决发展的不平衡不充分问题上，使人民群众的获得感不仅体现在物质文化生活方面，而且在民主、法治、公平、正义、安全、生态等方面都能感受到不断向好的变化。

② 中国特色社会主义进入新时代的重要意义

中国特色社会主义进入新时代，是指中国特色社会主义建设进入了一个新的发展阶段，这在中华人民共和国发展史、中华民族发展史，在世界社会主义发展史、人类社会发展史上都具有重要意义。

第一，中国特色社会主义进入新时代意味着中华民族迎来了从站起来、富起来到强起来的伟大飞跃，迎来了实现中华民族伟大复兴的光明前景。鸦片战争之后，中国逐步沦为帝国主义掠夺资源和资本输出的殖民地半殖民地，日益陷入深重的民族危机中。无数仁人志士为实现民族独立与振兴反复求索，但都失败了。中国共产党成立之初就把实现中华民族的伟大复兴作为自己的初心和使命，带领中国人民找到了一条解救民族危亡的道路，谱写了

气吞山河的壮丽史诗。在新民主主义革命时期，中国共产党提出
"农村包围城市""武装夺取政权""建立抗日民族统一战线"
等一系列正确主张，最终带领中国人民打败日本帝国主义，推翻
国民党反动统治。1949 年中华人民共和国成立，推翻了帝国主义、
封建主义、官僚资本主义"三座大山"的压迫，确立了社会主义
基本制度，中国人民从此站起来了。翻身做主的中国人民在中国
共产党的团结领导下，勠力同心，积极推进社会主义建设，扭转
了近代中国不断走向衰落的命运，为新中国走向繁荣富强奠定了
坚实的基础。改革开放新时期，中国共产党人团结带领各族人民
不断开创和发展中国特色社会主义事业，突破阻碍社会主义生产
力发展的一切思想和体制障碍，积极融入经济全球化的时代潮流，
中国人民解决了温饱问题、总体上实现了小康，中华民族实现了从
站起来到富起来的历史飞跃。经过党和人民的接续奋斗，党和国家
事业发生历史性变革，我国日益走近世界舞台的中央，中华民族
迎来了从"富起来"到"强起来"的历史飞跃，我们比历史上任
何时期都更接近、更有信心和能力实现中华民族伟大复兴的目标。

　　第二，中国特色社会主义进入新时代意味着科学社会主义在
21 世纪的中国焕发出强大生机活力，在世界上高高举起了中国特
色社会主义伟大旗帜。人类历史从来就不是直线发展的，同样社
会主义的发展也充满了艰辛和曲折。第二次世界大战之后，社会
主义实践实现了从一国到多国的发展，形成了社会主义的强大阵
营，世界社会主义运动出现了一次高潮期。但是，由于社会主义
国家在探索社会主义道路中出现了严重失误，再加上西方资本主
义国家的和平演变，到 20 世纪 80 年代后期，最终发生了东欧剧
变、苏联解体的重大事件，世界社会主义运动遭遇重大挫折。就
在世界社会主义出现曲折、陷入低潮，"历史终结论"甚嚣尘上

之时，中国共产党"不畏浮云遮望眼"，坚定地指出："世界上赞成马克思主义的人会多起来的，因为马克思主义是科学……社会主义经历一个长过程发展后必然代替资本主义。这是社会历史发展不可逆转的总趋势……一些国家出现严重曲折，社会主义好像被削弱了，但人民经受锻炼，从中吸取教训，将促使社会主义向着更加健康的方向发展。因此，不要惊慌失措，不要认为马克思主义就消失了，没用了，失败了。哪有这回事！"① 中国共产党以坚定的理论信仰为支撑，高举社会主义旗帜，坚定不移地走中国特色社会主义道路。经过 40 多年的努力，中国经济持续发展、社会稳定、治理有序，相较于西方国家近些年不断出现的民主危机、社会危机，反而是风景这边独好，中国特色社会主义的世界意义进一步显现。中国特色社会主义进入新时代这一事实是对有关"历史终结论"的有力驳斥，是对世界社会主义力量的巨大鼓舞，是对国际共产主义运动的重大贡献。

第三，中国特色社会主义进入新时代意味着中国特色社会主义道路、理论、制度、文化不断发展，拓展了发展中国家走向现代化的途径，给世界上那些既希望加快发展又希望保持自身独立性的国家和民族提供了全新选择，为解决人类问题贡献了中国智慧和中国方案。世界历史发展表明，绝大多数发展中国家在走向现代化过程中或者选择了以苏联为代表的社会主义发展道路，或者选择了以西欧和美国为代表的西方资本主义发展道路。以苏联为代表的社会主义国家在走向现代化过程中，由于体制机制僵化和官僚主义盛行等原因最终没能成功实现现代化；模仿或照搬西方模式的发展中国家大都也未能实现国家富强，反而出现两极分化、政治腐败等严重社会问题。但是中国能够

① 邓小平.邓小平文选（第三卷）[M].北京：人民出版社，1993：383.

独立自主地探索本国的现代化发展道路，在对外开放中保持本国政治稳定、保持经济发展的自主性、保持维护国家主权的能力，这些经验对那些盲目引用西方模式而陷入泥淖的发展中国家具有十分有益的启示。中国特色社会主义进入新时代彰显了中国特色社会主义道路的世界意义，体现了人类文明发展的多样性。中国特色社会主义道路是立足国情、具有原创性的发展道路，它摈弃了传统大国"国强必霸"的崛起模式，超越了以"私有化、市场化、自由化"为核心的经济发展道路，探索出了一条中国特色社会主义市场经济道路、社会主义政治发展道路。它的成功破除了对西方现代化道路的路径依赖，证明了通向现代化并非只有一个模式、一种选择。

中国特色社会主义道路不仅推动了中国社会的发展进步，而且为实现全球治理提供了中国方案，其中最具代表性的是人类命运共同体理念和"一带一路"倡议。人类命运共同体以普惠价值和共享发展为价值支撑，倡导建立平等相待、互商互谅的伙伴关系，营造公道正义、共建共享的安全格局，谋求开放创新、包容互惠的发展前景，促进和而不同、兼收并蓄的文明交流，构筑尊崇自然、绿色发展的生态体系，描绘了国际关系发展的美好前景，为构建公平正义的国际政治经济新秩序提供了基本原则。"一带一路"倡议是中国期望促进沿线各国共同发展的重要规划，它以政策沟通为重要保障，以基础设施互联互通为优先领域，以投资贸易合作为重点内容，以资金融通为重要支撑，以民心相通为社会根基，努力打造开放、包容、均衡、普惠的区域合作架构，将各国利益与中国快速发展的经济更好地结合起来，形成互利互助的共建平台，使各国都能享受到中国经济发展带来的机遇和红利，推动各国共同发展。

③ 新时代必须开展新的伟大斗争

社会是在矛盾运动中前进的，有矛盾就会有斗争。新时代有新时代的历史特点和主要矛盾，新历史方位的特征以及社会主要矛盾决定着党的路线方针的制定和党的主要任务。中国特色社会主义的新发展阶段，既是对改革开放 40 多年的发展成果的承继，也具有许多新的内容和特征。在这一新的发展阶段，要全面建成小康社会，并开启全面建设社会主义现代化强国的新征程。按照党的十九大的战略规划，到 2020 年全面建成小康社会，到 2050 年实现建成社会主义现代化强国的奋斗目标。要完成第一个百年奋斗目标和向第二个百年奋斗目标转化，责任极为重大，任务非常艰巨。这一新的发展阶段是逐步实现全体人民共同富裕的时期，要在解放和发展生产力的同时，以共同富裕作为我们工作的引领，逐步缩小收入差距、地区差距和城乡差距，使人民共享改革发展的成果。这一新的发展阶段还是全国各族人民团结一心、实现中华民族伟大复兴的重要时期。实现中华民族伟大复兴的中国梦是千百万中华儿女的夙愿，要把全体中华儿女团结在一起，建设社会主义现代化强国。这一新的发展阶段还是中国不断走近世界舞台的中央、不断为人类作出更大贡献的时期。随着我国综合国力的不断增强，我们承担的国际责任也越来越多，我们将秉持和平、发展、合作、共赢的理念，同世界人民一道构建人类命运共同体。

首先，新时代是决胜全面建成小康社会、进而全面建设社会主义现代化强国的时代。党的十九大报告提出的决胜全面建设小康社会、开启全面建设社会主义现代化国家的战略安排，其实质就是在较高生产力水平上进一步解决好发展不平衡、不充分的问题，促进物质文明、政治文明、精神文明、社会文明、生态文明全面提升，最终将中国建设成为富强、民主、文明、和谐、美丽的社会主义现代化强国。经过改革开放 40 多年的快速发展，中国国民经济和社会事业取得了长足进步，主要经济指标和工农业产品产量迅速上升，人民生活得到极大改善。同时要看到，受发展不平衡、不充分等因素影响，中国生产力发展水平和其他发展指标总体而言尚有待进一步全面提升，特别是人均指标在全球范围内排名比较靠后，与社会主义现代化建设目标仍有较大差距，难以满足人民日益增长的美好生活需要。这表明，尽管随着经济社会发展水平的不断提升和人民物质文化需要在一定程度上得到满足，人民对美好生活的需要种类日益广泛、层次不断提高，阻碍人民需要得到满足的因素由"落后的社会生产"转变为"不平衡不充分的发展"，人民对社会发展进步的要求更加多样和全面。新时代要更准确地把握我国社会主义初级阶段不断变化的特点，更加注重解决发展不平衡、不充分的问题，统筹推进"四个全面"战略布局，协调推进"五位一体"总体布局，及时回应新时代社会主要矛盾提出的新要求，实现现代化建设各领域、各层次、各区域相互配合、相互促进、相辅相成、全面发展，推动富强、民主、文明、和谐、美丽的现代化建设目标一体实现，以"更好满足人民在经济、政治、文化、社会、生态等方面日益增长的需要，更好推动人的全面发展、社会全面进步"①。满足这些需求，不仅需要继续解放和发展社会生产力，增强社会物质文化产品的生产能力，而且需要更加注重经济社会的全面、协调、可持续发展，特别是要贯彻以人民为中心的"五大发展理念"，正确处理经济社会发展中不同群体之间的利益关系，着力解决好发展过程中不

---

① 习近平 . 决胜全面建成小康社会 夺取新时代中国特色社会主义伟大胜利：在中国共产党第十九次全国代表大会上的报告 [M]. 北京：人民出版社，2017：12.

平衡、不充分的问题。

其次，新时代是我国日益走近世界舞台中央、不断为人类作出更大贡献的时代。21世纪以来，中国及一些新兴市场国家的崛起推动着国际格局的悄然转变。在中国特色社会主义新时代，大国战略博弈将更趋激烈，中国要积极应对全球秩序调整带来的不确定因素，准备进行具有新的历史特点的伟大斗争。作为世界上最大的发展中国家，如何对待全球政治经济秩序、在实现本国发展的同时推动世界发展，是新时代对中国发展提出的重要任务。中国始终坚持正确义利观，推动建立更加公平、正义、包容的国际经济新秩序，建立以合作共赢为核心的新型国际关系，让大多数国家分享世界经济发展成果。中国要积极参与全球经济治理，推进"一带一路"发展，引导全球经济议程，建设共同发展的对外开放格局，既为国内经济拓展新的发展空间，也为世界经济提供新的增长点。在应对金融危机、贫富差距、南北差距、气候变化、恐怖主义、核威胁、难民潮等日益增多的全球性挑战上，中国坚持弘扬共商共建共享的全球治理理念，"推动全球治理体系向着更加公正合理的方向发展"[①]，着力使全球治理机制更加平衡地反映大多数国家的意愿和利益并提供中国方案。

二、中国特色社会主义的新发展理念

党的十八届五中全会通过的《中共中央关于制定国民经济和社会发展第十三个五年规划的建议》提出："实现'十三五'时期发展目标，破解发展难题，厚植发展优势，必须牢固树立创新、

① 习近平.习近平谈治国理政（第二卷）[M].北京：外文出版社，2017：457.

协调、绿色、开放、共享的发展理念。"[1] 新发展理念是中国共产党在洞察国内外发展大势的基础上形成的，它不仅集中体现了"十三五"时期我国的发展思路和发展方向，也是更长时期我国发展的"指挥棒"，是管全局、管根本、管长远的治国理政方略。

① 中国特色社会主义新发展理念的内涵

五大理念立足于中国经济社会发展的阶段特征和突出问题，有明确的目标导向：创新发展注重的是解决发展动力问题，协调发展注重的是解决发展不平衡问题，绿色发展注重的是解决人与自然和谐问题，开放发展注重的是解决发展内外联动问题，共享发展注重的是解决社会公平正义问题。同时，这五大发展理念又是一个有机的整体，共同构成对全面建成小康社会的整体谋划，服务于社会主义现代化强国战略。

第一，创新发展居于国家发展全局的核心位置。

创新作为引领发展的第一动力，是保障中国经济持续稳定增长、全面建成小康社会的关键。改革开放后的 30 年，中国 GDP 实现了年均 10% 的高速增长。2008 年国际金融危机之后，中国经济逐步进入新常态，GDP 增长从 2010 年的 10.4% 逐步下降为 2018 年的 6.5%；这反映出过去长期高度依赖要素投入和投资驱动的传统发展方式难以维持。我国要实现 2020 年国内生产总值和城乡居民收入比 2010 年翻一番、全面建成小康社会的目标，2020 年 GDP 增速要维持在 6% 左右。因此要化解经济发展中的瓶颈和深层次矛盾，实现经济社会持续健康发展，必须要依靠科技创新作为经济增长持久动能，解决发展方式粗放、产业层次偏

---

[1] 中共中央文献研究室. 十八大以来重要文献选编（中）[M]. 北京：中央文献出版社，2016：792.

低、资源环境约束趋紧等急迫问题。

创新居于我国发展全局的核心位置，是增强我国经济实力和综合国力、提高我国国际竞争力和国际地位、决定我国发展前途命运的关键。从历史上看，创新能力强则国家强，科技创新的中心往往就是世界经济的中心。近代以来，英国、德国、美国等国家的先后崛起，一个重要原因在于抓住了科技革命带来的机遇。而中国由全球经济规模最大的国家沦为落后挨打的半殖民地半封建社会，除了政治、军事上的因素外，错过世界科技革命浪潮也是重要原因。站在新的历史起点上，经过多年的努力，我国创新能力和科技水平明显提高，正在由过去的跟跑为主，逐步地转向更多领域中并跑、领跑。但从总体上看，创新能力不强是我国经济发展的"阿喀琉斯之踵"，关键核心技术受制于人的局面尚未根本改变，互联网核心技术、芯片制造等领域被人"卡脖子"的现象时有发生，军事、安全领域高技术方面同发达国家仍有较大差距。与此同时，世界范围的新一轮科技革命和产业变革蓄势待发，信息科技、生物科技、新材料技术、新能源技术广泛渗透。世界大国都在积极强化创新部署，如美国实施再工业化战略、德国提出"工业4.0"战略。面对新的现实挑战，必须把创新放在发展全局的核心位置，紧扣世界创新发展脉搏，在新一轮科技竞争"超车"，推动国家经济持续健康发展，在激烈的国际竞争中占据有利地位。

党的十八届五中全会提出，创新包括理论创新、制度创新、科技创新、文化创新等各方面创新，要让创新贯穿党和国家一切工作，让创新在全社会蔚然成风。创新不仅是科学技术的变革，而且是一场关系到经济社会和国家发展全局的深刻革命。理论创新是社会发展和变革的先导，思想解放能为各类创新活动提供方法论基础。制度创新是促进各类创新的保障，通过构建有利于创新的体制机制，能够激发各类创新主体活力。科技创新是全面创新的重中之重，是牵动经济社会发展的"牛鼻子"，对于提高社会生产力和综合国力具有战略支撑作用。文化创新是发展我国文化事业、增强文化自信、培植民族永葆生命力和凝聚力的基础。

加快实现创新发展要构建国家科技创新体系。首先政府要发挥主导作用，加大科研投入，构建激励创新发展的体制机制，提供良好的创新平台和空间，协同好知识创新与技术创新、科技创新与产业创新的对接。其次，人民群众是创新的主体，创新发展是全民参与、全民推动的宏伟事业。创新发展要发挥企业的主体力量，最大限度地激发企业创新潜力，要建立公平完善的现代市场体系，让一切劳动、知识、技术、管理、资本的活力竞相迸发，培育起一批具有自主知识产权的科技创新企业。最后，人才是支撑创新的第一资源，实现创新驱动发展战略不仅要培养科技领军人才、战略科学家、工程师和高水平创新团队，也要着力提高普通劳动者素质，造就高技能人才队伍，形成人人崇尚创新、人人渴望创新、人人皆可创新的社会氛围。在人才战略政策上，可以在经济利益和科研平台上提供较好条件，完善人才评价激励机制和服务保障体系，让科研人员充分释放创新发展的才能和潜能。

第二，协调是持续健康发展的内在要求。

我们党在带领人民建设社会主义的长期实践中，一直注重发展战略的整体性、协调性。新中国成立前后，毛泽东提出了统筹兼顾、"弹钢琴"等思想方法和工作方法。在《论十大关系》中毛泽东运用普遍联系观点，反思苏联社会主义建设中的经验，指出要协调辩证地处理好重工业和轻工业、农业的关系，沿海工业和内地工业、经济建设和国防建设的关系，国家、生产单位和生产者个人的关系，中央和地方的关系等。邓小平从社会主义初级阶段的国情出发，在坚持以经济建设为中心的同时提出了"两手抓，两手都要硬"的战略思想，不仅要"一手抓精神文明，一手抓物质文明"，而且要"一手抓建设、一手抓法制"，"一手抓改革开放、一手抓惩治腐败"，使社会主义发展目标既有针对性也有全面性。在继承"两手抓"发展思想的基础上，江泽民提出要促进社会全面发展的思想，并把这一思想逐步体现在对于现代化建设的战略安排上，逐步把经济、政治、文化、社会等都纳入战略布局当中，实现了从局部现代化到全面现代化的转变。在吸取社会主义现代化建设经验的基础上，胡锦涛提出科学发展观，强调现代化建设各个环节、各个方面相协调，将协调作为发展手段以及评价发展的标准和尺度。

平衡是相对的，不平衡是绝对的，新形势下，发展不协调的问题有了新的表现形式。当前经济社会发展的不平衡不充分成为制约人民美好生活需要得到满足的主要因素。首先，体现为现代化建设各领域发展的不平衡不充分。在"五位一体"总体布局中，经济建设成就较为显著，基本经济制度和市场经济体制不断完善，国内生产总值等多项经济指标跃居世界前列，而民主政治建设、先进文化建设、和谐社会建设、生态文明建设则相对滞后，既尚未满足人民日益丰富的美好生活需要，又制约着经济建设的进一步发展。其次，体现为社会各群体间发展的不平衡不充分。改革开放以来，在经济社会迅速发展的同时，不同社会群体间收入水平和生活水平差距拉大，工农之间、城乡之间、区域之间发展不平衡问题比较突出，全体人民共享改革成果有待进一步实现，需要在进一步推动经济社会发展更为充分的同时，着力解决各社会群体间发展不平衡的问题。发展不平衡不充分还体现在人的发展上。人的本质是社会关系的总和，社会发展的片面性导致人的发展的片面性，社会发展的不平衡不充分使人民生活尚不宽裕，生活内容较为单一，个人能力的发展空间比较局促，人民群众多方面才能有待进一步发挥，需要在满足基本生活需要基础上进一步丰富人民物质生活、精神生活、政治生活、社会生活，营造更加美丽的生态环境，为实现人的自由和全面发展奠定基础。

"下好'十三五'时期发展的全国一盘棋，协调发展是制胜要诀。"①"十三五"时期是全面建成小康社会决胜阶段。全面建成小康社会重点在全面，小康社会不是局部的、单方面的小康，而是包括城镇和农村，东部地区和中西部地区，经济和政治、社会、文化、生态各领域的全面的小康，是全国人民的物质和文化生活的小康。要实现这一宏伟目标，必须走协调发展的道路，统筹兼顾、综合并举、补齐短板、缩小差距。为实现协调发展，以习近平同志为核心的党中央制定了"五位一体"总体布局和"四个全面"战略布局，从顶层设计出发推动各领域各项事业协调发展，在坚持以经济建设为中心的同时，全面推进经济建设、政治建设、文化建设、社会建设、生态文明建设。在发展经济的同时，投入更多的精力和资源做好教育、就业、社会保障、医疗和公共卫生、环境保护等工作，解决人民最关心最直接最现实的利益问题。在促进区域协调发展方面，党中央制定和落实东部率先发展、西部大开发、中部崛起、东北振兴等区域发展战略，重点实施"一带一路"建设、京津冀协同发展、长江经济带发展三大战略，构建连接东中西、贯通南北方的多中心、网络化、开放式的区域开发格局，不断缩小地区发展差距。在促进城乡协调发展方面，坚持工业反哺农业，以工促农、以城带乡推动乡村振兴；有序推进

①　习近平.习近平谈治国理政（第二卷）[M].北京：外文出版社，2017：206.

农业转移人口市民化，切实推动农民工逐步实现平等享受城镇基本公共服务，不断缩小城乡发展差距。

第三，绿色是永续发展的必要条件。

绿色发展理念是马克思主义生态文明理论在当代中国的创新发展。在对待自然问题上，恩格斯深刻指出："我们不要过分陶醉于我们人类对自然界的胜利。对于每一次这样的胜利，自然界都对我们进行报复。每一次胜利，起初确实取得了我们预期的结果，但是往后和再往后却发生完全不同的、出乎预料的影响，常常把最初的结果又消除了。"[1] 人类与自然是共生关系，人类的生产、生活和发展离不开自然界。人类虽然有能力在改造自然的过程中创造丰富的物质财富和精神文明，但是破坏自然的行为也会遭到自然力的报复。从人类文明的发展史来看，许多古老文明都起源于自然条件优渥的地区，一旦生态环境遭到破坏，依托之上的古老文明也由盛转衰。无数的事实证明，人类发展活动必须尊重自然、顺应自然、保护自然。正是立足于马克思主义自然观，在考察人与自然相处的客观规律的基础上，中国共产党科学揭示了生态兴衰决定文明兴衰的发展规律，提出"生态兴则文明兴，生态衰则文明衰"[2]，强调把生态文明建设放在现代化建设全局的突出地位，融入经济建设、政治建设、文化建设、社会建设各方面和全过程。

绿色发展是中国为坚持可持续发展、推进美丽中国建设提出的发展战略，也是为应对全球生态问题作出的新贡献。改革开放至今，我国经济高速发展，国民生活水平显著提高。但是，由于

[1] 中共中央马克思恩格斯列宁斯大林著作编译局. 马克思恩格斯选集（第三卷）[M]. 北京：人民出版社，2012：998.
[2] 中共中央文献研究室. 习近平关于全面建成小康社会论述摘编 [M]. 北京：中央文献出版社，2016：164.

之前经济发展中存在粗放发展的问题，我国现阶段不断爆发出生态环境恶化和环境污染问题。资源和环境问题已经成为制约中国经济持续发展的瓶颈和软肋。同时，绿色发展也关系到人民群众的根本利益和中华民族发展的长远利益。随着经济社会的发展和人民生活水平的提高，环境优美、生态安全越来越成为广大人民群众对美好生活的新要求。保护生态环境已经成为新时期一项民生工程，是增进民生福祉的重大举措。坚持绿色发展、建设美丽中国，为人民提供干净的水、清新的空气、安全的食品、优美的环境，是中国共产党执政兴国的重大使命和担当。从全世界来看，气候变化、生态破坏、资源危机也是 21 世纪人类发展共同面临的巨大挑战。在这种背景下，绿色发展已经成为国际趋势和时代潮流，人类面临着从工业文明到生态文明跃迁的发展大势。我国在维护全球生态安全的问题上充分展现出了负责任的大国担当。习近平总书记指出："建设生态文明关乎人类未来。国际社会应该携手同行，共谋全球生态文明建设之路。"① 同时，中国如果能在发展清洁能源和低碳经济领域取得突破，也能在新一轮国际竞争和世界市场上占据有利地位。总之，坚持绿色发展理念，大力发展绿色经济、循环经济等新经济，既是中国转变发展方式、满足人民群众对美好生活需要的内在要求，也是中国承担大国责任、参与全球治理的重要方式，也能为应对人类重大问题提供中国智慧。

坚持绿色发展要求正确处理经济发展同生态保护之间的关系。对此习近平总书记指出："我们既要绿水青山，也要金山银山。宁要绿水青山，不要金山银山，而且绿水青山就是金山银山。"②

① 中共中央文献研究室 . 十八大以来重要文献选编（中）[M]. 北京：中央文献出版社，2016：697.
② 中共中央文献研究室 . 习近平关于全面建成小康社会论述摘编 [M]. 北京：中央文献出版社，2016：171.

保护生态环境就是保护生产力，不能以牺牲生态环境为代价谋求一时的发展。坚持绿色发展要促进发展模式从低成本要素投入、高生态环境代价的粗放模式向创新发展和绿色发展双轮驱动模式转变，能源资源利用从低效率、高排放向高效、绿色、安全转型。实现绿色发展的关键在于生态环保、可持续、可循环、去碳化等方面的创新技术，通过绿色技术来转变发展模式，加速节能环保产业、循环经济的发展，努力构建科技含量高、资源消耗低、环境污染少的产业结构，使绿色产业成为社会经济新的增长点。同时，要完善环境保护的法律法规体系，以制度化的措施使绿色发展理念落到实处。

第四，开放是国家繁荣发展的必由之路。

坚持对外开放，顺应世界发展潮流是我国不断取得发展成就的重要原因。通过对外开放，我国抓住了发达国家产业转移的历史机遇，吸收和利用了国外先进的技术、管理经验和资金，不断为经济发展注入新活力。通过深化改革，扩大开放，中国经济高速发展，顺利实现了从贫穷落后的大国向世界第二大经济体的飞跃，人民生活水平也有了极大的提高。在对外开放的同时，中国始终坚持独立自主，建立独立完整的工业体系，推动自主研发，力争在国际产业链中从中低端向中高端迈进。中国的私营企业和国有企业也在激烈的国际竞争中成长起来，有些成为熟悉国际市场规则、具备国际竞争力的跨国企业。20多年前，世界500强企业中，中国只有3家，而到2018年，中国上榜企业已经达到120家，仅次于美国的126家。在经济全球化深入发展、各国经济加速融合的当今时代，只有开放才符合扩大市场、深化分工、发挥优势推动经济发展的规律，只有打开国门搞建设，把我国发展置于广阔的国际空间来谋划，才能获得推动发展所必需的资金、技术、资源、市场、人才乃至机遇和理念，才能充分发挥比较优势，创造更多的社会财富。

中国是经济全球化的受益者，也是贡献者，中国自身的发展为世界各国提供了经济发展机遇和发展红利。中国稳定的经济增长速度、世界第二的庞大经济体量、位居世界前列的对外贸易、对外投资和外汇储备额，对世界经济增长贡献率已超过30%，成为世界经济增长的重要动力来源。中国积极推进"一带一路"倡议，与世界分享经济发展机遇和发展红利，欢迎世界各国搭乘中国发展的"快车"和"便车"。此外，中国在反对贸易保护主义、减少国际金融危机对世界经济发展的冲击、防止新兴市场国家在美元加息过程中发生债务危机等方面都发挥了重要作用。随着中国对外开放的深入推进、更高层次开放型经济的发展，中国将为世界经济发展作出更大贡献。

近年来，我国对外开放的基础和条件发生深刻变化，对外开放面临更加严峻和富有挑战的国际形势。一方面，由于生产社会化的大发展以及资源、人才的全球流动，全球供应链、产业链、价值链紧密联系，世界经济已经形成你中有我、我中有你的格局。另一方面，伴随新兴市场国家的崛起，国际经济合作和竞争格局发生深刻变化，一些发达国家转向贸易保护主义、"单边主义"，在各种国际组织中"退群"，又在抢占科技制高点、重构国际经贸规则的竞争中打压挑战者。针对贸易保护主义等"逆全球化"潮流，习近平总书记在多个场合旗帜鲜明地阐明中国将始终坚持互利共赢的开放战略的立场。2016年在20国集团工商峰会开幕式上，他指出："中国对外开放，不是要一家唱独角戏，而是要欢迎各方共同参与；不是要谋求势力范围，而是要支持各国共同发展；不是要营造自己的后花园，而是要建设各国共享的百花园"。① 在世界经济论坛 2017 年年会开幕式上，习近平总书记又指出："搞保护主义如同把自己关进黑屋子，看似躲过了风吹雨打，但也隔绝了阳光和空气"。②

通过改革开放 40 多年的艰苦奋斗，中国的经济实力和国际地位显著提升，在世界经济中扮演的角色发生了转变，即由资金和技术的引进者转变为积极"走出去"的世界经济推动者，中国有能力也更应当在世界经济运行中肩负更多的国际责任。因此，新时代所倡导的开放发展理念，不是对过去对外开放做法的简单复制，而是要以新思路、新举措发展更高水平、更高层次的开放型格局。首先，要坚持"引进来"和"走出去"并重，更多地强调中国资本和企业"走出去"，以"一带一路"为重要的国际合作平台，创新对外投资方式，实现更高水平开放。其次，要形成对外开放新体制，在积极应对全球性挑战的同时，发展同世界上一切友好国家的关系，为现代化强国建设营造更好的国际环境和发展空间。

第五，共享是中国特色社会主义的本质要求。

改革开放成功与否、全面小康社会建成与否，最终检验标准就是人民是否共同享有改革发展成果。习近平总书记指出，"广大人民群众共享改革发展成果，是社会主义的本质要求，是社会主义制度优越性的集中体现，是我们党坚持全心全意为人民服务根本宗旨的重要体现。"③共同富裕是社会主义的最大的优越性，代表最广大人民群众的根本利益是共产党的使命和宗旨，中国作为共产党领导的社会主义国家，理应把共享作为发展的根本方向。

共享发展的基础是人人参与、全民共建。"发展为了人民、

① 习近平．习近平谈治国理政（第二卷）[M]．北京：外文出版社，2017：42.
② 习近平．习近平谈治国理政（第二卷）[M]．北京：外文出版社，2017：481.
③ 中共中央文献研究室．十八大以来重要文献选编（中）[M]．北京：中央文献出版社，2016：827.

发展依靠人民、发展成果由人民共享"是辩证统一关系。习近平
指出："国家建设是全体人民共同的事业，国家发展过程也是全
体人民共享成果的过程。"① 社会财富要靠劳动来创造，因此一
方面要按照"五位一体"总布局和"四个全面"战略，解决区域、
城乡发展不平衡问题；另一方面着眼于人民群众最关心、最直接、
最现实的利益问题，激发人民群众的主动性、积极性和创造性，
营造让一切有利于社会财富创造的源泉充分涌流的制度环境和社
会氛围，以共建实现共享，以共享保障共建。

　　增加公共服务供给是贯彻共享发展理念的重要路径。基本公
共服务是为满足人民群众共同需求而提供的、使社会成员共同受
益的各种服务和产品，包括医疗、教育、社会保障等。促进共享
发展，就要着眼于全体人民，从解决人民群众最关心最直接最现
实的利益问题入手，保障人民群众共同享有改革发展的成果。因
此加强和优化公共服务是贯彻共享发展理念，促进社会公平正义
的重要抓手。由于公共服务和公共产品具有非排他性和非竞争性，
市场机制无法解决公共服务生产和分配的普惠化、均等化问题，
政府在提供均等化的公共服务方面要充分发挥作用，明确责任。
当前增加公共服务供给必须要从制度建设方面下功夫，要推动义
务教育均衡发展，深化医疗体制改革，建立健全社会保障体系。
现阶段受发展水平制约，我国东中西部之间、城市与农村之间基
本公共服务水平差距较大，影响了人民群众共享改革发展成果。
促进公共服务均等化要增加财政转移支付，紧盯薄弱地区和困难
群体补短板，完善基本公共服务体系，努力实现基本公共服务全
覆盖，让全国各地基本均等、全体人民普遍受惠。

---

① 　中共中央文献研究室．习近平关于协调推进"四个全面"战略布局论述摘编
[M]．北京：中央文献出版社，2015：44.

消除贫困是共享发展的最基本要求。共享发展的关键在"共同"，"共同"不是只让部分人过上好日子，而是要让全体中国人民都过上好生活，决不让一个困难群众掉队，"我们不能一边宣布全面建成了小康社会，另一边还有几千万人口的生活水平处在扶贫标准线以下。"① 经过改革开放40多年的努力，尤其是党的十八大以来，党带领人民群众攻克了一个又一个贫中之贫、坚中之坚，脱贫攻坚取得了重大历史性成就。2021年2月，习近平总书记在全国脱贫攻坚总结表彰大会上的讲话中指出："我国脱贫攻坚取得了全面胜利，现行标准下9899万农村贫困人口全部脱贫，832个贫困县全部摘帽，12.8万个贫困村全部出列，区域性整体贫困得到解决，完成了消除绝对贫困的艰巨任务，创造了又一个彪炳史册的人间奇迹！这是中国人民的伟大光荣，是中国共产党的伟大光荣，是中华民族的伟大光荣！"② 脱贫攻坚任务的完成和全面小康社会的建成，充分体现了中国特色社会主义的共享发展理念。

② 新发展理念是对中国特色社会主义的丰富与发展

新发展理念不仅是"十三五"时期引领经济"新常态"的发展思路，也是一个管全局、管根本、管方向、管长远的治国理政方略，是新时代中国共产党继续坚持和发展中国特色社会主义的"顶层设计"。新发展理念拓展了中国特色社会主义治国方略，深化了对社会主义建设经济规律的认识，凸显了社会主义的本质属性。

---

① 中共中央文献研究室. 十八大以来重要文献选编（中）[M]. 北京：中央文献出版社，2016：775.

② 习近平. 习近平谈治国理政（第四卷）[M]. 北京：外文出版社，2022：125.

第一，新发展理念拓展了中国特色社会主义的治国方略。

如何治理好一个社会主义国家？对于这一问题，马克思、恩格斯并没有给出现成答案，列宁也没有来得及进行深入探索，苏联在长期的社会主义建设实践中取得了重要成就，也有严重失误和教训，并没有解决好社会主义国家治理的问题，而中国共产党在改革开放以前的执政过程中也出现了严重曲折。治理一个十几亿人口的社会主义大国，中国共产党没有既有的治理模式可循，只能立足国情，艰苦探索。改革开放以来，中国共产党在探索中国特色社会主义道路的过程中，坚持马克思主义基本原理与中国实际和时代特征相结合，不断汲取总结国内外社会主义建设的经验教训，勇于实践、善于创新，不断推进中国特色社会主义事业。邓小平理论关于社会主义本质论、初级阶段论、改革开放论等思想，创造性地回答了"什么是社会主义、怎样建设社会主义"的问题。"三个代表"重要思想从党的性质宗旨、执政立场等方面，科学回答了"建设一个什么样的党、怎样建设党"的问题。科学发展观阐述了以人为本的发展价值、全面协调可持续的发展模式、统筹兼顾的发展路径，系统回答了"实现什么样的发展、怎样发展"的问题。以习近平同志为核心的党中央深刻把握国内外发展大势，提出"五大发展理念"，拓展和深化了党对治国理政这一重大时代课题的认识与实践。

解决好在经济新常态下"发展的动力、发展的目标"的问题是治国理政的关键。如何实施创新驱动发展战略；如何建设创新型国家和世界科技强国；如何决胜全面建成小康社会，使人民共享改革发展的成果；如何在经济建设与环境保护之间取得平衡；如何统筹国内国外两个大局，提升对外开放型经济水平。这一系列重大理论和实践问题是中国共产党在新的历史条件下治国理政的新课题。这些课题能否解决好，关系到党和人民事业的兴衰成败，关系到中华民族复兴伟业能否顺利实现。"创新、协调、绿色、开放、共享"的新发展理念是以习近平同志为核心的党中央对治国和发展中新课题的思考和回应。新发展理念既是一种发展思路，也是一种执政理念。"五大发展"理念推动发展全局大变革，实现更高质量、更有效率、更加公平、更可持续的发展。创新是引领发展的第一动力。把创新摆在国家发展全局的核心位置，让创新贯穿党和国家的一切工作，推进科技、文化、制度等各方面创新，引领发展新方向，培育发展新动力，拓展发展新空间。协调发展强调区域协同、城乡一体、物质文明与精神文明并重，强调信息化、新型工业化、新型城镇化、农业现代化同步发展，是形成平衡发展结构、提升发展整体效能的重要保障。绿色发展强调绿色富国、绿色惠民，推动形成绿色发展方式和生活方式，改善生态环境，为人民提供更多优质生态产品，是实现人与自然和谐发展、永续发展的必由之路。开放发展强调统筹国内国际两个大局，形成全方位开放新格局，是拓展对外开放深度与广度、提高对外开放质量与水平的必然选择。共享发展强调共建与共享统一、人民共享发展成果，这是社会主义本质要求的集中体现，是推动全体人民朝着共同富裕目标稳步前进的基本路径。

第二，新发展理念深化了对社会主义经济建设规律的认识。

在带领人民进行社会主义建设的探索中，中国共产党对如何发展社会主义经济、建设富强繁荣的社会主义强国的认识不断深化。中华人民共和国成立后，毛泽东在《论十大关系》等重要文献中论述了协调发展、统筹兼顾的思想；改革开放以来，中国共产党关于如何发展社会主义经济、建设社会主义强国的观念不断演变，不断成熟。党的十一届三中全会以后，邓小平深刻把握我国处于并将长期处于社会主义初级阶段的基本国情，提出"发展是硬道理"的论断，把"一个中心、两个基本点"概括为党的基本路线，实现了党和国家工作重心的历史性转变。以江泽民为总书记的党中央继续推进改革开放，提出"发展是执政兴国第一要务"，并将社会全面发展，物质文明、精神文明、政治文明协调发展作为发展的主要目标。党的十六大后，以胡锦涛为总书记的党中央针对改革开放以来经济社会发展中积累的矛盾和问题，提出科学发展观，要求以人为本，实现全面、协调、可持续的发展，丰富了对发展的评价标准，发展了社会主义建设思路。中国特色社会主义进入新时代，面对新问题新矛盾，以习近平为总书记的党中央提出"创新、协调、绿色、开放、共享"新发展理念，在继承上述发展理念的基础上科学回答了实现什么样的发展、怎样实现发展的问题，阐明了经济建设中当前利益与长远利益、国内发展与对外开放、共建与共享、公平与效率、人与自然等重大关系。

新发展理念是中国共产党立足新时代国内外发展新形势对社会主义经济建设提出的总体思路。中国特色社会主义进入新时代，我国社会主要矛盾转化为人民日益增长的美好生活需要和不平衡不充分的发展之间的矛盾。一方面，经过 40 多年的改革开放，人民群众的物质文化需要在一定程度上得到满足，而在民主、法治、公平、正义、安全、环境等方面的需求不断增长，美好生活需要的内容不断丰富、要求不断提高。另一方面，发展的不平衡不充分成为阻碍人民群众物质文化需要得到满足的主要因素。新发展理念深刻洞悉新时代我国社会主要矛盾的新变化，在继续推动发展的基础上，着力解决好发展不平衡不充分问题，着力实现社会主义现代化建设各领域、各层次、各区域相互促进、全面发展，推动富强民主文明和谐美丽的社会主义现代化建设目标一体实现。从国际上看，在经济全球化进程加快的国际大趋势下，逆全球化的力量在急速上升，美国出于对当代中国快速发展，尤其是科学技术发展的遏制，还会对我国的现代化强国战略设置更多障碍。我国发展面临着更为复杂的国际环境，但同样也面临着重要战略机遇。面对这种新变化新情况，前期粗放发展模式以及简单追求增长速度的思路行不通了，经济调速换挡迫在眉睫，"创新、协调、绿色、开放、共享"的新发展理念应运而生。新发展理念强调以创新驱动发展，实现核心技术自主可控；加速转变经济发展方式，提高发展质量和效益；把经济社会发展和改善人民生活相结合，使人民共享改革发展的成果。新发展理念准确把握了新时代的社会主要矛盾和世界发展趋势，是在新的历史条件下对社会主义经济建设的新认识。

第三，新发展理念凸显了社会主义的本质属性。

1992年初，邓小平在南方谈话中提出："社会主义的本质，是解放生产力，发展生产力，消灭剥削，消除两极分化，最终达到共同富裕。"[①]新发展理念深刻体现了社会主义的本质属性，即解放和发展生产力、发展成果由人民共享、以实现共同富裕为发展目标。

创新是引领发展的第一动力，是不断解放和发展生产力的重要手段。以科技创新推动社会生产力的提高，加快转变经济发展方式，破解经济发展深层次矛盾和问题；以制度创新不断调整生产关系适应生产力发展，破除阻碍生产力发展的体制机制障碍，不断激发社会活力。坚持开放发展理念，在更大范围更宽领域，更深层次上提高开放型经济水平，坚持"引进来"与"走出去"相结合，主动适应国际形势的变化，主动融入经济全球化潮流，在开放中谋发展。协调发展理念强调在发展中补齐短板：补齐农

---

① 邓小平.邓小平文选（第三卷）[M].北京：人民出版社，1993：373.

村地区发展的短板，抓好"三农"问题这个薄弱环节，推进农业现代化和以人为核心的新型城镇化；补齐贫困地区发展的短板，实施精准扶贫，结对帮扶、一户一策，到 2020 年使 7000 多万农村贫困人口全部脱贫。坚持共享发展理念，就要抓好人民最关心最直接最现实的利益问题，在义务教育、养老保险、公共卫生、基本医疗等方面不断提升公共服务均等化水平，改善人民生活、保障人民权益，让人民群众过上好日子，对当下生活感到满意，对未来生活充满信心。生态环境恶化不仅制约社会经济发展，更是威胁到人的基本生存。坚持绿色发展理念也是为人民生存发展的根本利益考虑，是人民主体地位理念的内在要求。绿水青山也是"金山银山"，建设好生态文明不仅为当代人提供最普惠的民生福祉，更是为子孙后代留下可持续发展的"绿色银行"。新发展理念以增进人民福祉为出发点，以实现全面、高质量、可持续的发展为目标，彰显了中国特色社会主义的本质。

三、中国特色社会主义道路内涵的丰富

中国特色社会主义进入新时代，我国社会主要矛盾已经转化，中国特色社会主义道路的发展方位也发生了转变。以习近平同志为核心的党中央结合新的时代条件和实践要求，不断丰富和深化中国特色社会主义道路的内涵。一方面，完善了中国特色社会主义道路的发展方略，在宏观布局上统筹推进经济、政治、文化、社会和生态文明"五位一体"建设，在战略举措上通过全面从严治党、全面深化改革和全面依法治国保证发展方向、增强发展动力。另一方面设置了分层次、分等级的目标愿景，把实现中华民

族伟大复兴的中国梦作为长期奋斗的目标，并规划了实现这一目标的战略安排：在 2020 年全面建成小康社会，2035 年基本实现社会主义现代化，2050 年建成社会主义现代化强国。

① 中国特色社会主义道路概念的提出和发展

2003 年 12 月 26 日，胡锦涛在纪念毛泽东诞辰 110 周年座谈会上的讲话中指出："中国革命、建设和改革的长期实践充分证明，独立自主，自力更生，坚定不移地走适合中国国情的发展道路，无论过去、现在和将来，都是我们的根本立足点。各国的国情不同，实现发展的道路也必然不同，不可能有一个适用于一切国家、一切时代的固定不变的模式。在我们这样的有十几亿人口的发展中的社会主义东方大国，要实现全面建设小康社会的宏伟目标，进而实现社会主义现代化，必须走适合国情的发展道路，主要依靠自己的力量进行建设。""我们要坚持的道路，就是邓小平同志开辟的、以江泽民同志为核心的党的第三代中央领导集体坚持并发展了的中国特色社会主义道路。坚持这条道路，就要坚持中国共产党的领导和社会主义制度，坚持并在实践中不断完善有利于推动中国特色社会主义事业蓬勃发展的各方面的体制制度和方针政策，更好地实现社会主义现代化和中华民族的伟大复兴。坚持这条道路，就要坚持走和平崛起的发展道路，坚持在和平共处五项原则的基础上同各国友好相处，在平等互利的基础上积极开展同各国的交流和合作，为人类和平与发展的崇高事业作出贡献。"① 这是在党的历史上，首次对中国特色社会主义道路的内涵进行概括。

随着改革开放的发展，中国共产党对中国特色社会主义道路

---

① 中共中央文献研究室．十六大以来重要文献选编（上）[M]．北京：中央文献出版社，2005：647.

内涵的认识不断深化。党的十七大报告首次明确提出了中国特色社会主义道路的基本内涵：“中国特色社会主义道路，就是在中国共产党领导下，立足基本国情，以经济建设为中心，坚持四项基本原则，坚持改革开放，解放和发展社会生产力，巩固和完善社会主义制度，建设社会主义市场经济、社会主义民主政治、社会主义先进文化、社会主义和谐社会，建设富强民主文明和谐的社会主义现代化国家。”①在此基础上，党的十八大报告进一步指出，“中国特色社会主义道路，就是在中国共产党领导下，立足基本国情，以经济建设为中心，坚持四项基本原则，坚持改革开放，解放和发展社会生产力，建设社会主义市场经济、社会主义民主政治、社会主义先进文化、社会主义和谐社会、社会主义生态文明，促进人的全面发展，逐步实现全体人民共同富裕，建设富强民主文明和谐的社会主义现代化国家”②，党的十八大增加了“生态文明建设”“促进人的全面发展”“逐步实现共同富裕”等内容，使其内涵更加丰富。党的十九大报告又增加了“美丽中国”的现代化目标，明确了这一道路的基本范畴：（1）领导力量：中国共产党；（2）基本路线：以经济建设为中心，坚持四项基本原则，坚持改革开放，解放和发展社会生产力；（3）发展布局：建设社会主义市场经济、社会主义民主政治、社会主义先进文化、社会主义和谐社会、社会主义生态文明；（4）建设目标：促进人的全面发展，逐步实现全体人民共同富裕，建设富强民主文明和谐美丽的社会主义现代化国家。2020年10月，在党的十九届五中全会上，习近平总书记首次明确提出：“要坚定不移推进中国

① 中共中央文献研究室.十七大以来重要文献选编（上）[M].北京：中央文献出版社，2009：811.
② 中共中央文献研究室.十八大以来重要文献选编（上）[M].北京：中央文献出版社，2014：9.

式现代化，以中国式现代化推进中华民族伟大复兴，不断为人类作出新的更大贡献。"①在庆祝中国共产党成立100周年大会上的讲话中，习近平总书记又明确提出了中国式现代化道路的概念，并指出："我们坚持和发展中国特色社会主义，推动物质文明、政治文明、精神文明、社会文明、生态文明协调发展，创造了中国式现代化新道路，创造了人类文明新形态。"②此后，学术界和理论界越来越多地使用中国式现代化道路来指代中国特色社会主义道路。2023年3月，在中国共产党与世界政党高层对话会上的主旨讲话中，习近平总书记又指出："中国共产党100多年团结带领中国人民追求民族复兴的历史，也是一部不断探索现代化道路的历史。经过数代人不懈努力，我们走出了中国式现代化道路。中国式现代化既基于自身国情、又借鉴各国经验，既传承历史文化、又融合现代文明，既造福中国人民、又促进世界共同发展，是我们强国建设、民族复兴的康庄大道，也是中国谋求人类进步、世界大同的必由之路。"③

② 新时代中国特色社会主义的发展方略

党的十八大以来，以习近平同志为核心的党中央围绕新时代建设和发展中国特色社会主义的发展方略进行了全方位的探索。

第一，"五位一体"总体布局。

党的十八大以来，面对资源约束趋紧、环境污染严重、生态系统退化的严峻形势，党中央审时度势，适时地把建设"社会主义生态文明"纳入中国特色社会主义道路，进一步把中国特色社

---

① 习近平.习近平谈治国理政（第四卷）[M].北京：人民出版社，2022：124.
② 习近平.习近平谈治国理政（第四卷）[M].北京：人民出版社，2022：10.
③ 习近平.携手同行现代化之路：在中国共产党与世界政党高层对话会上的主旨讲话[M].北京：人民出版社，2023：5.

会主义事业的总体布局从"四位一体"拓展到经济建设、政治建设、文化建设、社会建设、生态文明建设"五位一体"。这反映了我们党对中国特色社会主义事业总体布局的新认识。

中国特色社会主义经济建设、政治建设、文化建设、社会建设、生态文明建设是一个有机整体，生态文明建设是其中的重要组成部分。治理环境污染，建设生态文明，关系到民生福祉和中华民族的永续发展。生态环境问题得不到有效治理，人民群众基于经济发展的幸福感也会大打折扣。同样，生态文明建设也不能孤立地发展，而是要将其融入经济建设、政治建设、文化建设、社会建设各方面和全过程。首先在社会层面推广绿色生活理念，鼓励低碳的生活和消费方式。其次在经济建设层面，通过绿色技术的研发和推广应用，大幅提高能源资源的开发利用效率，并配合金融市场用能权、用水权、排污权、碳排放权的投融资和交易机制的创新等市场手段，达到减少资源消耗、控制污染物排放总量的目的。最后在政治建设层面扎实推进生态文明体制改革，实施最严格的生态环境保护制度，建设和完善主体功能区布局和生态安全屏障，有针对性地进行区域生态保护和开发，维护国家的生态安全，做到对未来负责、对子孙负责。

第二，"四个全面"战略布局。

党的十八大以来，以习近平同志为核心的党中央坚持问题导向，针对我国发展中不平衡、不协调、不可持续的问题，城乡区域发展差距和居民收入差距较大的问题，有法不依、执法不严、违法不究的问题，党风廉政建设和反腐败斗争形势依然复杂严峻的问题等，勇担重任，直面矛盾，提出"四个全面"战略布局。

全面建成小康社会，在"四个全面"的战略布局中，起着统帅和引领作用。全面建成小康社会是战略目标，全面深化改革、全面依法治国、全面从严治党是三大战略举措。全面建成小康社会，首要或者必然要求全面深化改革。40多年来，我国经济社会建设取得了一系列令世人瞩目的成就，但不平衡、不协调、不可持续的问题依然突出，制约发展的深层次体制机制障碍依然存在，这些都有待于全面深化改革来破解，在创新变革中获取发展的动力，完善和发展中国特色社会主义制度。而改革的推进以及改革成果的巩固，离不开法治的全面保驾护航，需要以法治思维和方式确保改革沿着法治轨道有序推进，保障如期全面建成小康社会。全面依法治国是全面深化改革的现实需要，全面推进依法治国需要深化改革来保障，二者相辅相成，相得益彰，统一在中国共产党坚强有力的领导下，共同推进全面建成小康社会战略目标的实现。实践证明，全面建成小康社会、实现现代化和中华民族的伟大复兴，只有中国共产党能够担当这一重任。必须全面从严治党，以党的先进性、纯洁性增强党的凝聚力和战斗力，巩固党的执政基础和群众基础，把党锻造成为中国特色社会主义事业的坚强领导核心。

全面建成小康重点在"全面"，也就是说，要建成的不是生活富裕的单向度小康，而是经济、政治、文化、社会、生态文明五个方面全面协调发展的小康。只有满足人民群众不断增长的物质文化需要，保障人民群众当家作主的权益，尊重人民的首创精神，为人民创造宜居的生态环境，这样的基础上建成的小康社会才是真正的小康社会。小康社会还是一个惠及全体人民、向共同富裕目标迈进的社会。政策允许和支持一部分人、一部分地区先富起来，但是这个方针的最终目的是使全国人民和各个地区走上共同富裕的道路，社会主义不仅要发展生产力，而且要实现共同富裕，没有共同富裕的小康社会是不完整的。所以，在实现全面建成小康社会的过程中，决不能让一个少数民族、一个地区掉队，特别是老少边穷地区，要实现各族人民共同繁荣发展。同时，要致力于解决贫富差距、城乡差距、地区差距、部门差距和行业差距，让全体人民逐步走向共同富裕。

第三，社会主义现代化建设的目标。

纵观新中国 70 多年的发展历程，中国共产党坚持一张蓝图绘到底，始终以现代化作为发展目标，咬定青山不放松，把这一目标贯穿到经济社会发展的全过程。中国共产党曾经用"四个现代化""基本实现现代化""中等发达国家水平""社会主义现代化强国"等概念表述现代化目标。

现代化目标是有层次性的，并随着实践发展不断丰富。1979 年 12 月，邓小平在会见日本首相大平正芳时指出："我们的四个现代化的概念，不是像你们那样的现代化的概念，而是'小康之家'。"[1] 邓小平曾提出小康之家就是现代化，还只是低层次的现代化。2002 年 11 月召开的十六大上，江泽民宣布："我们胜利实现了现代化建设'三步走'战略的第一步、第二步目标，人民生活总体上达到小康水平"[2]，但这里所说的小康，仍然是低层次的、不全面的小康。党的十六大提出，21 世纪头二十年的阶段性奋斗目标是"全面建设惠及十几亿人口的更高水平的小康社会"[3]。在全面建成小康社会之后，我们的现代化水平会有较大的提高。党的十九大提出要在 2050 年建成社会主义现代化强国，届时共同富裕基本实现，现代化程度将赶上或超越发达国家，成为综合实力和国际影响力领先的国家。这一新的战略目

---

① 邓小平 . 邓小平文选（第二卷）[M]. 北京：人民出版社，1994：237.

② 江泽民 . 江泽民文选（第三卷）[M]. 北京：人民出版社，2006：542.

③ 中共中央文献研究室 . 十六大以来重要文献选编（上）[M]. 北京：中央文献出版社，2005：14.

标不仅有数量指标，而且更加注重质的提升，表明我们对于现代化建设目标的认识更加深化了。从"小康之家""小康水平""小康社会""全面小康"到"现代化强国"，战略目标层层递进，实现了短期目标和长期目标的统一。现代化目标的内涵也是在不断发展的。1982年召开的党的十二大提出"把我国建设成为……高度民主的，高度文明的社会主义国家"[①]的任务。现代化的内涵已经超越了四个现代化的范畴，追求更高层次的现代化。现代化从经济范畴扩展到政治、文化领域。党的十三大正式提出了"把我国建设成为富强、民主、文明的社会主义现代化国家"。[②]三位一体的发展目标，说明党对现代化目标内涵的认识已经较为成熟。2006年10月，党的十六届六中全会研究了构建社会主义和谐社会的若干重大问题，在"富强民主文明"之后增加了"和谐"的目标，现代化建设目标的外延进一步拓宽了。

党的十八大以来，随着我国社会生产力的提高，社会主要矛盾也悄然转变，人们对美好生活的向往越来越强烈，对环境质量、健康水平的关注度也越来越高，呈现出从"求温饱"到"盼环保"、从"谋生计"到"要生态"的发展态势。顺应人民群众追求美好生活的新期待，党的十九大将"美丽"纳入社会主义现代化强国建设的目标，这是我们党在新时代对生态文明建设的新定位。从党的十七大报告首次提出建设生态文明，到党的十八大报告明确提出"美丽中国"战略、将生态文明建设列入中国特色社会主义事业"五位一体"总体布局之中，再到党的十九大报告提出"富强民主文明和谐美丽"的社会主义现代化建设目标，党对生态文

①　中共中央文献研究室．三中全会以来重要文献选编（下）[M]．北京：人民出版社，1982：1263．

②　中共中央文献研究室．十三大以来重要文献选编（上）[M]．北京：中央文献出版社，2011：13．

明和建设什么样的现代化的认识不断深入。党的十九大还对新时代生态文明建设作出了战略规划：到 2035 年生态环境根本好转，美丽中国目标基本实现；到 21 世纪中叶，生态文明将全面提升，建成美丽的社会主义现代化强国。党中央将实现"美丽中国"的社会主义现代化目标融入"两步走"的战略规划中，并作出一系列顶层设计、制度安排和决策部署，我国生态文明建设正迈向更高层次，美丽中国新图景日益清晰。

③ 新时代中国特色社会主义发展的战略构想

新中国成立之后，毛泽东曾提出过 100 年的设想。1962 年 1 月，毛泽东在扩大的中央工作会议上指出："在我国，要建设起强大的社会主义经济，我估计要花一百多年。"[①]1964 年 12 月召开的三届人大一次会议上，周恩来在《政府工作报告》中提出"四个现代化"战略目标的同时，对实现这一目标的步骤进行了规划，提出了"两步走"的构想。1975 年周恩来在四届全国人大一次会议上重申了分"两步走"、全面实现四个现代化的战略安排。虽然"两步走"的规划较为宏观，时间安排上还仅限于构想，然而"文化大革命"实际上中断了这一进程，但为改革开放后提出"三步走"的发展战略打下了坚实基础。

改革开放新时期，党的十二大提出分两个十年"两步走"的战略部署：前十年主要是打好基础，积蓄力量，创造条件，后十年要进入一个新的经济振兴时期。这是改革开放初期对于中短期经济战略安排的一种初步设想，具有合理性和可行性，为进行更长时期的战略安排积累了经验。邓小平远见卓识，在对我

---

① 中共中央文献研究室 . 毛泽东文集（第八卷）[M]. 北京：人民出版社，1999：301.

国国情深入思考的基础上，对党的十二大"新两步走"战略步骤进行了细化，形成了"三步走"的战略构想。这一战略构想的核心确立了分阶段实现现代化的具体步骤，并在 1987 年党的十三大得到确认：第一步，解决人民的温饱问题。第二步，到本世纪末，人民生活达到小康水平。第三步，到下个世纪中叶，基本实现现代化。① "三步走"发展战略包括解决人民温饱问题、人民生活达到小康水平和实现现代化三个战略目标，是战略目标和战略步骤的统一，是一个具有伟大历史意义的战略蓝图。这一战略构想遵循经济社会发展规律，是新时期进行现代化建设的主要依据。

随着第一步、第二步战略目标逐步变成现实，以江泽民为核心的中央领导集体开始酝酿下一阶段的发展战略，将长达 50 年的第三步进一步具体化，提出了新的"三步走"发展战略。这一战略是在 1997 年党的十五大上提出的。战略规划前两步以十年为一个节点，以两个一百年为期限，把小康社会建设作为主要任务，提出了 21 世纪 50 年的总体设想。对邓小平"三步走"现代化战略第三阶段的具体步骤和战略目标予以进一步明确。进入 21 世纪，经济全球化程度不断加深，国际产业结构进一步调整。2000 年底我国 GDP 达到 88228 亿元，人均 GDP 为 7084 元，按可比价计算，是 1980 年的 4.9 倍，超额实现了人均 GDP 翻两番的目标。2000年 10 月，党的十五届五中全会指出："我们已经实现了现代化建设的前两步战略目标，经济和社会全面发展，人民生活总体上达到了小康水平。"② 我国现代化进程进入一个新的发展阶段。据此，

---

① 中共中央文献研究室. 十三大以来重要文献选编（上）[M]. 北京：中央文献出版社，2011：14.

② 中共中央文献研究室. 十五大以来重要文献选编（中）[M]. 北京：人民出版社，2001：1369.

党的十六大正式提出全面建设小康社会的奋斗目标，这一奋斗目标是对党的十五大提出的"新三步走"战略构想的进一步细化，把 21 世纪前 20 年作为重大的战略机遇期，"集中力量，全面建设惠及十几亿人口的更高水平的小康社会"①，这一小康社会是对小康生活水平的超越，是从社会发展的角度对现代化水平的一种描绘。这一小康不仅经济要更加发展，而且在民主、科教、文化、社会等各个方面都有进一步的要求，丰富了小康社会的内涵，奋斗目标更加明确和具体。

党的十八大根据国内外形势的新变化，赋予了"两个一百年"战略目标新的内容：在建党 100 年时完成全面建成小康社会的目标，在中华人民共和国成立 100 年时完成建设社会主义现代化国家的目标。党的十九大承继十八大的奋斗目标，在综合分析国内国际形势和我国发展条件的基础上，对于现代化发展战略决胜期的安排提出了新的更加细致的要求：从 2020 年到 21 世纪中叶可以分两个阶段，第一个阶段，经过 15 年的建设，在 2035 年基本实现现代化的奋斗目标；第二阶段，再经过 15 年的建设，在 2050 年左右把我国建设成为社会主义现代化强国。这是新时代实现现代化目标的新的战略安排。新的发展战略在时间安排上进行了细化，不仅更加具体可行，而且把基本实现社会主义现代化的时间提前了 15 年。原来的设想是到 21 世纪中叶，建成中等发达的社会主义现代化国家。党的十九大提出要在 21 世纪中叶，把我国建设成为社会主义现代化强国，到那时，我国五大文明建设将得到极大提升，综合国力和国际影响力处于世界领先行列，人民生活更加幸福安康。

---

① 中共中央文献研究室．十六大以来重要文献选编（上）[M]．北京：中央文献出版社，2005：759．

　　社会主义现代化具有不同于西方现代化的本质内涵，逐步实现全体人民共同富裕是社会主义现代化的题中之义。因此我们在建设社会主义现代化强国的历程中，应当始终把人民群众的利益放在首位，以共同富裕作为我们工作的引领，在解放和发展生产力的同时逐步消除两极分化，逐步缩小收入差距、地区差距和城乡差距，使人民共享改革发展的成果。

　　中华民族伟大复兴和建设社会主义现代化强国是总任务的两个方面，共同构成了新时代中国特色社会主义的总任务和奋斗目标。2012年召开的党的十八大强调指出：建设中国特色社会主义的"总任务是实现社会主义现代化和中华民族伟大复兴"①。民族复兴的中国梦是中国走向未来、走向现代化的精神旗帜，这同实现现代化的发展战略是相通的。现代化战略是实现民族复兴的战略构想，也是实现民族复兴的基本途径。民族复兴是建立在现代化基础之上的民族复兴。新时代提出中华民族伟大复兴的中国梦，说明距离我们实现现代化战略目标越来越近，也说明离中华民族伟大复兴的时刻越来越近。中国人民有充分的信心完成历史赋予的使命，实现中华民族的伟大复兴。无论是中华民族的伟大复兴还是社会主义现代化强国的实现，其根本路径都是要走中国特色社会主义道路，都离不开中国共产党的领导，这是两者统一的基础。中国共产党的初心和使命就是为人民谋幸福、为民族谋复兴，一代代中国共产党人为此浴血奋战、艰苦奋斗，建立了新中国，开创了中国特色社会主义伟大事业。时至今日，中华民族伟大复兴的目标越来越近，这是中国共产党领导中国人民奋斗的结果，也是中国人民沿着中国特色社会主义道路不

---

① 中共中央文献研究室. 十八大以来重要文献选编（上）[M]. 北京：中央文献出版社，2014：10.

断前进的结果。

在中国特色社会主义新时代，面临需要解决的新矛盾，开启新的征程，全党要坚持以习近平新时代中国特色社会主义思想为指导，不忘初心，牢记使命，统筹推进"五位一体"总体布局、协调推进"四个全面"战略布局，建设社会主义现代化强国，实现中华民族伟大复兴努力奋斗。

第七章

中国特色社会主义
道路的意义和价值

中国特色社会主义道路是几代中国共产党人立足中国实际，把马克思主义与中国改革开放和现代化建设实践和时代特征相结合，在理论和实践上形成的创新成果，它不仅具有鲜明的中国特色，而且在实践中丰富和发展了马克思主义，它不仅为发展中国家实现现代化提供了参考和借鉴，也为解决人类社会共同面临的一些世界性难题提供了中国智慧和中国方案。

一、中国特色社会主义道路的中国特色

中国特色社会主义道路探索初期，邓小平指出："中国搞社会主义，强调要有中国的特色。"① 经过 40 多年改革开放和现代化建设的实践，习近平总书记总结指出："当代中国社会的伟大变革，不是简单延续我国历史文化的母版，不是简单套用马克思主义经典作家设想的模板，不是其他国家社会主义实践的再版，也不是国外现代化发展的翻版。"② 中国特色社会主义道路坚持科学社会主义的基本原则，根植当代中国社会主义现代化建设的实践。

---

① 邓小平.邓小平文选（第三卷）[M].北京：人民出版社，1993：213.
② 中共中央党史和文献研究院.十九大以来重要文献选编（上）[M].北京：中央文献出版社，2019：434.

① **中国共产党的坚强领导**

办好中国的事情，关键在党，这是在长期的改革开放过程中形成的普遍共识。中国共产党的领导是中国特色社会主义道路最突出的特色，因为在其他任何一种发展模式中，都难以找到类似的特征。

第一，中国共产党的领导保证了改革的深入有序进行。改革是利益的调整，任何改革都会遇到阻力，有些改革没有克服这种阻力导致半途而废。但中国的改革一直能够有序深入下去，一个重要的原因在于有共产党的领导。首先，中国共产党在人民中具有强大的威信，人民群众普遍理解改革是为了大多数人民的利益，因此支持党领导的改革，这是改革得以进行的重要原因。另外，由于党的坚强领导，在改革过程中，能够排除来自各方的阻力，不会因为某些利益群体的特殊利益而使改革停滞不前。同样，由于党的坚强领导，使得决策非常迅速，进而使得中国的发展保持了较高的效率，作为一个后发展国家，效率是非常重要的。2008 年世界金融危机发生后，一些西方国家对中国处理危机的能力和决策速度刮目相看，他们不得不承认，"中国适应性强，能够作出艰难的决定，并有效地加以执行"①。而这都要归因于中国共产党的坚强领导。针对美国在处理金融危机中的表现，无论是医疗改革还是经济刺激计划，由于特殊利益集团的参与，要么不能落实，要么最后搞出一个能取悦某些利益集团的折中方案，而不太可能按照全社会的整体利益来立法。这样一来，就不可能出现高效而合理的决策。更不可能有解决长远问题的能力。而中国应对经济危机的成功，一个重要的原因就是，共产党的坚强领导能快速作

---

① 为什么中国处理危机比美国好 [N]. 参考消息，2011-1-24（14）.

出重大而复杂的经济决策。

第二，中国共产党领导的强势政府保证了中国道路的社会主义性质。在经济全球化的背景下，一些西方国家企图利用中国的改革开放，诱使中国走上资本主义的发展道路。例如利用中国国有企业改革的机会，宣传私有化，提出私有化才是国有企业改革的唯一出路。利用中国经济体制改革的机会，鼓吹完全放任自由的市场经济，希望把中国经济纳入发达资本主义国家的经济轨道。利用文化体制改革，把文化多样化演绎为意识形态的多元化，宣传"普世价值"等，诱使中国放弃马克思主义指导思想。改革开放40多年过去了，之所以西方国家的这些企图没有得逞，中国没有走上西方国家为中国设计的道路，而是创造了一种崭新的社会主义发展模式，关键在于中国有效抵制了来自西方国家的这些侵蚀和干扰。而能够有效抵制这些侵蚀和干扰的关键，还在于中国的改革开放始终在以马克思主义为指导，坚持社会主义价值取向的中国共产党的领导之下。美中经济与安全评估委员会2011年的一份报告称，中国的国有企业仍在中国经济中发挥着巨大作用，各类国有实体在中国快速扩大的国内生产总值中所占的比重大约为50%。之所以如此，是因为"中国共产党对中国'成为自由市场企业的堡垒'并不感兴趣"[1]。

第三，党的坚强领导，弥补了制度建设的不足。自1978年以来，中国经济、政治、文化、社会等各方面改革的脚步就不曾停止过，这充分说明，中国的制度建设还处在一个探索的过程中。虽然胡锦涛在建党90周年纪念大会上的讲话中提出我们已经确立了中国特色社会主义制度，但这一制度还不是很完善。在很多西方学者看来，完善的制度是经济社会发展的重要前提，而中国特色社会

---

[1]　国有企业仍占中国经济半壁江山 [N]. 参考消息，2011-10-28（5）.

主义道路之所以引人瞩目，就在它在还没有完成制度建设的情况下居然也取得了快速的发展，这才是中国特色社会主义道路的特殊所在。实际上，中国之所以能够在制度还不完善的条件下快速发展，恰恰在于党的坚强领导弥补了制度建设的不足。如果既没有制度保障，又没有党的坚强领导来推动改革，改革势必难以深入下去。特别是党的领导保证了中国在制度仍不健全的情况下保持了长时期的稳定。一些国外学者在观察中国特色社会主义道路时也指出："如果你同中国新兴的企业家和专业人士交谈后就会发现，他们普遍对政治体制和中国共产党的地位持支持态度。最重要的原因是，这些专业人士和企业家认为，中国共产党是稳定的最大保障。中国面临诸多压力和冲突，如果没有强大的共产党政府，不稳定和混乱的风险将大大增加。"① 因此，习近平总书记在党的十八大以来不断强调，"中国特色社会主义最本质的特征是中国共产党领导，中国特色社会主义制度的最大优势是中国共产党领导。"②

② 渐进式发展

中国特色社会主义道路具有许多典型的特色，而渐进式发展贯穿于中国特色社会主义道路探索的整个过程之中。这种渐进式发展的特点，既体现在"摸着石头过河"的战略方针，也体现在先经济后政治、先农村后城市的改革步骤等许多方面。2012 年12 月，习近平总书记在十八届中央政治局集体学习时指出："摸着石头过河，是富有中国特色、符合中国国情的改革方法。摸着

---

① 关于中国共产党的八个关键问题 [N]. 参考消息，2011-2-14（14）.
② 中共中央党史和文献研究院 . 十八大以来重要文献选编（下）[M]. 北京：人民出版社，2018：355.

石头过河就是摸规律。"① 他进一步指出，"摸着石头过河，是
富有中国智慧的改革方法，也是符合马克思主义认识论和实践论
的方法。"②

第一，中国特色社会主义道路渐进式发展的表现。中国特
色社会主义道路就是中国特色的改革开放之路，而无论是对内改
革，还是对外开放，都是渐进式向前发展的。从改革的整体层面
看，改革是先经济后政治，先农村后城市，采用渐进方式进行的。
1978 年中国农村改革拉开序幕，1984 年党的十二届三中全会，
城市的改革全面展开，2013 年党的十八届三中全会，习近平总
书记提出要全面深化改革。在一些具体层面，中国的改革也都呈
现渐进式的特点，例如从计划经济向社会主义市场经济转型过程
中的价格双轨制等都是如此。从对外开放的角度来说也是如此，
1979 年中国就提出要创办"出口特区"，之所以要通过"特区"
先搞对外开放，正如邓小平所说的那样："深圳经济特区是个试验，
路子走得是否对，还要看一看。它是社会主义的新生事物。搞成
功是我们的愿望，不成功是一个经验嘛。"③ 正是因为看到特区
的成功，邓小平才主张开放沿海、沿边、沿江地区，并最终形成
了从点到线到面的全方位对外开放格局，从点到线再到面，就是
渐进式开放的体现。所以说，中国的改革开放，在总体上是渐进
式发展的，中国特色社会主义道路也呈现渐进式的特点。

第二，中国特色社会主义道路呈现渐进式发展的原因。中国
特色社会主义道路渐进式发展的特点，是由中国共产党人把马克
思主义与中国实际相结合，独立自主探索中国特色社会主义道路

① 习近平. 习近平谈治国理政（第一卷）[M]. 北京：外交出版社，2018：67-68.
② 中共中央文献研究室. 习近平关于全面深化改革论述摘编 [M]. 北京：中央
文献出版社，2014：43.
③ 邓小平. 邓小平文选（第三卷）[M]. 北京：人民出版社，1993：130.

的现实所决定的。中国特色社会主义道路的探索，没有任何现成的经验可以借鉴，也没有任何模式可以照搬。因此，只能在实践中不断探索，逐步前进。改革开放之初，邓小平就特别提到："我们现在所干的事业是一项新事业，马克思没有讲过，我们的前人没有做过，其他社会主义国家也没有干过。所以，没有现成的经验可学。我们只能在干中学，在实践中摸索。"① 他还指出："我们现在做的事都是一个试验，对我们来说，都是新事物，所以要摸索前进。"② 这样一边探索一边前进的方法，决定了中国特色社会主义道路必然呈现渐进式发展的特点。这一特点也是由中国特色社会主义道路的本质属性所决定的。中国特色社会主义道路在本质上是改革开放的实践体现，而改革开放是中国社会主义制度的自我完善和发展。因此，改革开放不是为了在根本上否定原来的社会制度，而是为了在不影响社会主义根本制度的前提下，逐步改变那些不适应经济社会发展的具体的经济体制。这些体制弊端本身就是在中国特色社会主义道路探索的实践中逐步暴露出来的，因此，改革这些体制的过程必然也是逐步的、渐进式的。中国的改革不是像苏联所谓的社会改革一样，要否定原有的社会主义制度，从而出现剧烈而全面的"休克"式变革。中国特色社会主义道路的渐进式发展，也是汲取了改革开放以前探索社会主义建设道路的经验教训。1978 年 12 月，邓小平在《解放思想，实事求是，团结一致向前看》中提出："在全国的统一方案拿出来以前，可以先从局部做起，从一个地区、一个行业做起，逐步推开。中央各部门要允许和鼓励进行这种试验。试验中间会出现各种矛盾，我们要及时发现和克服这些矛盾。这样我们才能进步

---

①　邓小平 . 邓小平文选（第三卷）[M]. 北京：人民出版社，1993：258-259.

②　邓小平 . 邓小平文选（第三卷）[M]. 北京：人民出版社，1993：174.

得比较快。1980 年 12 月 16 日，陈云在《经济形势与经验教训》的讲话中指出：“我们要改革，但是步子要稳。因为我们的改革问题复杂，不能要求过急。改革固然要靠一定的理论研究、经济统计和经济预测，更重要的还是要从试点着手，随时总结经验，也就是要‘摸着石头过河’。开始时步子要小，缓缓而行。这绝对不是不要改革，而是要使改革有利于调整，也有利于改革本身的成功。”[①] 在 1980 年 12 月 25 日的中共中央工作会议闭幕会上，邓小平明确表示完全同意陈云的讲话，他说：“这个讲话在一系列问题上正确地总结了我国 31 年来经济工作的经验教训，是我们今后长期的指导方针”。[②] 所以说，“摸着石头过河”的渐进式发展，是基于新中国成立以后我国探索社会主义建设道路经验教训的一个总结。

第三，中国特色社会主义道路渐进式发展的重要意义。中国特色社会主义道路渐进的前进和发展方式，具有非常重要的现实意义。一是渐进的方式减少了改革的阻力，从而使改革能够不断深入下去。渐进式改革减少了改革的人为阻力和不必要的纠缠，从而赢得改革发展所需要的宝贵时间。二是渐进式改革能使改革有一个比较稳定的环境，从而能够持续下去。保持改革、发展、稳定在动态中的相互协调和相互促进是中国改革开放的一条重要经验，而渐进式的改革缓冲了改革可能带来的矛盾和冲突，从而把改革的力度和社会可以承受的程度统一起来，保证了改革的顺利进行。邓小平指出：“改革先从农村开始，农村见了成效，我们才有勇气进行城市的改革。城市改革实际上是整个经济体制的

① 中共中央文献研究室. 三中全会以来重要文献选编（上）[M]. 北京：中央文献出版社，2011：526.
② 邓小平. 邓小平文选（第二卷）[M]. 北京：人民出版社，1994：354.

改革，这是要冒很大风险的。"① 习近平总书记则把渐进式发展作为改革开放坚持正确方法论的体现，他指出："这种渐进式改革，避免了因情况不明、举措不当而引起的社会动荡，为稳步推进改革、顺利实现目标提供了保证。"② 三是渐进式改革具有很强的灵活性，能够在改革的过程中不断进行修正。渐进式改革的另一个好处是由于改革没有被统一打包，因此很容易就某些在改革过程中被证明是不合适的部分进行调整，而改革不用整体倒退。这反映了渐进式改革具有很强的灵活性。中国在改革过程中确实遇到了很多问题，但改革并没有因此而停止，能够总体上继续下去，就在于中国的改革是渐进式的。

③ 开放包容

开放包容是中国特色社会主义道路的另一个特点。中国特色社会主义道路的开放性，体现在中国特色社会主义道路在对外开放的过程中汲取了其他不同发展模式的有益因素，集百家之长，为我所用，才最终得以形成。中国特色社会主义道路之所以能够引领当代中国取得如此巨大的成就，关键就在于中国不拒绝一切先进的东西，而是把西方和他国成功的经验融入自己的发展中来。中国特色社会主义道路在形成和发展的过程中，既吸取了苏联社会主义模式的教训，也吸收了资本主义的一些有益因素。

中国特色社会主义道路在形成的过程中，十分重视向西方发达的资本主义国家学习。邓小平指出："社会主义要赢得与资本主义相比较的优势，就必须大胆吸收和借鉴人类社会创造的一切

---

① 邓小平. 邓小平文选（第三卷）[M]. 北京：人民出版社，1993：130.
② 中共中央文献研究室. 习近平关于全面深化改革论述摘编 [M]. 北京：中央文献出版社，2014：34.

文明成果，吸收和借鉴当今世界各国包括资本主义发达国家的一切反映现代社会化生产规律的先进经营方式、管理方法。"① 正是中国在改革开放中的这种态度，使一些国外学者认为："中国共产党没有让自己局限于研究前社会主义国家，而是真正放眼于全世界的各种政治体制，学习可能在中国有用的东西。"② 这也充分体现了中国特色社会主义道路的开放性。中国特色社会主义道路的一个特点，就是对资本主义所创造的一切积极因素的包容性，中国没有像苏联那样，把资本主义看得一无是处，进而封闭自己。中国的做法恰恰相反，认为在当前社会主义和资本主义并存的时代，社会主义必须借鉴资本主义的一切长处。所以说："中国特色社会主义在处理与资本主义关系时具有明显的开放性和兼容性。从思想层面来看，当代社会主义基本上能够用开放和包容的心态对待当代资本主义这个'天敌'，强调汲取资本主义所创造的属于人类文明成果的东西。"③

　　中国特色社会主义道路在形成过程中，也吸取了人类文明的共同成果。中国特色社会主义道路汲取了许多国家的发展经验，并使这些经验"中国化"。亚历山大·萨利茨基认为，从中国特色社会主义道路中可以找到苏联的"骨架"、美国的成就、福利资本主义的特点。所以，"中国特色社会主义道路绝非我们通常认为的那样独特。相反，它集合了人类创造的模式。"④ 阿里夫·德里克也认为："如果有一个中国特色社会主义道路，它最突出的

① 邓小平. 邓小平文选（第三卷）[M]. 北京：人民出版社，1993：373.

② "执政 60 年，中国共产党表现相当不错"——专访美国著名中国问题专家沈大伟 [N]. 参考消息，2009-9-17（13）.

③ 蒲国良. 全球视野下的中国新模式 [J]. 党建文汇，2008（8）.

④ 中国：万能的现代化模式？[N]. 参考消息，2008-12-30（16）.

特点就是愿意尝试不同的模式。"① 在一些学者看来，中国特色社会主义道路并无特别之处，因为无论是在苏联模式、民主社会主义模式、新自由主义模式中，似乎都能找到中国特色社会主义道路的影子。但在我们看来，这恰恰是中国特色社会主义道路的突出特点所在，它吸取了其他国家无论是社会主义国家还是资本主义国家的发展经验，参考了不同的发展模式，取其长避其短，从而形成了中国特色社会主义道路。虽然中国特色社会主义道路吸取了不同的元素，但中国特色社会主义道路的内核却是中国特色社会主义。正如邓小平特别强调的那样："我们要有计划、有选择地引进资本主义国家的先进技术和其他对我们有益的东西，但是我们决不学习和引进资本主义制度，决不学习和引进各种丑恶颓废的东西。"②

④ 和平发展

　　和平发展是中国特色社会主义道路的又一显著特征。中国特色社会主义道路在形成和发展的过程中，始终坚持自力更生，独立自主，没有把自己的发展建立在对别人的掠夺的基础之上，中国特色社会主义道路始终是一条和平发展的道路。2005 年 12 月，国务院新闻办公室发表了《中国的和平发展道路》白皮书，明确了和平发展道路的基本内涵，就是要争取和平的国际环境发展自己，又以自身的发展促进世界和平；依靠自身力量和改革创新实现发展，同时坚持实行对外开放；顺应经济全球化发展趋势，努力实现与各国的互利共赢和共同发展；坚持和平、发展、合作，

---

① 　Arif Dirlik，"The idea of a 'Chinese model'：A critical discussion"，China Information，Vol.26，No.3，2012，p.277.
② 　邓小平 . 邓小平文选（第二卷）[M]. 北京：人民出版社，1994：168.

与各国共同致力于建设持久和平与共同繁荣的和谐世界。坚持走和平发展道路，植根于中华民族悠久深厚的历史文化传统，立足于当代中国的发展实际，顺应了和平与发展的时代潮流，体现了社会主义制度的本质要求，是中国共产党一贯坚持的独立自主和平外交政策的必然结果。

第一，坚持走和平发展道路，是基于中国历史文化传统的必然选择。中国的和平发展道路植根于中国悠久的历史文化传统，它是中华民族爱好和平、自强不息、和而不同的文化传统与时代精神相结合的产物，是中国几千年"以和为贵"的和合文化思想的时代体现。中华文化是一种和平的文化，爱好和平是中华文明的价值取向。渴望和平、追求和谐，始终是中国人民的精神特征。以和为贵的思想是中华民族几千年来处理对外关系所始终坚持的一个基本原则，也是当代中国坚持走和平发展道路的思想文化基础。中华民族历来爱好和平，在对外关系中始终秉承"强不执弱""富不侮贫""协和万邦"的精神。中华民族历来讲信修睦、崇尚和平。在长达 2000 余年的强盛时期，中国也没有实行对外侵略扩张，但在近代历史上，却屡遭外来势力入侵和奴役，因此，中国人民深知和平弥足珍贵。"己所不欲，勿施于人""利而不害，为而不争"反映了中华民族"天下情怀与道德理性"的品格。中国特有的文化、思想和行为方式决定了中国的发展只会走和平发展之路，而绝不会走穷兵黩武的霸权主义道路。

第二，坚持和平发展道路，是社会主义制度的内在要求。马克思、恩格斯指出，未来社会主义"新社会的国际原则将是和平"①。中国作为社会主义国家，国家性质决定了我们的发展不

---

① 中共中央马克思恩格斯列宁斯大林著作编译局.马克思恩格斯选集（第三卷）[M].北京：人民出版社，2012：61.

可能、也不允许走侵略、扩张的道路，只能坚持走和平的发展道路。和平发展作为社会主义的一项基本价值原则，贯穿中国社会主义现代化建设的整个历史进程。改革开放以后，以邓小平为核心的第二代中央领导集体，作出了和平与发展是时代主题的正确判断，继续坚持并发展了独立自主的和平外交政策，并在实践中逐步开辟了中国特色社会主义道路。中国特色社会主义道路依然是坚持和平发展的社会主义道路。邓小平指出："我们搞的是有中国特色的社会主义，是不断发展社会生产力的社会主义，是主张和平的社会主义。"并强调："中国要维护自己国家的利益、主权和领土完整，中国同样认为，社会主义国家不能侵犯别国的利益、主权和领土。"①作为社会主义国家，"中国的发展是和平力量的发展，是制约战争力量的发展。现在树立我们是一个和平力量、制约战争力量的形象十分重要，我们实际上也要担当这个角色。"②

第三，坚持走和平发展道路，是顺应和平与发展时代主题的必然选择。和平与发展的时代主题，既为坚持走和平发展道路提供了条件，也为中国坚持走和平发展道路提出了要求。和平与发展的时代主题为中国的改革开放和积极参与经济全球化创造了条件，也因此为走和平发展道路创造了条件。邓小平指出："任何一个国家要发展，孤立起来，闭关自守是不可能的，不加强国际交往，不引进发达国家的先进经验、先进科学技术和资金，是不可能的。"③中国要发展，就必须要开放，要开放必须有一个和平、开放的国际环境。1985年，邓小平根据国际形势的发展变化，作出了和平与发展是时代的主题的正确判断。和平与发展成为时代

---

① 邓小平. 邓小平文选（第三卷）[M]. 北京：人民出版社，1993：328-329.

② 邓小平. 邓小平文选（第三卷）[M]. 北京：人民出版社，1993：128.

③ 邓小平. 邓小平文选（第三卷）[M]. 北京：人民出版社，1993：117.

主题，是历史发展的潮流，也决定了中国必须也只能走和平发展的道路。世界潮流浩浩荡荡，顺之者昌，逆之者亡。任何一个国家都不能置身于世界潮流之外。在和平与发展的时代主题下，求和平、促发展、谋合作是时代的潮流。作为一个人口众多的发展中国家，必须利用一切和平发展的契机，促进本国的发展。同时，必须走一条和平发展之路。"历史告诉我们，一切通过武力或以武力相威胁来实现本国利益的行为，一切把本民族利益凌驾于其他民族利益之上的做法，都是行不通的，都不符合人类历史发展的潮流，都不符合世界各国人民的根本利益。"① 顺应世界历史发展的潮流，坚持走和平发展道路，是中国人民唯一的选择。中国决不能违背潮流而动。

第四，坚持走和平发展道路，是基于中国国情的必然选择。党的十一届三中全会以后，以邓小平为核心的第二代中央领导集体带领中国人民开辟了中国特色社会主义道路，并在建设和发展中国特色社会主义的进程中，越发认识到争取和平的国际环境，坚持走和平发展道路的重要性。邓小平指出："为了使中国发展起来，实现我们的宏伟目标，需要一个和平的国际环境。我们是热爱和平的。"②"我们把争取和平作为对外政策的首要任务……没有和平环境，搞什么建设！"③"中国太穷，要发展自己，只有在和平的环境里才有可能。要争取和平的环境，就必须同世界上一切和平力量合作。"④"我们的现代化建设要取得成功，决定于两个条件。一个是国内条件，就是坚持现行的改革开放政策。

---

① 中共中央文献研究室. 十六大以来重要文献选编（中）[M]. 北京：中央文献出版社，2006：985.

② 邓小平. 邓小平文选（第三卷）[M]. 北京：人民出版社，1993：94.

③ 邓小平. 邓小平文选（第三卷）[M]. 北京：人民出版社，1993：116-117.

④ 邓小平. 邓小平文选（第三卷）[M]. 北京：人民出版社，1993：82.

如果改革成功，会为中国今后几十年的持续稳定发展奠定基础。还有一个是国际条件，就是持久的和平环境。"① 坚持走和平发展道路，是中国特色社会主义的本质要求，是我国独立自主的和平外交政策的应有之义，符合我们党和国家一贯坚持的对外大政方针，符合我国人民的根本利益，符合中华民族爱好和平的历史文化传统，符合人类进步的时代潮流。

二、中国特色社会主义道路的价值取向

把马克思主义与中国实际相结合始终是探索中国特色社会主义道路的基本原则，因此中国特色社会主义道路把以人民为中心作为根本价值取向，把实事求是作为基本价值取向。又因为中国特色社会主义道路把实现共产主义作为自己的最高纲领，因此，促进世界共同发展也是中国特色社会主义道路的鲜明的价值取向。

① 以人民为中心是中国特色社会主义道路的根本价值取向

中国特色社会主义道路既有鲜明的中国特色，又体现了社会主义的鲜明价值取向，以最广大人民群众利益为根本，努力实现人的自由全面发展是中国特色社会主义的最终目标，是社会主义价值取向最鲜明的表现。

第一，中国特色社会主义道路始终坚持人民群众是历史的创造者，中国特色社会主义道路就是人民群众通过社会实践实现自我解放的过程。历史唯物主义认为，人民群众是历史的主人，是

———————
① 邓小平. 邓小平文选（第三卷）[M]. 北京：人民出版社，1993：156.

创造历史的决定力量。毛泽东指出："人民，只有人民，才是创造世界历史的动力"。① 人民是物质财富、精神财富的创造者，人民群众是历史变革的主体，是社会发展的推动者和历史的创造者。进行革命、建设和改革，都离不开人民的参与和创造。改革开放之初，邓小平指出："社会主义现代化建设的极其艰巨复杂的任务摆在我们的面前。""党只有紧紧地依靠群众，密切地联系群众，随时听取群众的呼声，了解群众的情绪，代表群众的利益，才能形成强大的力量，顺利地完成自己的各项任务。"②"中国的事情能不能办好，社会主义和改革开放能不能坚持，经济能不能快一点发展起来，国家能不能长治久安，从一定意义上说，关键在人。"③ 这个"人"就是人民群众。中国化马克思主义强调坚持发展依靠人民，就是要尊重人民的主体地位和首创精神，密切联系群众，始终相信群众，紧密依靠群众，最充分地调动人民群众的积极性、主动性、创造性，最大限度地集中全社会全民族的智慧和力量，最广泛地动员和组织亿万群众投身中国特色社会主义伟大事业。党的十八大以来，习近平总书记也一再强调："尊重人民主体地位，保证人民当家作主，是我们党的一贯主张"④。

第二，中国特色社会主义道路以实现最广大人民群众的根本利益作为价值目标。中国共产党把全心全意为人民服务作为自己的根本宗旨，始终坚持人民利益高于一切。无论是革命、建设，还是改革开放，归根到底都是为了实现好、维护好、发展好最广大人民的根本利益。邓小平认为，提高人民的生活水平，是对发

---

① 毛泽东 . 毛泽东选集（第三卷）[M]. 北京：人民出版社，1991：1031.
② 邓小平 . 邓小平文选（第二卷）[M]. 北京：人民出版社，1994：342.
③ 邓小平 . 邓小平文选（第三卷）[M]. 北京：人民出版社，1993：380.
④ 中共中央党史和文献研究院 . 十八大以来重要文献选编（下）[M]. 北京：中央文献出版社，2018：352.

展生产力目的的规定，为广大人民群众谋利益是最终落脚点，是
社会主义的最终目的所在。江泽民认为，我们党来自于人民，植
根于人民，服务于人民，党的全部任务和责任就是为了实现人民
群众的根本利益而奋斗，中国共产党要始终代表最广大人民群众
的根本利益。科学发展观的核心是以人为本。以人为本就是以最
广大人民的根本利益为本。胡锦涛指出："我们党的根本宗旨是全
心全意为人民服务，党的一切奋斗和工作都是为了造福人民，要始
终把实现好、维护好、发展好最广大人民的根本利益作为党和国家
一切工作的出发点和落脚点，做到发展为了人民、发展依靠人民、
发展成果由人民共享。"① 党的十八大以来，以人民为中心更是成
为习近平新时代中国特色社会主义思想的核心价值取向，习近平总
书记指出："人民对美好生活的向往，就是我们的奋斗目标"②，
"民之所忧，我必念之；民之所盼，我必行之"③。

　　第三，以是否符合最广大人民的根本利益作为判断中国特色
社会主义道路的得失标准。价值标准是衡量外在客体或主体行为
是否有价值和价值大小的尺度，它以主体需要满足程度为依据。
中国化马克思主义把人民利益作为价值评价的根本标准。把实现
好、维护好、发展好最广大人民的根本利益，作为党和政府一切
方针政策和各项工作的根本出发点和落脚点，坚持用人民拥护不
拥护、赞成不赞成、高兴不高兴、答应不答应来衡量一切决策，
把发展的目的真正落实到满足人民需要、实现人民利益、提高人
民生活水平上。毛泽东指出："任何一种东西，必须能使人民群

①　坚定不移走中国特色社会主义伟大道路　为夺取全面建设小康社会新胜利而
奋斗 [N]. 人民日报，2007-06-26（1）.
②　中共中央文献研究室 . 十八大以来重要文献选编（上）[M]. 北京：中央文献
出版社，2014：69.
③　习近平 . 习近平谈治国理政（第四卷）[M]. 北京：外文出版社，2022：65.

众得到真实的利益，才是好的东西。"①"共产党人的一切言论行动，必须以合乎最广大人民群众的最大利益，为最广大人民群众所拥护为最高标准。"②"共产党员无论何时何地都不应以个人利益放在第一位，而应以个人利益服从于民族的和人民群众的利益。"③邓小平强调："社会主义经济政策对不对，归根到底要看生产力是否发展，人民收入是否增加。这是压倒一切的标准。"④他把是否有利于最广大人民的根本利益作为新时期判断改革和各方面工作是非得失的根本标准。邓小平所提出的生产力标准与人民利益是根本一致的，强调通过解放和发展生产力来最大限度地满足人民群众的生活需要，并以此为尺度去衡量工作的好坏、政策的得失。党的十八大以来，习近平总书记一再强调："党的一切工作，必须以最广大人民根本利益为最高标准。检验我们一切工作的成效，最终都要看人民是否真正得到了实惠，人民生活是否真正得到了改善，人民权益是否真正得到了保障。""我们党的执政水平和执政成效都不是由自己说了算，必须而且只能由人民来评判。人民是我们党的工作的最高裁决者和最终评判者。"⑤

改革开放以来，党的几代领导集体继承了毛泽东"全心全意为人民服务"的思想，确立了中国特色社会主义以人为本的价值取向。从邓小平的"人民利益标准"，到江泽民"代表最广大人民的根本利益"，再到胡锦涛"科学发展观的核心是以人为本"，以及习近平"以人民为中心"，在改革开放过程中，以人民利益

---

① 毛泽东.毛泽东选集（第三卷）[M].北京：人民出版社，1991：864-865.

② 毛泽东.毛泽东选集（第三卷）[M].北京：人民出版社，1991：1096.

③ 毛泽东.毛泽东选集（第二卷）[M].北京：人民出版社，1991：522.

④ 邓小平.邓小平文选（第二卷）[M].北京：人民出版社，1994：314.

⑤ 中共中央文献研究室.十八大以来重要文献选编（上）[M].北京：中央文献出版社，2014：698.

为根本始终是建设和发展中国特色社会主义的价值取向，以人为本的价值取向决定了中国特色社会主义道路的社会主义性质。在庆祝中国共产党成立 95 周年大会的讲话中，习近平强调："坚持不忘初心、继续前进，就要坚信党的根基在人民、党的力量在人民，坚持一切为了人民、一切依靠人民，充分发挥广大人民群众积极性、主动性、创造性，不断把为人民造福事业推向前进。人民立场是中国共产党的根本政治立场，是马克思主义政党区别于其他政党的显著标志。"① 人民立场既是中国共产党的显著标志，也是中国特色社会主义道路的显著标志，也是中国特色社会主义道路的鲜明价值取向。在中国特色社会主义道路探索发展的过程中，中国共产党人始终相信："'履不必同，期于适足；治不必同，期于利民。'世界上没有放之四海而皆准的发展道路。只有能够持续造福人民的发展道路，才是最有生命力的。"②

② 实事求是是中国特色社会主义道路的基本价值取向

中国特色社会主义道路的探索始于党的十一届三中全会以后实事求是思想路线的恢复，在改革开放的过程中，正是因为坚持实事求是，才最终成功开辟了中国特色社会主义道路。可以说，中国特色社会主义道路每前进一步，都是实事求是的结果，实事求是是中国特色社会主义道路的基本价值取向。

在探索中国特色社会主义道路的过程中，邓小平多次强调实事求是的重要意义，把实事求是作为探索社会主义道路的基本遵循。在提出"建设有中国特色的社会主义"这一命题的同时，邓

---

① 中共中央党史和文献研究院 . 十八大以来重要文献选编（下）[M]. 北京：中央文献出版社，2018：352.

② 习近平 . 论坚持推动构建人类命运共同体 [M]. 北京：中央文献出版社，2018：273.

小平在党的十二大开幕词中强调："中国的事情要按照中国的情
况来办"。① 邓小平遵循了毛泽东提出的马克思主义与中国实际
相结合这一探索社会主义道路的基本原则，但他把中国实际放在
了第一位。他指出："我们坚信马克思主义，但马克思主义必须
与中国实际相结合。只有结合中国实际的马克思主义，才是我们
所需要的真正的马克思主义。"② 改革开放初期，邓小平结合党
的历史经验教训强调："二十年的历史教训告诉我们一条最重要
的原则：搞社会主义一定要遵循马克思主义的辩证唯物主义和历
史唯物主义，也就是毛泽东同志概括的实事求是，或者说一切从
实际出发。"③ "我们说的做的究竟能不能解决问题，问题解决
得是不是正确，关键在于我们是否能够理论联系实际，是否善于
总结经验，针对客观现实，采取实事求是的态度，一切从实际出
发。"④ 在通过改革开放探索中国特色社会主义道路的过程中，
邓小平强调，我们"要坚持马克思主义，坚持走社会主义道路。
但是，马克思主义必须是同中国实际相结合的马克思主义，社会
主义必须是切合中国实际的有中国特色的社会主义"⑤。中国特
色社会主义道路的探索既不唯马克思主义的教条，也没有拘泥于
其他社会主义国家的发展模式，而是在实事求的基础上，把马克
思主义与中国实际相结合探索的结果。邓小平强调，每一个国家
都应该"根据自己的特点，自己国家的情况，走自己的路。我们
既不能照搬西方资本主义国家的做法，也不能照搬其他社会主义

---

① 邓小平.邓小平文选（第三卷）[M].北京：人民出版社，1993：213.

② 邓小平.邓小平文选（第三卷）[M].北京：人民出版社，1993：3.

③ 邓小平.邓小平文选（第三卷）[M].北京：人民出版社，1993：118.

④ 邓小平.邓小平文选（第二卷）[M].北京：人民出版社，1994：113-114.

⑤ 邓小平.邓小平文选（第三卷）[M].北京：人民出版社，1993：63.

国家的做法"①。

实事求是思想路线的恢复，不仅开启了中国特色社会主义道路的探索，也贯穿中国特色社会主义道路形成和发展的始终。邓小平指出："实事求是是马克思主义的精髓。要提倡这个，不要提倡本本。我们改革开放的成功，不是靠本本，而是靠实践，靠实事求是。"②1997年在党的十五大报告中，江泽民向全党提出了"一个中心，三个着眼于"的要求，他指出："马克思列宁主义、毛泽东思想一定不能丢，丢了就丧失根本。同时一定要以我国改革开放和现代化建设的实际问题、以我们正在做的事情为中心，着眼于马克思主义理论的运用，着眼于实际问题的理论思考，着眼于新的实践和新的发展。"③要求我们在对待马克思主义的问题上，反对教条式学习马克思主义的主观主义作风。一切从实际出发，就要在任何时间、地点和条件下都要反对本本主义，做到"不唯书、不唯上、只唯实"。党的十六大以后，胡锦涛在全党大力弘扬求真务实精神、大兴求真务实之风，就是要引导全党同志不断求我国社会主义初级阶段基本国情之真，务坚持长期艰苦奋斗之实；求社会主义建设规律和人类社会发展规律之真，务抓好发展这个党执政兴国的第一要务之实；求人民群众的历史地位和作用之真，务发展最广大人民根本利益之实；求共产党执政规律之真，务全面加强和改进党的建设之实。习近平指出，只有坚持解放思想，实事求是，"不唯书、不唯上、只唯实，才能冲破教条主义和经验主义的禁锢，才能纠正僵化的形而上学的思维方式，正确认识和把握客观事物的内在联系、本质和规律，也才能制定

---

①　邓小平. 邓小平文选（第三卷）[M]. 北京：人民出版社，1993：256.
②　邓小平. 邓小平文选（第三卷）[M]. 北京：人民出版社，1993：382.
③　江泽民. 江泽民文选（第二卷）[M]. 北京：人民出版社，2006：12.

正确的政策，作出正确的决策。"①

从改革开放之初中国特色社会主义道路的探索，到新时代中国特色社会主义道路的新发展，中国特色社会主义道路形成和发展的过程中处处体现着实事求是，甚至可以说，中国特色社会主义道路所体现出来的所有的中国特色，都是实事求是的结果。

③ 共同发展是中国特色社会主义道路鲜明的价值取向

中国特色社会主义道路首先要解决的是当代中国的发展问题，但中国特色社会主义道路又并不局限于当代中国的发展。中国特色社会主义道路在形成和发展的过程中，在强调促进自身发展的同时，也十分注重促进国际社会共同发展，彰显了中国特色社会主义道路的世界情怀。

改革开放之初，邓小平曾多次谈到，中国的发展并不仅仅是为了解决自己的发展问题，应该而且也能为世界发展作出自己的贡献。1988 年邓小平在谈到我国社会主义建设道路探索的经验教训时指出："中国的发展同世界有着重要关系，因为中国有占世界五分之一多的人口。坦率地说，中国近代以来没有对世界作出应有的贡献。"② 中国应该为世界作出贡献也可以说是邓小平领导探索中国特色社会主义道路的责任和使命之一。邓小平多次强调，要通过中国特色社会主义道路为世界发展作出中国自己的贡献。他指出："所谓四个现代化，就是要改变中国贫穷落后的面貌，不但使人民生活水平逐步有所提高，也要使中国在国际事务中能够恢复符合自己情况的地位，对人类作出比较多一点的贡献。"③ 他还说：

---

① 习近平．坚持实事求是的思想路线 [N]．学习时报，2012-05-28.

② 邓小平．邓小平文选（第三卷）[M]．北京：人民出版社，1993：269.

③ 邓小平．邓小平文选（第二卷）[M]．北京：人民出版社，1994：237.

"十亿人的中国坚持社会主义，十亿人的中国坚持和平政策，做到这两条，我们的路就走对了，就可能对人类有比较大的贡献。"①

随着改革开放的日渐深入，中国特色社会主义的发展与国际社会发展之间的联系日趋紧密，在这样的背景下，江泽民提出："中国对外政策的宗旨，就是维护世界和平，促进共同发展。"强调"各国文明的多样性，是人类社会的基本特征，也是人类文明进步的动力。应尊重各国的历史文化、社会制度和发展模式，承认世界多样性的现实。世界各种文明和社会制度，应长期共存，在竞争比较中取长补短，在求同存异中共同发展"②。他还指出："促进世界与地区的和平与发展，符合中国的根本利益。中华民族自古就有以诚为本、以和为贵、以信为先的优良传统。中国在处理国际关系时始终遵循这一价值观。"③2005 年 9 月，在联合国成立 60 周年首脑会议上，胡锦涛发表了题为《努力建设持久和平、共同繁荣的和谐世界》的重要讲话，强调："尊重各国自主选择社会制度和发展道路的权利，相互借鉴而不是刻意排斥，取长补短而不是定于一尊，推动各国根据本国国情实现振兴和发展；应该加强不同文明对话和交流，在竞争比较中取长补短，在求同存异中共同发展，努力消除相互的疑虑和隔阂，使人类更加和睦，让世界更加丰富多彩；应该以平等开放的精神，维护文明多样性，促进国际关系民主化，协力构建各种文明兼容并蓄的和谐世界。""中国将始终不渝把自身的发展与人类共同进步联系在一起，既充分利用世界和平发展带来的机遇发展自己，又以自身的发展更好地维护世界和平、促进共同发展。""中国将尽自己所能，

① 邓小平 . 邓小平文选（第三卷）[M]. 北京：人民出版社，1993：158.
② 江泽民 . 江泽民文选（第三卷）[M]. 北京：人民出版社，2006：297-298.
③ 江泽民 . 江泽民文选（第三卷）[M]. 北京：人民出版社，2006：522.

为推动各国共同发展作出积极贡献。"① 党的十八大以来，习近平从人类命运共同体的角度出发，提出："我们要树立世界眼光，更好地把国内发展与对外开放统一起来，把中国发展与世界发展联系起来……努力为全球发展作出贡献。"②"中国将始终做全球发展的贡献者，坚持走共同发展道路……将自身发展经验和机遇同世界各国分享，欢迎各国搭乘中国发展'顺风车'，一起来实现共同发展。"③ 在党的十九大报告中，习近平总书记明确提出："中国共产党是为中国人民谋幸福的政党，也是为人类事业而奋斗的政党。中国共产党始终把为人类作出新的更大贡献作为自己的使命。"因此，中国要"坚持和平发展道路，推动构建人类命运共同体"④。在党的二十大报告中，习近平总书记又强调，走和平发展道路是中国式现代化的重要特征。⑤ 2023 年 3 月，在中国共产党与世界政党高层对话会上的主旨讲话中，习近平总书记再次强调："中国式现代化不走殖民掠夺的老路，不走国强必霸的歪路，走的是和平发展的人间正道。"⑥ 所以说，以和平发展为特点的中国特色社会主义道路体现了鲜明的世界情怀。

改革开放以来，通过中国特色社会主义道路为人类社会作出

---

① 胡锦涛．胡锦涛文选（第二卷）[M]．北京：人民出版社，2016：354-355．

② 习近平．论坚持推动构建人类命运共同体 [M]．北京：中央文献出版社，2018：3．

③ 习近平．论坚持推动构建人类命运共同体 [M]．北京：中央文献出版社，2018：257．

④ 中共中央党史和文献研究室．十九大以来重要文献选编 [M]．北京：中央文献出版社，2019：40-41．

⑤ 习近平．高举中国特色社会主义伟大旗帜 为全面建设社会主义现代化国家而团结奋斗——在中国共产党第二十次全国代表大会上的报告 [M]．北京：人民出版社，2022．

⑥ 习近平．携手同行现代化之路——在中国共产党与世界政党高层对话会上的主旨讲话 [M]．北京：人民出版社，2023：6．

更大贡献不仅仅是一个价值目标或良好的愿望，而是具体体现在中国特色社会主义道路的形成和发展过程中。改革开放以来，中国特色社会主义的发展完全建立在独立自主的基础之上，我们既没有通过战争获取经济发展的能源资源，也没有通过殖民主义拓展我们的市场，而是通过平等交往，在发展自己的同时促进世界的共同发展。中国积极参与联合国框架下的国际组织，履行国际义务，积极推动地区和国际经济社会组织的发展，特别是通过"一带一路"倡议使沿线国家都能分享中国特色社会主义的发展机遇。所以，无论从理论还是从实践出发，中国特色社会主义道路都把促进世界共同发展作为自己的价值取向，体现了鲜明的世界情怀。正如习近平总书记指出的那样，沿着中国特色社会主义道路前进的中国，"不仅是中国之中国，而且是亚洲之中国、世界之中国。未来之中国，必将以更加开放的姿态拥抱世界、以更有活力的文明成就贡献世界"①。

三、中国特色社会主义道路对马克思主义理论的丰富和发展

中国特色社会主义道路的探索，是马克思主义在中国社会主义现代化建设实践中的运用和发展，也在实践中丰富和发展了马克思主义。邓小平指出："深入研究中国实现四个现代化所遇到的新情况、新问题，并且作出有重大指导意义的答案，这将是我

---

① 习近平．深化文明交流互鉴 共建亚洲命运共同体：在亚洲文明对话大会开幕式上的主旨演讲 [M]．北京：人民出版社，2019：10.

们思想理论工作者对马克思主义的重大贡献。"①

第一，中国特色社会主义道路的成功开辟，用生动而鲜活的实践回答了什么是马克思主义、怎样对待马克思主义的问题。世界上许多人都以马克思主义者自居，但在现实中，却又经常搞不懂什么是马克思主义，如何对待马克思主义，并因此经常犯马克思主义者不应该犯的错误。中国特色社会主义道路探索的过程中，不仅有成功的经验，也有深刻的教训。它用活生生的实践告诉我们，马克思主义不是教条，而是行动的指南。如果不能在实践中把马克思主义与客观实际结合起来，就不能发挥其真理的力量。"马克思主义是发展的科学，是革命的指南，它的生命力就在于不断分析研究实践中出现的新情况、新问题，同各个时代和各个国家的具体革命实践相结合。这是马克思主义能够不断丰富发展的源泉，是使马克思主义永葆革命青春的根本保证。"② 因此，虽然在任何时候都要坚持马克思主义的基本原理，但对于马克思主义经典作家针对特定的具体情况、具体条件、具体问题提出的具体观点、具体行动纲领，则不能不顾历史条件和客观实际的变化全部照搬照抄。"马克思主义具有与时俱进的理论品质。如果不顾历史条件和现实情况的变化，拘泥于马克思主义经典作家在特定历史条件下、针对具体情况作出的某些个别论断和具体行动纲领，我们就会因为思想脱离实际而不能顺利前进，甚至发生失误。"③ 中国道路探索过程中的严重曲折，用现实告诉全世界的马克思主义者，一个落后国家要实现社会主义的现代化，并没有一种普遍适用，且能够快速通向共产主义的模式存在。每一个社

---

① 邓小平. 邓小平文选（第二卷）[M]. 北京：人民出版社，1994：179.

② 中共中央文献研究室. 十二大以来重要文献选编（上）[M]. 北京：中央文献出版社，2011：251.

③ 江泽民. 江泽民文选（第三卷）[M]. 北京：人民出版社，2006：282-283.

会主义国家，要实现现代化并最终实现共产主义，都必须结合自身国情，探索自己的社会主义发展道路。"马克思主义发展历史的一条根本经验，就是各国党要根据自己的实际，自己所处的国际地位和国内情况，自己决定自己的路线和政策，革命也好，建设也好，才能取得成功。"①

第二，中国特色社会主义道路的成功开辟，回答了"什么是社会主义、怎样建设社会主义"的问题。世界上许多社会主义国家之所以没有搞好社会主义建设，一个根本的原因是没有认清究竟什么是社会主义，也就是对社会主义的本质没有搞清楚。中国特色社会主义道路探索的过程中，邓小平提出了社会主义的本质理论。他指出："社会主义的本质，是解放生产力，发展生产力，消灭剥削，消除两极分化，最终达到共同富裕。"② 正是由于对社会主义本质的认识，才能在建设社会主义问题上解放思想，打破对社会主义僵化的认识，正确认识社会主要矛盾，进而采取正确的政策。如果没有正确认识社会主义的本质，也就不能正确处理社会主义与资本主义的关系，不能借鉴和吸收发达资本主义国家的资金、技术和经验，也不能正确看待本来不具有制度属性的经济发展的方法和手段，例如像市场经济、股份制等。中国特色社会主义道路之所以能够成功开辟，就在于打破了对社会主义的僵化认识，建立起对社会主义本质的客观认识，从而找到了建设社会主义的方法和途径。习近平总书记指出："社会主义并没有定于一尊一成不变的套路，只有把科学社会主义基本原则同本国具体实际、历史文化传统、时代要求紧密结合起来，在实践中不

---

① 中共中央文献研究室.十二大以来重要文献选编（上）[M]. 北京：中央文献出版社，2011：252.

② 邓小平.邓小平文选（第三卷）[M]. 北京：人民出版社，1993：373.

断探索总结，才能把蓝图变为美好现实。"①

第三，中国特色社会主义道路的成功开辟，解决了两种社会制度并存的情况下如何发展社会主义的问题。社会主义并没有像马克思所设想的那样，在发达资本主义国家同时取得胜利，而是在俄国、中国这样的资本主义没有经过完全发展的国家产生。在两制并存的时代如何建设社会主义成为发展马克思主义的一个新课题。在苏联模式下，社会主义把自己与资本主义完全隔离开来，认为社会主义可以很快通过自己的发展把资本主义甩在身后，实际上是把社会主义与资本主义完全对立起来。而在中国特色社会主义道路下，社会主义与资本主义是一种对立统一关系，认为社会主义与资本主义将长期共存，并强调社会主义要努力学习利用资本主义的一切积极进步的东西，善于借鉴资本主义的长处，最终战胜资本主义。邓小平指出："学习资本主义国家的某些好东西，包括经营管理方法，也不等于实行资本主义。这是社会主义利用这种方法来发展社会生产力。把这当作方法，不会影响整个社会主义，不会重新回到资本主义。"②中国不像苏联那样，搞"两个平行市场"，中国主张对资本主义开放，向资本主义学习。所以，季塔连科认为，"中国领导人既坚定地宣布民族利益和发展国家的任务绝对优先，又认识到不同社会形态将长期共存并互相竞争的现实，将'促进共同发展'确立为国际领域的主要任务，在社会主义实践道路上迈出了一大步"。③事实证明，中国特色社会主义制度之所以成功，很大程度上得益于它的开放性，它很好地吸收了资本主义制度中的有益因素，为我所用，而不像苏联的社

① 中共中央党史和文献研究室. 十九大以来重要文献选编（上）[M]. 北京：中央文献出版社，2019：434.

② 邓小平. 邓小平文选（第二卷）[M]. 北京：人民出版社，1994：236.

③ 中国现代化经验的国际意义 [N]. 参考消息，2004-11-2（16）.

会主义制度那样封闭自我，最终被历史所淘汰。

第四，中国特色社会主义道路的成功开辟，重新为马克思主义正名，也为处于低潮的世界社会主义运动注入新的活力。东欧剧变、苏联解体一度被认为是社会主义的最终结局。而中国特色社会主义制度的成功，证明社会主义的历史并没有终结，苏联模式的失败并不意味着马克思主义的失败，而恰恰是背离马克思主义的结果。始终把马克思主义作为指导思想的中国共产党，带领世界五分之一的人口探索出一条充满生机和活力的社会主义发展道路，创立了一种新型的社会主义制度，向世界展示了马克思主义依然具有蓬勃的生命力。德国学者罗尔夫·贝特霍尔德认为，"所谓社会主义在社会实践中已经失败的说法是错误的。社会主义在欧洲遭遇到后果严重的失败，但这不是社会主义思想的失败。中国的发展给人们指出了一条摆脱全球资本统治的破坏性进程的出路，也使人们产生了一种对社会主义前景的希望。"①

四、中国特色社会主义道路为人类社会发展提供了中国方案

中国特色社会主义道路的成功开辟，不仅实现了当代中国经济社会的快速发展进步，也为其他发展中国家实现现代化提供了借鉴，为解决人类社会面临的一些世界性难题提供了中国智慧和中国方案。

---

① 中国给社会主义带来希望 [N]. 参考消息，2003-5-14（8）.

① 中国特色社会主义道路为发展中国家提供了新的选择

长期以来，由于历史和现实的原因，关于现代化问题的话语权始终掌握在西方国家手中，但按照西方国家提供的现代化方案却使一些发展中国家在实现现代化的道路上一再受挫，而中国特色社会主义现代化道路的成功，则让这些在现代化道路上苦苦求索的发展中国家看到了新的希望。中国特色社会主义道路"拓展了发展中国家走向现代化的途径，给世界上那些既希望加快发展又希望保持自身独立性的国家和民族提供了全新选择"。①

第一，中国特色社会主义道路提供给发展中国家的，首先是探索适合自身发展道路的基本原则，就是联系本国实际，脚踏实地，实事求是地探索符合本国国情的发展道路。邓小平指出："我们的改革不仅在中国，而且在国际范围内也是一种试验，我们相信会成功。如果成功了，可以对世界上的社会主义事业和不发达国家的发展提供某些经验。当然，不是把它搬给别国。我们的原则是把马克思主义同中国的实践相结合，走中国自己的道路。"②其次，中国特色社会主义道路内在的务实主义思想也为发展中国家的发展提供了许多思路。一些学者指出，中国特色社会主义道路虽然非常独特，不能被模仿，甚至都不能提供某些具体的经验，但中国特色社会主义道路毕竟为发展中国家提供了一条不同于"华盛顿共识"的道路。一些学者指出，"由于中国发展道路的独特性，其他发展中国家无法复制，但可借鉴中国模式背后务

---

① 习近平.决胜全面建成小康社会 夺取新时代中国特色社会主义伟大胜利——在中国共产党第十九次全国代表大会上的报告 [M]. 北京：人民出版社，2017：10.

② 邓小平.邓小平文选（第三卷）[M]. 北京：人民出版社，1993：135.

实主义的哲学思想和根据自身国情探寻发展道路的基本思路。"①
例如，在开始国家发展进程和选择具体战略时，应当"遵循渐进
和务实的战略，而不是采用休克疗法"②。最后，中国特色社会
主义道路还为发展中国家的发展提供了一些可供借鉴的具体经
验。有学者指出，"关于中国发展道路可以作为其他国家另一种
选择的想法已经被排除，但中国经验仍有许多可以借鉴的地方。
具体有以下几点：（1）循序渐进和谨慎的经济和政治改革政策；
（2）自由和对外开放的经济政策。明确依靠市场和私有化，参与
国际竞争，遵守国际规则；（3）保持强势政府，通过多种渠道积
极管理国内事务。"③ 在这些学者看来，正是这些经验使得中国
在改革开放以后取得了快速发展和巨大进步，这些经验虽然在中
国的实践中获得，对其他发展中国家仍然适用。一些印度学者也
认为，中国崛起的一些政策经验同样适用于印度。包括制定适合
本国国情的对外开放政策、与邻为善的周边外交政策、根据国情
稳步推进政治改革等。这些经验都对印度有吸引力，而印度目前
也正在仔细琢磨"中国模式"，以期探索出一条"印度特色"的
发展之路。④

第二，中国为发展中国家积极参与全球化树立了榜样。在
由发达国家主导的国际经济秩序下，对于许多发展中国家来说，
在参与全球化的过程中很容易沦为发达国家的附庸，从而失去独
立自主的地位。中国在独立自主基础上参与全球化的经验被一些

---

① 西方媒体出现反思中国模式新动向 [N]. 参考消息，2009-7-7（16）.

② Christian Ploberger，"China's reform and opening process: a new model of political economy"，Journal of Chinese Economic and Business Studies，Vol.14，No.1，2016，p.84.

③ 北京共识：发展中国家的新样板？[N]. 参考消息，2009-8-19（16）.

④ 印度借鉴"中国模式"[N]. 环球时报，2004-4-28（7）.

发展中国家所重视。有学者认为："尽管中国在面对全球化的过程中遇到了一些问题，也没有提供一个可以模仿的模式，但这是一个令人信服的例子，它体现了中国自主的转型、希望和自信，以及很大程度上的自我决定。在其他情况下，中国的叙述引发了一个问题：如何在新自由主义全球化的范围内为发展书写新的剧本。"① 季塔连科认为，"中国现代化过程中克服落后问题的经验，不仅赢得了全世界的极高尊重，也为小国及其人民从'金元帝国'的政治附庸变成平等主体和伙伴树立了榜样。""对于发展中国家来说，中国与经济全球化接轨、利用全球化提供的机遇实现自身发展的成功经验具有重要意义。"② 墨西哥《每日报》一篇文章指出："中国严格按照自己的发展速度融入全球化进程，让各跨国企业服务于它的发展模式，并没有让全球化成为国家自身发展的威胁"。③ 所以，中国特色社会主义道路的意义不单是如何发展自身经济的问题，同时还包括如何在本国政治独立性不受影响的情况下融入全球经济中去。

第三，中国特色社会主义道路的成功，增强了发展中国家实现快速发展的信心。中国特色社会主义道路的成功实践证明，"通向现代化的道路不止一条，只要找准正确方向、驰而不息，条条大路通罗马。"④ 一些国外学者也认为："对非洲、拉丁美洲和亚洲的许多国家来说，这种把市场经济自由化与专制统治结构相

---

① James Ames H. Mittelman，"Globalization and Development：Learning from Debates in China"，Globalizations，Vol. 3，No. 3，2006，p.377.

② 中国现代化经验的国际意义 [N]. 参考消息，2004-11-2（16）.

③ 资料来源于劳拉·阿莉西亚·加林多：《21世纪是中国世纪》，转引自徐崇温：《中国特色社会主义道路的世界意义》，《中国特色社会主义研究》，2009 年第 4 期。

④ 习近平. 开放共创繁荣 创新引领未来：在博鳌亚洲论坛 2018 年年会开幕式上的主旨演讲 [M]. 北京：人民出版社，2018：4.

结合的发展模式是除西方自由民主模式之外的另一种有吸引力的选择。”① 当这些发展中国家不得不接受华盛顿共识所带来的苦果时，它们也许还不至于绝望，因为在这样一个关键时刻，中国特色社会主义道路的出现让这些国家突然有了柳暗花明的感觉，让它们对实现现代化重拾信心。季塔连科认为：“中国成为当代世界发展的灯塔，使许多发展中国家看到了希望和前进的方向。中国的成功具有巨大的国际意义，让人们有信心去解决本国的问题，许多人说：‘应该以中国为榜样！’‘中国能办到的事，我们为什么办不到？’”② “总之，中国的发展给不同的国家带来了不同的影响。起码让很多国家多了一种选择，对非洲国家和东亚国家来说尤为如此……中国发展的成功模式，对于很多发展中国家也有借鉴意义。”③

中国特色社会主义道路对发展中国家的重要意义在于，一方面，为发展中国家提供某种借鉴，包括独立自主地参与经济全球化，正确处理改革发展稳定的关系等。另一方面，中国特色社会主义道路提供给发展中国家的是它让发展中国家多了一种选择，特别是在资本主义遭遇严重危机的时刻，中国特色社会主义道路为其他发展中国家的人们提供了新的发展思路。正如季塔连科所说：“说中国的经验具有国际意义，并不是要简单地重复中国的经验，而是为其他国家的人民提供了思索的源泉。”④

---

① 欧洲切忌将中国“妖魔化或理想化”[N]. 参考消息，2011-3-18（14）.
② 中国找到一条符合国情的发展道路 [N]. 光明日报，2009-9-16（5）.
③ “未来 10 年到 20 年是中国发展关键时期”——专访《当中国统治世界时》作者马丁·雅克 [N]. 参考消息，2009-10-8（14）.
④ 中国找到一条符合国情的发展道路 [N]. 光明日报，2009-9-16（5）.

② 中国特色社会主义道路的成功使发达国家反思自己的发展道路

中国特色社会主义道路的成功开辟也带给西方国家许多反思，而其中最重要的一点就是通往现代化的道路并非只有西方所主张的自由资本主义的道路，自由资本主义并非历史的终结。

第一，中国特色社会主义道路的成功使西方国家开始反思根深蒂固的现代化逻辑。在许多西方国家看来，一个落后国家要想现代化，必须首先西方化。但中国特色社会主义道路的成功开辟，推动中国快速朝着现代化的方向迈进，使西方社会不得不进行自我反思，现代化是否只有西方国家所采取的这一种方法？有学者指出，中国特色社会主义道路在事实上颠覆了经济发展必将导致西方式民主的定论。虽然在中国崛起之前，相关的统计数据已经表明，经济发展和西方式民主制度之间不存在因果关系，但缺乏有力的证据，而中国的发展则为这种结论提供了最有说服力的实证。[①] 布热津斯基、斯考克罗夫特、伊格纳休斯三位学者曾就中国问题展开过一次讨论，其中谈到中国的现代化道路。斯考克罗夫特指出："如果你看今天中国的发展，毫无疑问，他们有强大的威权政府，他们在经济现代化上做得很好。"[②] 布热津斯基也认为："许多国家的选择并不是非极权即民主。而是自上而下的控制之下的稳定发展与完全破坏经济的混乱式自由之间的选择。而我并不确定后者就是好的选择。"[③] 而自上而

---

① "中国模式"挑战传统理论——外国专家评价"中国模式"之一，人民网国际频道，2009 年 5 月 7 日。

② 兹比格涅夫·布热津斯基，布兰特·斯考克罗夫特. 大博弈：全球政治觉醒对美国的挑战 [M]. 姚芸竹，译. 北京：新华出版社，2009：109.

③ 兹比格涅夫·布热津斯基，布兰特·斯考克罗夫特. 大博弈：全球政治觉醒对美国的挑战 [M]. 姚芸竹，译. 北京：新华出版社，2009：111.

下的稳定发展正好是中国改革开放以来的重要经验。伊格纳休斯指出，像埃及等这样的发展中国家，更"需要中央权威，而我们正在推动建立的社会模式，却是一个本应建在无边旷野和可耕地基础上的社会模式，与埃及现有状况正相反"①。所以，任何一种制度，都应建立在自身独特的历史文化和现实基础之上。

　　第二，中国特色社会主义道路的成功使西方国家开始反思西方的自由民主制度。在西方世界看来，西方的自由民主是普世价值，任何国家都应该立即实行西方的自由民主制度。但是，通过中国的经济社会快速发展与一些采用西方自由民主制度而经济社会却依然落后的国家相对比，一些学者们开始反思西方的自由民主制度。弗朗克·泽林指出："中国的崛起迫使我们对所谓自由社会的本质进行反思。最稳定的社会应当做到保证居民的生活水平日益提高，同时又不超出现实的经济能力。如果与此同时能够推行民主，那便再好不过。事实证明，不能使生活水平改善的民主制度不是稳定的制度。"②在反思西方自由民主制度的同时，一些人也开始反思西方自由放任的市场制度。长久以来，西方社会一直鼓吹自由放任的市场经济，认为这是保持经济增长的终极秘诀所在。以强调强势政府和宏观调控为特点的中国特色社会主义经济制度的成功却给了这种观念沉重一击。《华尔街日报》网站的一篇文章指出，"保守派偏爱的一味崇尚自由市场、一切听命于股东的模式在 20 世纪大获成功，但到了 21 世纪，它正被丢进历史的垃圾堆。美国经济的表现差得可怜，这应该促使领导人进行反思，而不是变本加厉地推行实践中行不通的自由市场极端

---

① 兹比格涅夫·布热津斯基，布兰特·斯考克罗夫特. 大博弈：全球政治觉醒对美国的挑战 [M]. 姚芸竹，译. 北京：新华出版社，2009：111.

② 弗朗克·泽林. 中国冲击：看中国如何改变世界 [M]. 强朝晖，译. 北京：社会科学文献出版社，2013：365.

主义。尽管这么做可能很痛苦并且丢脸，美国应该学习其竞争对手成功的要素。"①

第三，中国特色社会主义道路在发展中国家日益增强的吸引力，也使一些发达国家开始反思自己的对外政策。对于发展中国家来说，西方不能只输出一些空洞的民主口号，而更应该提供一些实实在在的帮助。一些学者指出，中国特色社会主义道路的前进，并没有对非洲的落后国家采取所谓的"新殖民主义"，中国特色社会主义道路之所以在非洲有吸引力，在于它确确实实为非洲人民带去了他们所希望得到的东西。因为"没有什么事情比建设基础设施更能够给贫困国家带来更大帮助。这些国家的政府提供石油后得到的并不是钱，而是公路、电站和港口，这些东西不可能被偷走"。"这个世界并不需要我们的说教。对贫困国家来说，对经济繁荣的期待比其他东西重要得多。"②

③ 中国特色社会主义道路为解决全球性难题提供了中国方案

随着经济全球化和信息化的发展，人类生活的关联的紧密程度前所未有，世界各国人民前途命运越来越紧密地联系在一起，所共同面临的全球性问题如安全问题、贫困问题、生态问题、文明冲突等问题的严重性也前所未有。如何解决这些长期困扰人类社会的世界性难题，中国特色社会主义道路的成功实践给世界提供了可供参考的中国方案，即"世界各国人民应该秉持'天下一家'理念，张开怀抱，彼此理解，求同存异，共同为构建人类命运共

① 中国模式高出一筹 [N]. 参考消息，2011-12-2（14）.
② 弗朗克·泽林. 中国冲击：看中国如何改变世界 [M]. 强朝晖，译. 北京：社会科学文献出版社，2013：22.

同体而努力"①。

习近平总书记指出，所谓"人类命运共同体，顾名思义，就是每个民族、每个国家的前途命运都紧紧联系在一起，应该风雨同舟，荣辱与共，努力把我们生于斯、长于斯的这个星球建成一个和睦的大家庭，把世界各国人民对美好生活的向往变成现实"②。如何秉持人类命运共同体理念，努力克服共同面临的安全问题、贫困问题、生态问题以及文明冲突的问题，把世界建设成为一个安全、繁荣、包容、美丽的共同体，中国特色社会主义道路的成功实践也为世界提供了具体的中国方案。

一是坚持共同、综合、合作、可持续的新安全观，建设一个远离恐惧、普遍安全的世界。改革开放以来，中国始终坚持和平发展，把维护世界和平作为外交政策的宗旨。江泽民在中国共产党建党 80 周年纪念大会上的讲话中指出："国际社会应树立以互信、互利、平等、协作为核心的新安全观，努力营造长期稳定、安全可靠的国际和平环境。"③胡锦涛在 2009 年联合国大会发表《同舟共济共创未来》的讲话，强调国际社会"应该坚持互信、互利、平等、协作的新安全观，既维护本国安全，又尊重别国安全关切，促进人类共同安全"④。2014 年 5 月，习近平主席在亚洲相互协作与信任措施会议第四次峰会上发表主旨讲话时提出："应该积极倡导共同、综合、合作、可持续的亚洲安全观，创新

---

① 习近平. 论坚持推动构建人类命运共同体 [M]. 北京：中央文献出版社，2018：510.
② 习近平. 论坚持推动构建人类命运共同体 [M]. 北京：中央文献出版社，2018：510.
③ 江泽民. 江泽民文选（第三卷）[M]. 北京：人民出版社，2006：298.
④ 中共中央文献研究室. 十七大以来重要文献选编（中）[M]. 北京：中央文献出版社，2011：216.

安全理念，搭建地区安全和合作新架构，努力走出一条共建、共享、共赢的亚洲安全之路。"① 2017 年，习近平总书记提出国际社会应该"树立共同、综合、合作、可持续的全球安全观，树立合作应对安全挑战的意识，以合作谋安全、谋稳定，以安全促和平、促发展，努力为各国人民创造持久的安全稳定环境"②。

二是坚持你好我好大家好的理念，推进开放、包容、普惠、平衡、共赢的经济全球化，建设一个远离贫困、共同繁荣的世界。经济全球化是时代潮流也是世界发展的大趋势，没有哪一个国家能够置于其外，在通过中国特色社会主义道路参与经济全球化的过程中，中国一直主张世界上所有国家应该共享全球化带来的红利，通过经济全球化促进世界共同发展。江泽民指出："我们需要世界各国平等的经济全球化，少数国家的富裕不应该也不能够建立在广大南方国家的贫困之上，我们需要世界各国公平的经济全球化，世界的贫富差距应逐步缩小，而不是不断扩大，否则人类将会为此付出沉重的代价。"③ 胡锦涛在纪念改革开放 30 周年大会上的讲话中指出："推动经济全球化朝着均衡、普惠、共赢方向发展，共同呵护人类赖以生存的地球家园，促进人类文明繁荣进步。"④ 在党的十九大报告中，习近平总书记明确提出要"推动经济全球化朝着更加开放、包容、普惠、平衡、共赢的方向发展"⑤。通过

① 习近平. 积极树立亚洲安全观 共创安全合作新局面——在亚洲相互协作与信任措施会议第四次峰会上的讲话 [N]. 人民日报，2014-05-22（2）.
② 坚持合作创新法治共赢 携手开展全球安全治理 [N]. 人民日报，2017-9-27（2）.
③ 中共中央文献研究室. 江泽民思想汇编（1989—2008）[M]. 北京：中央文献出版社，2010：485.
④ 中共中央文献研究室. 十七大以来重要文献选编（上）[M]. 北京：中央文献出版社，2009：805.
⑤ 中共中央党史和文献研究院. 十九大以来重要文献选编（上）[M]. 北京：中央文献出版社，2019：41.

开放、包容、普惠、平衡、共赢的经济全球化，推动世界各国共同发展，建设远离贫困、共同繁荣的世界。

三是坚持世界是丰富多彩的、文明是多样的理念，建设一个远离封闭、开放包容的世界。20 世纪 80 年代末 90 年代初，随着东欧剧变、苏联解体，以意识形态斗争为特点的冷战结束，而以文明冲突为特征的矛盾越发突出。对此，江泽民指出："世界是丰富多彩的。各国文明的多样性，是人类社会的基本特征，也是人类文明进步的动力。应尊重各国的历史文化、社会制度和发展模式，承认世界多样性的现实。世界各种文明和社会制度，应长期共存，在竞争比较中取长补短，在求同存异中共同发展。我们将继续同各国人民一道，为建设一个持久和平与普遍繁荣的世界而努力。"[1]2006 年胡锦涛在耶鲁大学的讲话中对不同文明之间的关系作了生动的阐述，指出："意识形态、社会制度、发展模式的差异，不应成为人类文明交流的障碍，更不能成为相互对抗的理由。我们应该积极维护世界多样性，推动不同文明对话和交融，相互借鉴而不是相互排斥，使人类更加和睦幸福，让世界更加丰富多彩。"[2] 党的十八大以来，习近平总书记多次强调文明是多彩的、平等的、包容的，要让人类创造的各种文明交相辉映，编织出斑斓绚丽的图画，共同消除现实生活中的文化壁垒，共同抵制妨碍人类心灵互动的观念纰缪，共同打破阻碍人类交往的精神隔阂，让各种文明和谐共存，让人人享有文化滋养，建设一个远离封闭、开放包容的世界。

四是坚持人与自然共生共存的理念，像对待生命一样对待生态环境，努力建设一个山清水秀、清洁美丽的世界。改革开放以

---

① 江泽民 . 江泽民文选（第三卷）[M]. 北京：人民出版社，2006：298.

② 胡锦涛 . 胡锦涛文选（第二卷）[M]. 北京：人民出版社，2016：441.

后，随着经济社会的快速发展，环境问题日益成为中国特色社会主义必须解决的一个紧迫的现实性问题。同时，全球变暖以及频繁出现的生态环境灾难也使整个世界面临严峻的环境压力。在这样的背景下，党的十六届三中全会明确提出要坚持以人为本，树立全面、协调、可持续的发展观，统筹人与自然和谐发展。党的十六届六中全会提出要构建人与自然和谐相处的和谐社会。党的十八大以来，习近平更是把建设社会主义生态文明纳入中国特色社会主义五位一体的总体布局中来，强调"人与自然是生命共同体，人类必须尊重自然、顺应自然、保护自然"。"我们要建设的现代化是人与自然和谐共生的现代化。"① 对于全球面临的共同的生态问题，习近平强调，要"对自然心存敬畏，尊重自然、顺应自然、保护自然，共同保护不可替代的地球家园，共同医治生态环境的累累伤痕，共同营造和谐宜居的人类家园，让自然生态休养生息，让人人都享有绿水青山"，"努力建设一个山清水秀、清洁美丽的世界"，②

---

① 中共中央党史和文献研究院. 十九大以来重要文献选编（上）[M]. 北京：中央文献出版社，2019：35.

② 习近平. 论坚持人与自然和谐共生 [M]. 北京：中央文献出版社，2022：94.

后　记

　　呈现在读者面前的这本小书，可以说是作者十多年来研究中国特色社会主义道路的一个小结。这几年陆续发表了一些关于中国特色社会主义道路研究的拙文，本书是在此基础上，按照现在的章节整理而成。在2017年党的十九大通过的党章中，从道路、理论、制度、文化四个维度论述中国特色社会主义。中国特色社会主义道路的探索是中国特色社会主义理论形成、制度确立、文化发展的实践基础。从某种意义上来说，中国特色社会主义道路也是中国特色社会主义的总称。国外学者所说的"中国模式"，在我们的话语体系中，其实就是指中国特色社会主义道路。

　　从中国共产党百年道路探索的历程来看，广义上的中国道路，应该包括新民主主义革命道路、社会主义改造道路、中国特色社会主义道路、中国式现代化道路，本书的章节也是按照这个思路来安排的，我们也希望多多听取大家的批评和建议。

　　刘爱武教授是我十几年前指导的博士研究生，也是我关于中国特色社会主义研究的合作者，我们曾经在《马克思主义研究》《马克思主义与现实》《中国特色社会主义研究》等刊物合作发表了多篇关于中国特色社会主义研究的系列论文，这次整理成书由他负责其中三章，其他四章书稿，由车宗凯、夏敬芝、刘治君整理，绪论是我和车宗凯合作发表的一篇拙作，集中概括了我们关于中国共产党百年道路探索的一些思考。党的二十大以后，我们根据习近平总书记在庆祝中国共产党成立100周年大会上的讲话以及党的二十大报告，对相关内容进行了充实。衷心感谢各位鼎力相助，使书稿能够按时交付出版社。同时，也感谢清华大学出版社的领导和责任编辑。

2021 年是中国共产党成立一百周年，本书既是我们研究中国特色社会主义道路的一个小结，也是作为教学研究者献给中国共产党百年诞辰的一份小礼。百年巨变，沧海桑田。站在新的历史起点上，祝福伟大祖国在中国共产党领导下，早日实现社会主义现代化，建成富强、民主、文明、和谐、美丽的社会主义现代化强国，实现中华民族伟大复兴。

肖贵清

2023 年 12 月 25 日于清华园善斋